David Baureis

Eine Methode zur Identifikation erforderlicher Kompetenzen für hybride Leistungsbündel

Baureis, David

Eine Methode zur Identifikation erforderlicher Kompetenzen für hybride Leistungsbündel

ISBN: 978-3-86741-869-0
Auflage: 1
Erscheinungsjahr: 2013
Erscheinungsort: Bremen, Deutschland
D 93

David Baureis

Eine Methode zur Identifikation erforderlicher Kompetenzen für hybride Leistungsbündel

Danksagung

Danken möchte ich an dieser Stelle all denjenigen, die zum Gelingen dieser Arbeit beigetragen haben. Mein besonderer Dank gilt dabei:

- Herrn Prof. em. Dr. rer. pol. Erich Zahn, GSaME-Clusterdirektor des Clusters D „Netzwerke in der Produktion", für die Annahme dieser Arbeit, die wissenschaftliche Betreuung und die Unterstützung während meines Promotionsvorhabens.

- Herrn Univ.-Prof. Dr.-Ing. Dr.-Ing. E.h. Dieter Spath, Leiter des Instituts für Arbeitswissenschaft und Technologiemanagement (IAT) der Universität Stuttgart und des Fraunhofer-Instituts für Arbeitswirtschaft und Organisation (IAO), für die Übernahme des Mitberichtes.

- Herrn Univ.-Prof. Dr.-Ing. habil. Joachim Warschat, Institutsdirektor des Fraunhofer-Instituts für Arbeitswirtschaft und Organisation (IAO), für zahlreiche konstruktive Diskussionen.

- Frau Dr. Sabine Brunswicker, Leiterin Kompetenzbereich Open Innovation des Fraunhofer Instituts für Arbeitswissenschaft und Organisation (IAO), für zahlreiche produktive Diskussionen.

- Herrn Wolfgang Mühlböck für die Unterstützung im Zuge der Industrieworkshops.

- Meinen Freunden und ehemaligen Kollegen aus der GsaME.

- Frau Dr. Lena Wagner für die erfolgreiche Zusammenarbeit im Zuge unseres interdisziplinären Forschungsprojektes „InnoFunc".

- Meiner Familie und dabei speziell meinen Eltern, Annette und Heinz Baureis, für die Unterstützung und Begleitung auf all meinen Wegen.

- Anne Menzerath für die liebevolle Unterstützung, die Motivation, die Gelassenheit und den Rückhalt, ohne die diese Dissertation nicht möglich gewesen wäre.

David Baureis   Stuttgart, 01. Februar 2013

I

Geleitwort

Hybride Leistungsbündel aus Produkten und Dienstleistungen haben in jüngerer Zeit eine zunehmende Verbreitung gefunden als Antwort auf tiefgreifende Veränderungen in Märkten und Wettbewerbslandschaften. Für industrielle Unternehmen, die flexibel und individuell auf sich verändernde Anforderungen ihrer Kunden reagieren und die gemeinsam mit diesen Wertschöpfung realisieren, sind sie zum Kern gegenwärtiger Geschäftsstrategien geworden. Sie sind dort eine Art von Standardantwort wo Unternehmen der zunehmenden Produktkonformität ausweichen und auf intensivierten Wettbewerb reagieren.

Solche Produkt-Service-Systeme sind dennoch kein Allheilmittel; ihr Angebot bedeutet noch keine Vorteile per se. Um diese zu realisieren, müssen enge, andauernde Wertschöpfungskollaborationen mit Kunden und Zulieferern eingegangen, Geschäftsmodelle angepasst und spezifische Fähigkeiten entwickelt und/oder akquiriert werden.

Letztere müssen dazu erst identifiziert werden. Auf diese bislang noch wenig erforschte Aufgabe ist die Arbeit von Herrn Baureis fokussiert. Er sucht eine Antwort auf die Frage, wie Unternehmen herausfinden können, welche Kompetenzen und Fähigkeiten für das Angebot eines hybriden Leistungsbündels erforderlich sind. Er gibt die Antwort mit der eigens entwickelten Methode InnoComp. Diese Methode ist auf die Bedürfnisse produzierender Unternehmen zugeschnitten. Sie bietet primär konkrete Unterstützung bei der Entscheidung „interne Entwicklung und/oder externe Akquisition" dieser Kompetenzen. Herr Baureis hat die Eignung seiner Methode im Rahmen von Workshops in zwei Unternehmen getestet. Seine Ergebnisanalyse ist erfolgsversprechend.

Prof. Dr. Erich Zahn   Stuttgart, 26. März 2013

Inhaltsverzeichnis

IV

Abkürzungsverzeichnis

B2B   Business-to-Business

B2C   Business-to-Consumer

bzw.   beziehungsweise

CbV   Competence-based View

CD   Compact Disc

deu   deutsch

DIN   Deutsches Institut für Normung

DL   Dienstleistung

Dr.   Doktor

engl.   englisch

etc.   et cetera

f.   und die folgende Seite

ff.   und die folgenden Seiten

FA   Funktionenanalyse

F.u.E.   Forschung und Entwicklung

ggf.   gegebenenfalls

HLB   hybride Leistungsbündel

Hrsg.   Herausgeber

i.d.R.   in der Regel

i.e.S.   im engeren Sinne

Ing.   Ingenieur

KMU   Kleinstunternehmen, kleine und mittlere Unternehmen

MA   Mitarbeiter

MbV   Market-based View

PAS   Publicly Available Specification

Prof.   Professor

PSS   Produkt-Service Systeme oder Product-Service Systems

RbV   Resource-based View

S.	Seite
u.a.	unter anderem
usw.	und so weiter
VDI	Verband deutscher Ingenieure
vgl.	vergleiche
z.B.	zum Beispiel

Abbildungsverzeichnis

Tabellenverzeichnis

Summary

The German manufacturing industry has differentiated itself from international competitors through superior technology and quality that has resulted in a sustained competitive advantage. However, due to increasing market turbulence and the entrance of new competition, manufacturing companies face new challenges. The erosion of its competitive advantages, along with degreasing margins, has forced many manufacturing companies to consider strategic repositioning. The repositioning strategy has resulted in many companies focusing on the integration of tangible products and services into product-service systems. The main objective of product-service systems is the creation of long-term customer relationships through the offering of customized solutions and consequently the development of new opportunities for differentiation. Product-service systems shift the view from the tangible product to the service that is provided through the product to the customer. Despite considerable advantages resulting from the implementation of product-service systems, the implementation can lead to new challenges for management. In practice, many companies are overstrained in terms of their competencies and resources required by the implementation of product service systems.

The objective of this dissertation is the development of a method for the identification of required competencies when implementing product-service systems. The method is especially suited to early phases of the product development process as product-service systems require a systematic, simultaneous and determined development of the services and tangible products involved from the very beginning of the process. In the course of this dissertation the method is brought into practice and tested within two workshops.

Zusammenfassung

Die Möglichkeit zur Differenzierung über Technologie und Qualität sicherte der deutschen produzierenden Industrie lange Zeit Wettbewerbsvorteile gegenüber internationalen Wettbewerbern. Steigende Marktturbulenzen und Wettbewerbsintensität stellen Unternehmen jedoch vor neue Herausforderungen. Die Erosion von Wettbewerbsvorteilen, einhergehend mit sinkenden Margen, zwingt viele Unternehmen zu einer strategischen Repositionierung. Im Zuge dieser Repositionierung fokussieren sich diese Unternehmen auf die Integration von Sach- und Dienstleistungen in sogenannte hybride Leistungsbündel. Zielsetzung ist die Schaffung langfristiger Kundenbeziehungen durch das Angebot kundenindividueller Lösungen und somit die Erschließung neuer Differenzierungsmöglichkeiten. Hybride Leistungsbündel rücken den Fokus vom reinen Produkt auf die dahinterstehende Dienstleistung bzw. Lösung für den Kunden. Bei aller Vorteilhaftigkeit der Implementierung von hybriden Leistungsbündeln birgt deren Umsetzung jedoch neue Herausforderungen für das Management, mit denen in der Praxis viele Unternehmen aufgrund deren anders gelagerter Kompetenzen und Ressourcen überfordert sind.

Zielsetzung der vorliegenden Arbeit ist aufgrund dieser Erkenntnis die Entwicklung einer Methode zur Identifikation erforderlicher Kompetenzen für das Angebot eines hybriden Leistungsbündels. Die Methode ist dabei speziell an Unternehmen des produzierenden Gewerbes adressiert. Die Methode eignet sich besonders für die Anwendung in den frühen Phasen der Produktentwicklung, da zu diesem Zeitpunkt ein Großteil der Kosten festgelegt wird und hybride Leistungsbündel eine von Anfang an systematische, wechselseitig determinierende Planung der beiden Leistungskomponenten Sach- und Dienstleistung erfordern. Die Methode wird im Zuge der vorliegenden Arbeit in Form zweier Workshops in die praktische Anwendung gebracht und somit getestet.

1. Einleitung

„Mit der Auslieferung eines standardisierten Produkts kann es zumindest für deutsche Unternehmen nicht getan sein."[1]

Der Fokus auf die Produktattribute ‚Technologie' und ‚Qualität' sicherte dem deutschen produzierenden Gewerbe über einen langen Zeitraum nachhaltige Wettbewerbsvorteile und eine Differenzierungsoption gegenüber internationalen Konkurrenten. In Zeiten der Globalisierung, moderner IT-Systeme und gesättigter Märkte wird diese Möglichkeit der Differenzierung jedoch zunehmend obsolet. Produkte nähern sich hinsichtlich ihrer Qualität und ihres Preises immer stärker aneinander an. Dies führt zu steigendem Wettbewerbsdruck und fallenden Margen.[2]

In diesem Umfeld zeichnet sich ein Wandel vom klassischen Produkthersteller zum Lösungsanbieter produzierender Unternehmen ab.[3] Dieser Wandel vollzieht sich durch die Integration von Sach- und Dienstleistungen in sogenannte hybride Leistungsbündel (HLB). HLB sind „eine auf die Bedürfnisse des Kunden ausgerichtete Problemlösung".[4] Ihnen liegt der Trend zu Grunde, dass Kunden verstärkt den Nutzen hinter dem Produkt, anstelle des physischen Produktes an sich, in ihren Fokus rücken.[5] Damit einher geht zudem ein Wandel von Verkäufer- zu Käufermärkten.[6]

Durch die Integration von Sach- und Dienstleistungen ergibt sich eine Vielzahl von Vorteilen für die involvierten internen und externen Stakeholder. Kunden von hybriden Leistungsbündeln profitieren von der Möglichkeit einer starken Individualisierung.[7] Daneben ergibt sich durch den flexiblen Charakter der Dienstleistungskomponente die Option einer neuen Funktionalität, geeignet für das Agieren in einem turbulenten Unternehmensumfeld. So ermöglichen HLB ihren Kunden beispielsweise die Verlagerung der Produktverantwortung über den gesamten Produktlebenszyklus auf den Anbieter der hybriden Leistungsbündel (z.B. im Falle eines Betreibermodells,

---

[1]   Interview mit VDMA-Vizepräsident Manfred Wittenstein (2006), in: Industrie Management, 22, Nr. 1.

[2]   Vgl. Spath/Demuss (2006), S. 464; Baines u.a. (2007), S. 1543; Korell/Ganz (2000), S. 154; Mannweiler (2010), S. 1; Peschl (2010), S. 1.

[3]   Vgl. Zahn (2010), S. 28; Burianek u.a. (2007), S. 2; Gräßle u.a. (2010), S. 82 f.; Knackstedt u.a. (2008), S. 235; Beyer/Stephan (2008), S. 197; Zahn (2006), S. 300.

[4]   Vgl. PAS 1094 (2009), S.6.

[5]   Vgl. Zahn (2010), S. 28; Manzini/Vezolli (2003), S. 851; Tan u.a. (2010), S. 90.

[6]   Vgl. Lienhard (2003), S. 6; Schreiner (2003), S. 120.

[7]   Vgl. Becker u.a. (2010), S. 144; Baines u.a. (2007), S. 1548; Schenk u.a. (2006), S. 56; Baureis u.a. (2011), S. 2.

bei dem der Kunde lediglich für den fehlerfreien Output bezahlt). HLB können somit eine höhere Flexibilität gewährleisten.[8]

Anbieter von hybriden Leistungsbündeln erschließen durch das HLB-Angebot, neben einer Differenzierungsoption, neue Absatzmärkte und somit neue potentielle Umsatzquellen.[9] Daneben ergeben sich Vorteile für die Gesellschaft sowie die ökologische Umwelt. So kann durch HLB eine Reduktion der Produktvolumina erreicht werden, da mit dem Konsum von hybriden Leistungsbündeln oftmals veränderte Verbrauchsmuster verbunden sind, die weniger Produktvolumen erfordern (z.B. Car-Sharing Modelle).[10]

Bei aller Vorteilhaftigkeit ergibt sich durch das Angebot von hybriden Leistungsbündeln für produzierende Unternehmen auch eine Vielzahl von neuen Herausforderungen.[11] Diese Herausforderungen entstehen primär aus der gestiegenen Komplexität von hybriden Leistungsbündeln im Vergleich zu reinen Sach- oder Dienstleistungen.[12] Dieser Komplexitätserhöhung begegnen viele Industrieunternehmen strategisch unsystematisch und somit nur unzureichend gewappnet.[13] So wird die Servicekomponente für die hybriden Leistungsbündel oftmals aufgrund eines historisch gewachsenen Leistungsangebotes ‚ad hoc' und ohne integrative Planung entwickelt, nachdem die Sachleistung bereits besteht.[14] HLB erfordern jedoch eine integrative, stringente Entwicklung,[15] bei der die Leistungskomponenten Sach- und Dienstleistung sich wechselseitig determinieren. Insofern verschenkt eine unfokussierte Herangehensweise Potenziale, welche die Implementierung von hybriden Leistungsbündeln mit sich bringen kann.[16]

Die Ursachen für eine unstrukturierte Herangehensweise sind vielfältig. So erschweren häufig inadäquate interne organisatorische Strukturen von

---

[8] Vgl. Mont (2002), S. 240; Baines u.a. (2007), S. 1547.

[9] Vgl. Meier u.a. (2005), S. 528; Mont (2002), S. 239; Leitmeister/Glauner (2008), S. 248; Baureis u.a. (2011), S. 4; Baines u.a. (2007), S. 1548; Becker u.a. (2008), S. 69.

[10] Vgl. Maxwell/van der Vorst (2003), S. 885; Baureis u.a. (2011), S. 2; Aurich u.a. (2010), S. 139.

[11] Vgl. Zahn (2010), S. 30; Spath/Demuss (2006), S. 464; Baines u.a. (2007), S. 1549; Baureis u.a. (2010), S. 148; Schwengels (2003), S.38; Zahn u.a. (2004), S. 210.

[12] Vgl. Zahn (2010), S. 30; Burianek u.a. (2007), S. 7 ff.

[13] Vgl. Zahn u.a. (2004), S. 210; Kindström/Kowalkowski (2009), S. 158; Peschl (2010), S. 2.

[14] Vgl. Spath/Demuss (2006), S. 464; Rau u.a. (2002), S. 48; Lienhard u.a. (2002), S. 57; Baureis u.a. (2010), S. 151; Kindström/Kowalkowski (2009), S. 157 f.

[15] Vgl. Thomas u.a. (2010), S. 7; Schenk u.a. (2006), S. 56; Meier u.a. (2007), S. 510; Meier u.a. (2006), S. 27.

[16] Vgl. Kindström/Kowalkowski (2009), S. 158.

Unternehmen des produzierenden Gewerbes eine ganzheitliche Entwicklung und ein ganzheitliches Management von hybriden Leistungsbündeln. HLB erfordern einen ‚Paradigmenwechsel' für Unternehmen des produzierenden Gewerbes. In der Praxis fehlt es jedoch oftmals an elementaren Dingen wie eigenen Dienstleistungsabteilungen oder interdisziplinären Entwicklungsteams.[17]

Daneben erlangt für das Angebot von hybriden Leistungsbündeln die Einbindung des externen Faktors ‚Kunde' in den Wertschöpfungsprozess große Bedeutung.[18] Kunden werden in diesem integrativen Wertschöpfungsprozess zu externen Produktionsfaktoren und gestalten gemeinsam mit dem internen Produktionsfaktor ‚Anbieter' kundenindividuelle Problemlösungen. Diese Einbindung erfordert ebenfalls elementares Umdenken.[19]

Der mit der Implementierung von hybriden Leistungsbündeln einhergehende ‚Paradigmenwechsel' und die daraus resultierenden Umstrukturierungen im operativen Unternehmensalltag stellen für Unternehmen des produzierenden Gewerbes nicht nur einen elementaren Wandel der strategischen Ausrichtung dar,[20] sie werfen auch die Frage nach erforderlichen Kompetenzen bzw. Ressourcen auf, die mit dem Angebot von hybriden Leistungsbündel einhergehen.

1.1 Problemstellung und Forschungsbedarf

Die zunehmende Bedeutung von hybriden Leistungsbündeln[21] für das deutsche produzierende Gewerbe zeigt sich in einer Vielzahl von nationalen Forschungsprojekten, die in Kooperation mit der Industrie durchgeführt werden und wurden.[22] Trotz der steigenden Bedeutung ist „der Forschungsstand

---

[17] Vgl. Rau u.a. (2002), S. 48; Lienhard u.a. (2002), S. 57; Zahn u.a. (2004), S. 211; Baines u.a. (2007), S. 1549.

[18] Vgl. Gräßle u.a. (2010), S. 85; Meier u.a. (2006), S. 26; Burianek u.a. (2007), S.7, Spath/Demuss (2006), S. 472; Böhmann/Krcmar (2007), S. 244; Kersten u.a. (2006), S. 191.

[19] Vgl. Mannweiler (2010), S. 3.

[20] Vgl. Peschl (2010), S. 3.

[21] Vgl. Zahn (2010), S. 28; Korell/Ganz (2000), S. 153; Böhmann/Krcmar (2007), S. 241.

[22] z.B. Sonderforschungsbereich Transregio 29 „Engineering hybrider Leistungsbündel – Dynamische Wechselwirkungen von Sach- und Dienstleistungen in der Produktion"; HyPro – Strategische Veränderung zum hybriden Produzenten; SPRINT – Systematisches Design zur Integration von Produkt und Dienstleistung; FlexNet – Flexible Informationssystem-Architekturen für hybride Wertschöpfungsnetzwerke; Mind-Bau – Management der Integration von Dienstleistungen und Produktion im Baugewerbe; PIPE – Hybride Wertschöpfung im Maschinen- und Anlagenbau; Integration von Produktion und Dienstleistung

zum Management hybrider Wertschöpfung unzureichend".[23] Besonders ‚unzureichend' ist dabei der Forschungsstand im Bereich des strategischen Managements.[24] Dies ist besonders kritisch, da in der Praxis viele Transformationen hin zum Lösungsanbieter aufgrund falscher Strategien scheitern.[25]

Zum Aufbau einer adäquaten Organisationsstruktur für das Angebot von hybriden Leistungsbündeln ist die Frage nach den erforderlichen Ressourcen und Kompetenzen essentiell.[26] Speziell für die Leistungskomponente ‚Dienstleistung' und deren Integration mit der Sachleistung ist die Frage nach den erforderlichen Kompetenzen wichtig.[27] Aufgrund der Notwendigkeit einer frühen Integration der beiden Leistungskomponenten stellt sich die Frage nach den erforderlichen Ressourcen und Kompetenzen bereits in den frühen Phasen der Produktentwicklung.

1.2 Zielsetzung und Forschungsfragen

Abgeleitet aus zuvor beschriebener Problemstellung und Forschungslücke, hat die vorliegende Arbeit die Entwicklung eines Verfahrens zur Identifikation der erforderlichen Kompetenzen für das Angebot von hybriden Leistungsbündeln zum Ziel. Das Verfahren ist dabei speziell an Unternehmen des produzierenden Gewerbes adressiert. Das Verfahren soll Unternehmen als Entscheidungshilfe für die Abwägung, ob eine HLB-Implementierung eine für den individuellen Fall (aus Sicht der Ressourcen und Kompetenzausstattung) geeignete, strategische Option darstellt, dienen. Hierfür ist eine praxisnahe Operationalisierung des Kompetenzbegriffes von Nöten.

Das Verfahren soll dabei möglichst aufwandsarm, in der Praxis anwendbar und (hinsichtlich der Branche) universal einsetzbar sein. Hierbei soll das Verfahren möglichst modular konzipiert sein, um die Einbindung in bestehende Prozesse des Unternehmens gewährleisten zu können.

---

[23] Vgl. Böhmann/Krcmar (2007), S. 241.
[24] Vgl. Peschl (2010), S. 3.
[25] Vgl. Böhmann/Krcmar (2007), S. 241.
[26] Die Wichtigkeit und Aktualität der Frage nach den Kompetenzen für das Angebot von hybriden Leistungsbündeln zeigt sich auch durch das Teilprojekt C5 „Kompetenzen zur Integration von Heterogenität in HLBs" des Sonderforschungsbereichs Transregio 29 „Engineering hybrider Leistungsbündel – Dynamische Wechselwirkungen von Sach- und Dienstleistungen in der Produktion", das im Juli 2010 gestartet ist. Die Inangriffnahme dieses Teilprojektes zeigt jedoch auch, dass der Forschungsstand in diesem Bereich noch unzureichend ist.
[27] Vgl. Zahn u.a. (2004), S. 220; Burr (2008), S. 187.

4

Daneben soll das Verfahren einen möglichst ganzheitlichen und, hinsichtlich der Leistungskomponenten Sach- und Dienstleistung, integrativen Ansatz darstellen.

Die durch die Zielsetzung aufgeworfene, zentrale Forschungsfrage lautet:

- Wie kann ein produzierendes Unternehmen analysieren, welche Kompetenzen für das Angebot eines hybriden Leistungsbündels erforderlich sind?

Daraus resultierende untergeordnete Forschungsfragen lauten:

- Warum sind HLB für die Praxis relevant?
- Warum ist das Angebot von hybriden Leistungsbündeln für Unternehmen des produzierenden Gewerbes so herausfordernd?
- Was sind die charakteristischen Merkmale von hybriden Leistungsbündeln?
- Was sind die zentralen theoretischen Grundlagen für das Verfahren?
- Wie lässt sich der Begriff der Kompetenzen im Umfeld der hybriden Wertschöpfung operationalisieren?
- In welcher Phase ist die Identifikation von erforderlichen Kompetenzen am sinnvollsten?

In Abbildung 1 sind die Ableitung der Zielsetzung und der Forschungsfragen aus der Ausgangssituation respektive dem Marktumfeld von Unternehmen des produzierenden Gewerbes sowie der Problemstellung bzw. des Forschungsbedarfes dargestellt.

Ausgangssituation / Marktumfeld	Problemstellung / Forschungsbedarf
• Globalisierung, moderne IT–Systeme, gesättigte Märkte • Differenzierungsoption über Technologie und Qualität wird zunehmend obsolet • Produkte nähern sich hinsichtlich Qualität und Preis immer stärker aneinander an • Wandel vom Produkthersteller zum Lösungsanbieter • Kundenfokus auf Nutzen hinter dem Produkt	• Neue Herausforderungen für Unternehmen des produzierenden Gewerbes durch HLB – Angebot • Forschungsstand zum Management hybrider Wertschöpfung unzureichend • Besonders unzureichend im Bereich des strategischen Managements • Frage nach notwendigen Ressourcen / Kompetenzen sehr wichtig; unzureichender Forschungsstand

Zielsetzung	Forschungsfragen
• **Entwicklung eines Verfahrens zur Identifikation erforderlicher Kompetenzen für das Angebot von hybriden Leistungsbündeln, speziell adressiert an Unternehmen des produzierenden Gewerbes** • Aufzeigen der Relevanz von hybriden Leistungsbündeln für die Praxis • Klärung der terminologischen Grundlagen und Ableitung einer Arbeitsdefinition für HLB, Sach- und Dienstleistungen • Aufzeigen der charakteristischen Merkmale von hybriden Leistungsbündeln • Verankerung des Verfahrens in relevante Theorien • Operationalisierung des Kompetenzbegriffes • Validierung des Verfahrens	• **Wie kann ein produzierendes Unternehmen analysieren, welche Kompetenzen für das Angebot eines hybriden Leistungsbündels erforderlich sind?** • Warum sind HLB für die Praxis relevant? • Warum ist das Angebot von hybriden Leistungsbündeln für Unternehmen des produzierenden Gewerbes so herausfordernd? • Was sind die charakteristischen Merkmale von hybriden Leistungsbündeln? • Was sind die zentralen theoretischen Grundlagen für das Verfahren? • Wie lässt sich der Begriff der Kompetenzen im Umfeld der hybriden Wert-schöpfung operationalisieren? • In welcher Phase ist die Identifikation von erforderlichen Kompetenzen am sinnvollsten?

Abbildung 1: Von der Ausgangssituation zur Zielsetzung und den Forschungsfragen

1.3 Vorgehensweise und Aufbau der Arbeit

Im Folgenden wird auf das Forschungsdesign sowie auf den daraus resultierenden Aufbau der Arbeit eingegangen.

1.3.1 Forschungsdesign

Das Forschungsdesign ist Plan und Strategie für die angestrebte Untersuchung. Ziel ist es, eine adäquate Grundlage zur Beantwortung der Forschungsfrage(n) zu schaffen.[28] Essentiell ist hierfür die Frage der Forschungsmethodologie. Dabei lässt sich zwischen quantitativer und qualitativer Forschung unterscheiden.[29]

Die vorliegende Arbeit ist in der Betriebswirtschaftslehre (BWL) verortet. Die BWL als Realwissenschaft ist eine angewandte Handlungswissenschaft. Zielsetzung der BWL und aller Realwissenschaften ist das Explizieren und Gene-

---

[28] Vgl. Kumar (2011), S. 94.
[29] Vgl. Riesenhuber (2007), S. 4 ff.

ralisieren von subjektiv wahrgenommenen Wirklichkeitsausschnitten sowie der Entwurf von Handlungsalternativen zu deren Gestaltung.[30]

Aufgrund des Praxisbezuges der dieser Arbeit zugrunde liegenden Ausgangssituation respektive der daraus resultierenden Zielsetzung beschäftigt sich die Arbeit mit dem Entwurf einer Handlungsalternative, und zwar der Entwicklung eines Verfahrens zur Identifikation erforderlicher Kompetenzen für das Angebot von hybriden Leistungsbündeln.

Als Forschungsmethodologie für vorliegendes Forschungsvorhaben wurde die Methodologie der Aktionsforschung („Action Research') gewählt. Aktionsforschung geht auf LEWIN respektive seine Publikation aus dem Jahr 1946 zurück.[31]

Die Aktionsforschung ist eine Variante des qualitativen Forschungsdesigns der Fallstudie.[32]

YIN[33] definiert die Fallstudie als „...empirical inquiry that investigates a contemporary phenomenon in dept and within its real-life context, especially when the boundaries between phenomenon and context are not clearly evident."[34]

Der zentrale Unterschied zwischen der Erkenntnisgewinnung durch eine ‚normale' Fallstudie und dem Aktionsforschungsansatz ist die Rolle des Forschers. Stellt der Forscher im Falle der ‚normalen' Fallstudie einen unabhängigen Beobachter dar,[35] nimmt er im Falle der Aktionsforschung die Rolle eines aktiven Teilnehmers ein, der gleichzeitig die jeweilige Handlung evaluiert.[36]

Kritisch ist anzumerken, dass der Aktionsforschungsansatz dadurch an Objektivität (und somit auch an seinem Wert für den Test von Hypothesen) verliert.[37] Darüber hinaus lassen sich Theorien nur unzureichend testen, da der Aktionsforschungsansatz nicht zu exakt wiederholbaren Untersuchungen führt.[38]

Die Aktionsforschung bietet gleichwohl einen pragmatischen Ansatz zur Untersuchung komplexer theoretisch hergeleiteter Handlungsempfehlun-

---

[30]   Vgl. Ulrich/Hill (1979), S. 161.
[31]   Vgl. Lewin (1946).
[32]   Vgl. Pihlanto (1994), S. 380; Benbasat (1987), S. 371; Westbrook (1995), S. 8.
[33]   Vgl. Yin (2009).
[34]   Vgl. Yin (2009), S. 18.
[35]   Vgl. Westbrook (1995), S. 8.
[36]   Vgl. Benbasat (1987), S. 371; Brydon-Miller u.a. (2003), S. 10 f.
[37]   Vgl. Westbrook (1995), S. 9.
[38]   Vgl. Eden/Huxham (1996), S. 80.

gen (im vorliegenden Fall der Methode zur Identifikation erforderlicher Kompetenzen), die nicht in kontrollierte Untersuchungen einzelner Theorien (wie in der BWL oftmals der Fall) differenziert werden können.[39]

Daneben bietet der Aktionsforschungsansatz gegenüber anderen Forschungsansätzen den Vorteil (zumindest für ein praxisnahes, anwendungsorientiertes Verfahren zur Identifikation von erforderlichen Kompetenzen für das Angebot von hybriden Leistungsbündeln), dass die pragmatische, informelle und intuitive Denkweise, ähnlich der von Entscheidungsträgern in der Industrie ist.[40]

Der Prozess der Aktionsforschung durchläuft vier (rekursive) Phasen (Abbildung 2).[41]

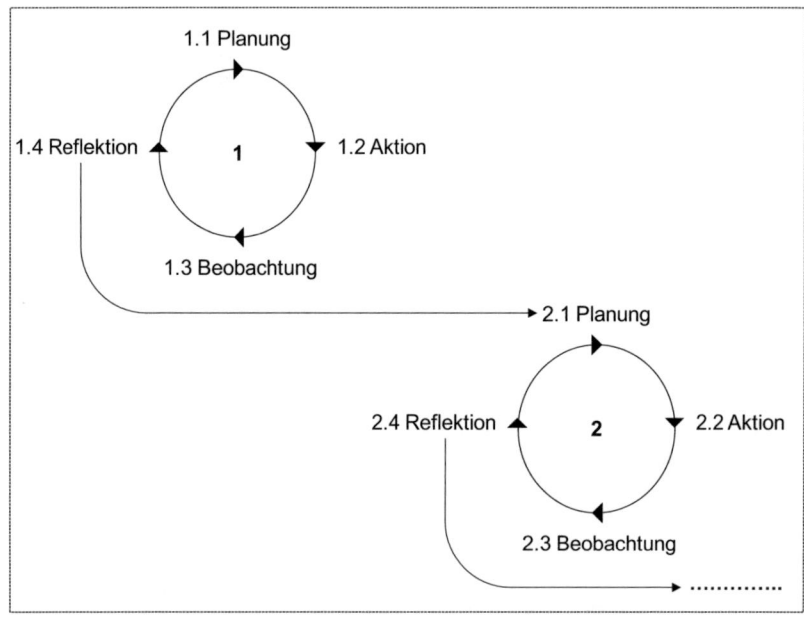

Abbildung 2: Phasen der Aktionsforschung[42]

Phase 1 ‚Planung' grenzt den Untersuchungsbereich ein. Zielsetzung und Forschungsfrage(n) der Untersuchung werden spezifiziert und das Vorgehen

---

[39]   Vgl. Eden/Huxham (1996), S. 80.
[40]   Vgl. Pihlanto (1994), S. 374.
[41]   Vgl. Altrichter u.a. (2002), S. 130.
[42]   In Anlehnung an Altrichter u.a. (2002), S. 130.

konkretisiert. Phase 2 beinhaltet den Anwendungsfall, die Aktion. Der Forscher nimmt in der Aktion eine aktive Rolle ein. Er ist nicht nur Beobachter. Phase 3 ‚Beobachtung' geht mit Phase 2 einher. Der Forscher übernimmt neben seinem aktiven Part einen beobachtenden in der Aktion. Phase 4, die Reflektion, bezieht sich auf die kritische Würdigung der Forschungsergebnisse. Die vier Phasen sind dabei nicht als automatisch abgeschlossener Prozess zu verstehen. Im Anschluss an Phase 4 kann das Ergebnis der ersten Schleife zur Verbesserung und unter Zuhilfenahme der gesammelten Erfahrungen erneut die vier Phasen durchlaufen (Abbildung 2). In Summe gestalten die vier Phasen einen interaktiven Forschungsprozess, in dem der Forscher aktiver Bestandteil sowie Beobachter ist.[43]

Im Folgenden wird der Aufbau der vorliegenden Arbeit in Bezugnahme auf den Aktionsforschungsansatz konkretisiert.

1.3.2 Aufbau der Arbeit

Gegenstand der Untersuchung sind Kompetenzen, die für das Angebot von hybriden Leistungsbündeln erforderlich sind. Zielsetzung ist die Entwicklung eines Verfahrens zur Identifikation dieser Kompetenzen, adressiert an Unternehmen des produzierenden Gewerbes.

Hierzu ist die Arbeit in acht Hauptkapitel unterteilt.

Kapitel 1 skizziert das aktuelle Marktumfeld von produzierenden Unternehmen sowie den daraus resultierenden Trend der Transformation von Produktherstellern zu Problemlösungsanbietern. Diese Transformation wird durch das Angebot von hybriden Leistungsbündeln vollzogen. Neben aller Vorteilhaftigkeit ist dieser paradigmatische Wandel mit einer Vielzahl von neuen Herausforderungen verbunden. Daran ansetzend werden die Problemstellung und der Forschungsbedarf sowie die Zielsetzung und die Forschungsfragen für die vorliegende Arbeit konkretisiert und daraus das Forschungsdesign abgeleitet.

Darauf aufbauend werden für den Gegenstand der Untersuchung in Kapitel 2 die Grundlagen und der Stand der Forschung erarbeitet. Hierzu gilt es zuerst, die terminologischen Grundlagen in Form von Definitionen der für die Untersuchung relevanten Produkte, Sachleistungen, Dienstleistungen und hybriden Leistungsbündel, sowie deren Abgrenzung untereinander herauszuarbeiten. Zudem werden hybride Leistungsbündel durch das Aufzeigen von charakteristischen Merkmalen weiter konkretisiert. Zuletzt werden der

---

[43] Vgl. Westbrook (1995), S. 6 ff.; Altrichter u.a. (2002), S. 125 ff.

Stand der Forschung sowie die Positionierung der vorliegenden Arbeit im Forschungszusammenhang eruiert.

In Kapitel 3 werden die theoretischen Grundlagen diskutiert. Hierbei wird speziell auf den Competence-based View (CbV) und dessen Besonderheiten im Hinblick auf hybride Wertschöpfung sowie dessen Grundlage, den Resource-based View (RbV), eingegangen.

Für den eingegrenzten Untersuchungsbereich wird in Kapitel 4 das Verfahren zur Identifikation von erforderlichen Kompetenzen für das Angebot von hybriden Leistungsbündeln auf Basis der zuvor erarbeiteten Grundlagen konzipiert und entwickelt. Hierzu werden zunächst Anforderungen an das Verfahren, abgeleitet aus der Zielsetzung und der unternehmerischen Praxis, aufgezeigt. Des Weiteren werden die Anwendungsszenarien für das entwickelte Verfahren definiert. Werkzeug und Grundlage für die ‚Denklogik' des entwickelten Verfahrens ist die Funktionenanalyse nach DIN EN 1325-1.[44] Diese sowie deren Erweiterung im Rahmen des Verfahrens, einhergehend mit den relevanten Funktionstypen, bilden den Abschluss von Kapitel 4.

Kapitel 1, 2, 3 und 4 sind die ‚planenden' Kapitel aus Sicht des Aktionsforschungsansatzes. Sie dienen der ‚Planung' und der Erarbeitung von theoretischen und terminologischen Grundlage der ‚Aktion'.

In Kapitel 5 wird, aufbauend auf dem konzeptionellen Hintergrund, die Umsetzungsgestaltung des Verfahrens zur Identifikation der erforderlichen Kompetenzen diskutiert. Hierzu werden die Adressaten des Verfahrens aufgezeigt und das systematische Vorgehen, aufgeteilt in vier Hauptphasen, erläutert. Den Schluss bildet die Auswertung des Verfahrens.

In Kapitel 6 findet das Verfahren in zwei konkreten Praxisbeispielen Anwendung.

In den Kapiteln 5 und 6 manifestiert sich die Phase der ‚Aktion'. Diese betrifft den interaktiven Teil der Untersuchung.

Die Ergebnisse der ‚Aktion' werden in der Phase ‚Beobachtung' (Kapitel 7) evaluiert und diskutiert.

Kapitel 8 betrifft schließlich das reflektierende Element, das gegebenenfalls eine neue Schleife der Aktionsforschung einleitet. Es dient zur wissenschaftlichen Selbstreflexion, fasst die zentralen Aussagen der Arbeit zusammen, würdigt diese kritisch und gibt einen Ausblick auf mögliche weiterführende Anwendungsszenarien und zeigt weiteren Forschungsbedarf auf.

---

[44] Vgl. EN 1325-1 (1996).

Abbildung 3 illustriert den Aufbau dieser Arbeit nach den vier Phasen der Aktionsforschung.

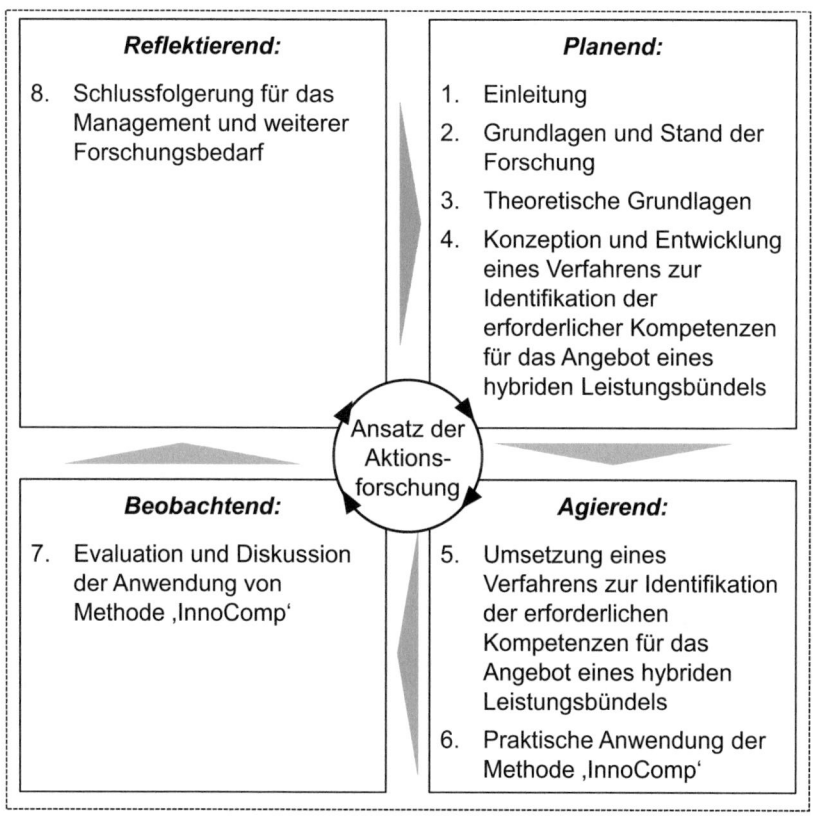

Abbildung 3: Aufbau der Arbeit (im Rahmen der Aktionsforschung)[45]

---

[45] In Anlehnung an Altrichter u.a. (2002), S. 130.

2. Grundlagen und Stand der Forschung

> *„Trotz der in der Praxis steigenden Bedeutung
> des Zusammenwachsens von technischen Pro-
> dukten und technischen Dienstleistungen zu hy-
> briden Produkten ist aber der Forschungsstand
> zum Management hybrider Wertschöpfung un-
> zureichend. "*[46]

Die Notwendigkeit der Entwicklung eines Verfahrens zur Identifikation von erforderlichen Kompetenzen für das Angebot von hybriden Leistungsbündeln lässt sich aus den Anforderungen der unternehmerischen Praxis ableiten.

Für die wissenschaftliche Erarbeitung einer solchen Methode bedarf es zunächst trennscharfer Definitionen der verwendeten Begrifflichkeiten Sachleistung, Dienstleistung und hybrides Leistungsbündel.

2.1 Definition Sachleistung

Produkte, als produktionswirtschaftlicher Output, können sowohl materielle als auch immaterielle Güter sowie eine Mischform, bestehend aus materiellen und immateriellen Komponenten,sein.[47] Bezieht man in die Betrachtung neben der produktionswirtschaftlichen die absatzwirtschaftliche Perspektive mit ein, ist dieser Output als Ausbringungsmenge zu verstehen, die der Bedürfnisbefriedigung Dritter dient.[48]

Die materiellen Güter werden als ‚Sachleistungen' bezeichnet und können definiert werden als:[49]

> *„materielle, physisch abgrenzbare Produkte"*[50].

Sachleistungen können zudem in Endprodukte (z.B. Automobile), Zwischenprodukte (z.B. Bauteile) und Abfallprodukte (z.B. Recyclingstoffe) differenziert werden. Endprodukte können in Konsumgüter (z.B. Nahrungsmittel) und Investitionsgüter (z.B. Produktionsmaschinen) unterschieden werden (Abbildung 4).[51]

---

[46] Vgl. Böhmann/Krcmar (2007), S. 241.
[47] Vgl. Spath u.a. (2001), S. 9.
[48] Vgl. Corsten/ Gössinger (2009), S. 9.
[49] Vgl. Specht/Möhrle (2002), S. 154.
[50] Vgl. Specht/Möhrle (2002), S. 154.
[51] Vgl. Corsten/Gössinger (2009), S. 9.

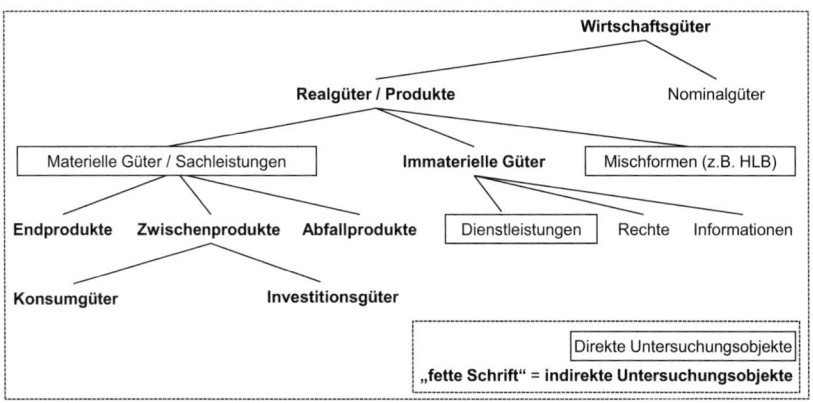

Abbildung 4: Systematisierung der Wirtschaftsgüter und Zuordnung der Untersuchungsobjekte[52]

2.2 Definition Dienstleistung

Der Begriff ‚Dienstleistung' ist ein, in der Alltagssprache gebräuchlicher, Terminus und wird meist mit einer klaren Vorstellung hinsichtlich seiner Bedeutung verwendet.[53] Gleichwohl hat sich für den Begriff ‚Dienstleistung' in der einschlägigen Literatur keine einheitliche Definition durchgesetzt.[54] Dies gilt speziell für die deutschsprachige Literatur, in der die Diskussion über die definitorische Abgrenzung von Dienstleistungen wesentlich stärker ausgeprägt ist als in der anglo-amerikanischen.[55]

Ebenso kontrovers wird die Frage diskutiert, ob der Begriff ‚Dienstleistung' mit dem Begriff ‚Service' (engl.) gleichzusetzen ist.[56] Werden die Begriffe nicht synonym verwendet, wird unter einem Service gewöhnlich nur eine Zusatzleistung für Konsum- und Investitionsgüter verstanden.[57]

Für folgende Ausführungen wird, analog zu MEFFERT und BRUHN,[58] aus Gründen der besseren Vergleichbarkeit mit der anglo-amerikanischen Literatur, nicht zwischen ‚Service' und Dienstleistung unterschieden.

In der vorhandenen „Definitions-Vielfalt"[59] lassen sich drei Gruppen identifizieren:[60]

---

[52]   In Anlehnung an Meffert/Bruhn (2008), S. 43; Corsten/Gössinger (2009), S. 9.
[53]   Vgl. Kleinaltenkamp (2001), S. 29.
[54]   Vgl. Hoffmann (2008), S. 9; Killinger (1999), S. 133; Klose (1999), S.5; Maleri/Frietzsche (2008), S. 15.
[55]   Vgl. Hertweck (2002), S. 29.
[56]   Vgl. Kleinaltenkamp (2001), S. 29.
[57]   Vgl. Meffert/Bruhn (2008), S. 30; Rösner (1998), S. 62.
[58]   Vgl. Meffert/Bruhn (2003), S. 30.

- die enumerative Definition;

- die Negativdefinition;

- die Konstitutivdefinition.

2.2.1 Die enumerative Definition

Enumerative Definitionen erfolgen über die Aufzählung von Beispielen.[61,62] KLEINALTENKAMP bezeichnet diese Definitionssystematik als den ‚praktikablen Weg'.[63]

Wenngleich enumerative Dienstleistungsdefinitionen für die Praxis äußerst praktikabel sind, eignen sie sich für die wissenschaftliche Arbeit weniger gut.[64] Dies liegt zum einen an der Notwendigkeit zur Erweiterung der Aufzählung im Falle neu entwickelter Dienstleistungen und zum anderen an der Anzahl von Problemfällen, bei denen nicht klar ist, ob die entsprechende Branche bzw. der entsprechende Bereich komplett oder in Teilen zu Dienstleistungen zu zählen ist.[65] Die grobe Klassifizierung ohne objektive Kriterien besitzt zudem ein hohes Maß an Subjektivität, die keine präzise Trennung erlaubt.[66]

Für diese Arbeit kommt bzgl. enumerativer Dienstleistungsdefinitionen erschwerend hinzu, dass diese speziell bei Unternehmen, deren Leistungen zu einem nicht unbeträchtlichen Teil aus Sachleistungen bestehen, nicht eindeutig sind.[67]

---

[59] Vgl. Hilke (1999), S. 213.

[60] Vgl. Corsten/Gössinger (2005), S. 8.

[61] Vgl. Opitz (2009), S. 26.

[62] Nach Langeard (1981) und den United Nations (2008) werden Dienstleistungen in den folgenden. Bereichen bzw. Branchen erbracht: Beherbergung, Bewirtung, Energieversorgung, Erholung, Ernährung, Forschung, freiberufliche Tätigkeiten, Fürsorge, Geld- und Kreditwesen, Gesundheit, Haushalt, Information, Körperpflege, Kunst, Nachrichtenübermittlung, persönliche Dienste, Recht- und Wirtschaftsberatung, Reinigung, Reparatur, Öffentliche Verwaltung, Sicherheit, Sport, Transport, Unterhaltung, Unterricht, Vermittlung und Versicherung.

[63] Vgl. Kleinaltenkamp (2001), S. 29.

[64] Vgl. Suhr (2002), S. 22; Kleinaltenkamp (2001), S. 30.

[65] Vgl. Kleinaltenkamp (2001), S. 30.

[66] Vgl. Olemotz (1995), S. 11.

[67] Vgl. Pepels (1996), S. 155; Kleinaltenkamp (2001), S. 30.

2.2.2 Die Negativdefinition

Werden Dienstleistungen zu Sachgütern über ihre Gegenteiligkeit abgegrenzt, spricht man von sogenannten Negativdefinitionen.[68] Dienstleistungen werden somit als Güter definiert, die keine Sachgüter sind, respektive
anderweitige Attribute besitzen (Tabelle 1).[69]

Dienstleistung	Sachleistung
Immateriell	Materiell
Nicht lagerfähig	(zumindest kurzfristig) lagerfähig
Nicht transportfähig	Transportfähig
Nur simultan produzier- und konsumier-bar	Separat produzier- und konsumierbar
Einbindung des Kunden in den Produktionsprozess	Kundenunabhängige Produktion (möglich)
Fehler innerhalb des Interaktionsprozesses mit dem Kunden	Fehler können vorab, ohne Wahrnehmung des Kunden korrigiert werden

Tabelle 1: Vergleich Dienst- und Sachleistung[70]

Ähnlich wie enumerative Definitionen können Negativdefinitionen der Er-
scheinungsvielfalt von Dienstleistungen nicht Rechnung tragen.[71] CORSTEN
bezeichnet diesen Ansatz daher als „wissenschaftliche Verlegenheitslö-
sung".[72] Zwar wird durch den Ansatz der negativen Definition der Begriff der
Dienstleistung greifbarer gemacht, eine weitere Abgrenzung nicht materiel-
ler Güter bleibt bei diesem Definitionsansatz jedoch aus.[73]

2.2.3 Die Konstitutivdefinition

Konstitutivdefinitionen grenzen den Begriff der Dienstleistung über charakteristische, wesensbildende Merkmale ab.[74] Diese Art der Definition ist die in
der wissenschaftlichen Literatur gebräuchlichste, weil eindeutigste.[75]

---

[68] Vgl. Hoffmann (2008), S. 9; Meffert/Bruhn (2008), S. 30; Opitz (2009), S. 26.
[69] Vgl. Hertweck (2002), S. 30.
[70] Vgl. Oliva/Kallenberg (2003), S.160; Peschl (2010), S.10; Baureis u.a. (2010), S. 1.
[71] Vgl. Ebenda (2002), S. 30.
[72] Vgl. Corsten/Gössinger (2007), S. 21.
[73] Vgl. Nüttgens u.a. (1998), S. 15.
[74] Vgl. Kleinaltenkamp (2001), S. 32; Klose (1999), S. 5; Hoffmann (2008), S. 9.
[75] Vgl. Klose (1999), S. 5; Kleinaltenkamp (2001), S. 33; Hertweck (2002), S. 31.

Der Definitionsansatz nimmt eine Unterteilung der Merkmale nach drei Dimensionen,[76] die in einer integrativen vierten Dimension zusammengefasst werden können, vor:[77]

- **Die potenzialorientierte Dimension:** In der potenzialorientierten Dimension werden Dienstleistungen „im Sinne einer Fähigkeit und Bereitschaft zur Ausübung einer dienstleistenden Tätigkeit"[78] definiert. Diese Fähigkeit und Bereitschaft können sowohl durch Menschen oder Maschinen als auch durch eine Kombination aus beiden angeboten werden.[79] Kritisch ist dabei, dass der Dienstleistungsanbieter zum Zeitpunkt der ersten Kontaktaufnahme mit dem potenziellen Kunden i.d.R. nur seine Fähigkeit und Bereitschaft anbieten kann.[80] Diese Bereitstellung trifft auf die Erwartung eines bestimmten Leistungsergebnisses seitens des Kunden, der infolgedessen das Risiko trägt, dass das tatsächliche Ergebnis nicht seinen Vorstellungen entspricht.[81]

Das Absatzobjekt ist somit kein ex ante fertiggestelltes Produkt, sondern lediglich die Fähigkeit und Bereitschaft, Dienstleistungen zu produzieren. Aus dieser Betrachtung resultiert die Immaterialität als spezifisches Charakteristikum (konstitutives Merkmal) einer Dienstleistung.[82]

Kritisch ist hierbei, dass die Fähigkeit und Bereitschaft Dienstleistungen zu produzieren zwar eine notwendige Voraussetzung, jedoch keine, auf Dienstleistungen beschränkte, hinreichende Bedingung ist, da dies auch für die Produktion einer Sachleistung gilt. Zweifelhaft ist darüber hinaus, dass das Absatz- bzw. Vermarktungsobjekt eines Dienstleisters allein sein Leistungspotenzial ist, da der Kundennutzen primär aus dem Leistungsergebnis und nicht aus dem Leistungspotenzial entsteht.[83]

Die potenzialorientierte Dimension erweist sich somit als „nicht trennscharf"[84] und ist daher als alleiniges Unterscheidungsmerkmal ungeeignet.[85]

---

[76] Vgl. Hoffmann (2008), S. 10; Kleinaltenkamp (2001), S. 32 ff.
[77] Vgl. Hertweck (2002), S. 3; Hilke (1989), S. 10 ff.
[78] Vgl. Hilke (1994), S. 213.
[79] Vgl. Opitz (2009), S. 27.
[80] Vgl. Kleinaltenkamp (2001), S. 35.
[81] Vgl. Scheer u.a. (2006), S. 25.
[82] Vgl. Rösner (1998), S. 18.
[83] Vgl. Rosado (1990), S. 21.
[84] Vgl. Kleinaltenkamp (2001), S. 35.

- **Die prozessorientierte Dimension:** In der prozessorientierten Dimension werden Dienstleistungen über den Prozess der Leistungserstellung definiert. Dienstleistungen sind dadurch charakterisiert, dass bei ihrer Leistungserstellung immer externe Faktoren in den Leistungserstellungsprozess involviert sind. Als solche werden dabei Faktoren verstanden, die vom Nachfrager der Dienstleistung zur Verfügung gestellt werden.[86] Die Integration externer Faktoren impliziert somit die Simultanität von Leistungserstellung und Leistungsabgabe bzw. Konsum (uno-acto-Prinzip).[87] Aufgrund der Simultanität von Leistungserstellung und Konsum sind Dienstleistungen zudem nicht lagerfähig bzw. nicht auf Vorrat produzierbar.[88]

Der Dienstleistungsnachfrager ist in der Konsequenz nicht nur prozessauslösender, sondern auch prozessbegleitender Faktor. Als konstitutives Merkmal ergibt sich daher die Integration von mindestens einem externen Faktor.[89]

Die Konzentration der prozessorientierten Dimension auf den Einbezug des externen Faktors resultiert jedoch in Problemen bezüglich der Abgrenzung gegenüber der kundenspezifischen Auftragsfertigung von Sachgütern.[90] Die Einbeziehung des externen Faktors führt nicht zwangsläufig zu einer immateriellen Dienstleistung. Insofern ist dieser zwar eine notwendige, jedoch keine hinreichende Bedingung.[91] Erschwerend kommt hinzu, dass moderne Informations- und Kommunikationsmedien die definitionsbedingte Notwendigkeit der Simultanität von Leistungserstellung und Konsum hinfällig machen können und eine weitere Interpretation des externen Faktors bedingen.[92]

- **Die ergebnisorientierte Dimension:** In der ergebnisorientierten Dimension werden Dienstleistungen als immaterielles Ergebnis des Leistungserstellungsprozesses definiert.[93] Zentraler Bestandteil der Betrachtung ist somit nicht der Leistungserstellungsprozess, sondern das Ergebnis.[94] Dabei kann zwischen dem prozessualen Endergebnis

---

[85] Vgl. Kleinaltenkamp (2001), S. 35.
[86] Vgl. Kleinaltenkamp (2001), S. 36; Klose (1999), S. 5; Scheer u.a. (2006), S. 25.
[87] Vgl. Meffert/Bruhn (2008), S. 28.
[88] Vgl. Rapp (1993), S. 139.
[89] Vgl. Scheer u.a. (2006), S. 25.
[90] Vgl. Olemotz (1995), S. 16.
[91] Vgl. Stanik (2007), S. 17.
[92] Vgl. Stanik (2007), S. 17.
[93] Vgl. Meffert/Bruhn (2008), S. 28; Scheer u.a. (2006), S. 25; Klose (1999), S. 6.
[94] Vgl. Stanik (2007), S. 17.

(‚Output', z.B. einem Haarschnitt) und den eigentlichen Zielen und Folgen der Dienstleistung (‚Outcome', z.B. Kundenzufriedenheit) unterschieden werden.[95] Analog zur potenzialorientierten Dimension ist die Immaterialität das konstitutive Merkmal in der ergebnisorientierten Dimension.[96]

Auch die ergebnisorientierte Definitionsdimension ist problematisch.[97] So weisen einige zweifelsfrei als Dienstleistungen klassifizierte Leistungen neben den immateriellen Ergebnisbestandteilen auch materielle auf. Beispiele hierfür sind etwa ein plombierter Zahn oder ein repariertes Auto. Des Weiteren werden Ergebnisse von Dienstleistungen häufig auf Trägermedien (Papier, Festplatten, CD-Roms u.ä.) gespeichert, wodurch es ebenfalls zu einer Vermischung von materiellen und immateriellen Komponenten im Leistungsergebnis kommt. In Anbetracht dessen führt die ergebnisorientierte Dimension zu keinem trennscharfen Definitionsergebnis.[98]

- **Die integrierte Dimension:** Der berechtigten Kritik an den drei Dimensionen wird mit einer vierten, integrativen Dimension begegnet (Abbildung 5). Nach dieser liegt eine Dienstleistung nur dann vor, wenn alle drei Dimensionen in die Definition eingehen.[99]

Durch diese Interpretation auf höherer Ebene[100] werden der Immaterialität und der Integration des externen Faktors als konstitutive Merkmale Rechnung getragen. Ein Dienstleistungsergebnis (ergebnisorientierte Dimension) entsteht erst aus der Fähigkeit und der Bereitschaft des Dienstleistungsanbieters (potenzialorientierte Dimension) sowie der Integration des externen Faktors durch den Nachfrager als prozessauslösendes und -begleitendes Element (ergebnisorientierte Dimension):[101]

---

[95] Vgl. Hoffmann (2008), S. 10.
[96] Vgl. Scheer u.a. (2006), S. 25.
[97] Vgl. Stanik (2007), S. 17.
[98] Vgl. Kleinaltenkamp (2001), S. 33.
[99] Vgl. Meffert/Bruhn (2008), S. 28.
[100] Vgl. Suhr (2002), S. 24.
[101] Vgl. Hilke (1989), S. 10 ff.; Meffert/Bruhn (2008), S. 28.

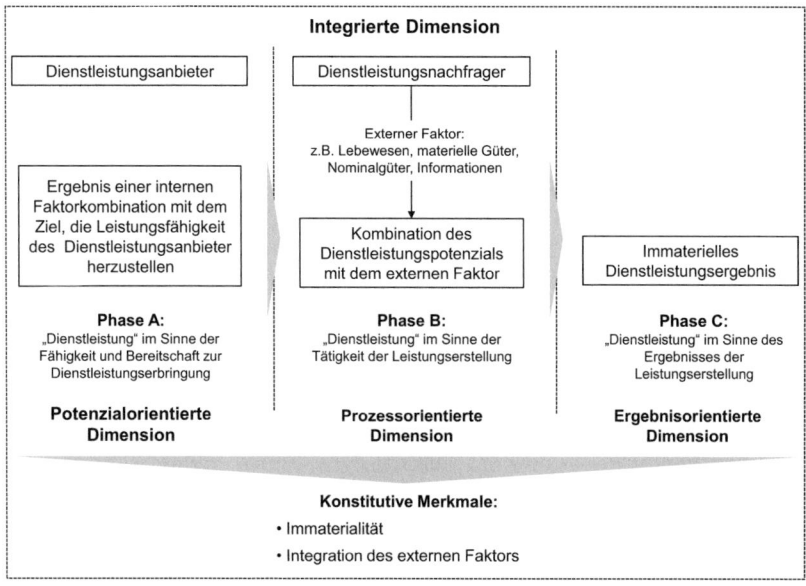

Abbildung 5: Die integrierte Dimension[102]

Doch auch die integrierte Dimension ist nicht frei von Kritik. Zentraler Einwand ist, dass die Integration die Schwachpunkte der einzelnen Dimensionen nicht aufhebt. Autoren wie KÖRFGEN sehen in der integrierten Dimension sogar einen logischen Fehler, da „jeder einzelne Definitionsansatz für sich nicht befriedigend ist, erscheint es aus Gründen der Logik nicht haltbar, dass eine Kombination zu einer tauglichen Definition führen kann."[103]

Kritik besteht darüber hinaus hinsichtlich der zeitlichen Abfolge der einzelnen Dimensionen. So sind diese häufig nicht sequentiell angeordnet, sondern überlappen sich durchaus in der Praxis.[104]

2.2.4 Ableitung einer Arbeitsdefinition

Für die weiteren Ausführungen wird der Begriff ‚Dienstleistung' analog zur integrierten Dimension folgendermaßen definiert:

---

[102] In Anlehnung an Hilke (1989), S. 15 und Schneider/Scheer (2003), S. 5; Meffert/Bruhn (2008), S. 29.
[103] Vgl. Körfgen (1999), S. 59.
[104] Vgl. Maleri (2001), S. 128.

Dienstleistungen sind Leistungen, die durch die Fähigkeit und Bereitschaft zur Dienstleistungserbringung entstanden sind. In den Leistungserstellungsprozess von Dienstleistungen sind externe Faktoren involviert. Das Leistungsergebnis manifestiert sich in Form von überwiegend immateriellen Wirkungen an den externen Faktoren respektive dem Kunden.

Zwar bietet auch die integrierte Definition Grund zur Kritik, sie stellt jedoch den „aus wissenschaftlicher Sicht besten"[105] und eindeutigsten Definitionsansatz dar und bildet daher die Grundlage für die meisten Dienstleistungsdefinitionen aktueller Literatur.[106]

2.3 Definition von hybriden Leistungsbündeln

Für das Untersuchungsobjekt, der Integration von Sach- und Dienstleistung, haben sich in der Literatur weder eine einheitliche Definition, noch ein einheitlicher Begriff durchgesetzt.[107] Neben dem Begriff „hybrides Leistungsbündel"[108] werden u.a. noch die Begriffe „hybrides Produkt"[109], „Product-Service System"[110] (in der englischsprachigen Literatur) bzw. (die deutsche Übersetzung) „Produkt-Service System"[111] respektive deren Abkürzung „PSS"[112] verwendet.

Im Folgenden wird die Integration von Sach- und Dienstleistung, analog zur PAS (Publicly Available Specification, des Deutschen Instituts für Normung)

---

[105] Vgl. Schneider/Scheer (2003), S. 5.
[106] Vgl. Stanik (2007), S. 20; Peschl (2010), S. 29; Maleri (2001), S. 128.
[107] Vgl. Wassermann (2010), S. 29 f.; Zahn (2010), S. 28; Knackstedt u.a. (2008), S. 236.
[108] Vgl. Meier/Krug (2006), S. 690 ff.; Meier/Kortmann (2006), S. 557 ff.; Abramovici u.a. (2008), S. 619 ff.; Zellner (2008), S. 187; Meier u.a. (2007), S. 510 ff.; Meier u.a. (2006), S. 25 ff.; Meier u.a. (2005), S. 528 ff.; Müller (2008), S. 581 ff.; Rese u.a. (2007), S. 533 ff.; Peschl (2010), S. 1 ff.
[109] Vgl. Spath/Demuss (2006), S. 472 ff.; Zahn u.a. (2004), S. 205 ff.; Burianek u.a. (2007), S. 2 ff.; Schenk u.a. (2006), S. 55 ff.; Leimeister/Glauner (2008), S. 248 ff.; Reiss (2006), S. 49 ff.; Weddeling (2009), S. 3 ff.
[110] Vgl. Goedkoop u.a. (1999), S. 1 ff.; Morelli (2002), S. 3ff.; Williams (2006), S. 173 ff.; Tukker/Tischner (2006), S. 1553 ff.; Krucken/Meroni (2006), S. 1503 ff.; Morelli (2006), S. 1496 ff.; Aurich (2006) u.a. S. 1481; Maxwell u.a. (2006), S. 1467 ff.; Baines u.a. (2006), S. 1543; Kang/Wimmer (2008), S. 1147 ff.; Yang u.a. (2009), S. 225; Mont/ Tukker (2006), S. 1452 ff.
[111] Vgl. Aurich/Clement (2010), S. 1 ff.
[112] Vgl. Goedkoop u.a. (1999), S. 1 ff.; Morelli (2002), S. 3 ff.; Williams (2006), S. 173 ff.; Tukker/Tischner (2006), S. 1553 ff.; Krucken/Meroni, S. 1503 ff.; Morelli (2006), S. 1496 ff.; Aurich u.a. (2006), S. 1481; Maxwell u.a. (2006), S. 1467 ff.; Baines u.a. (2006), S. 1543; Kang/Wimmer (2008), S. 1147 ff.; Yang u.a. (2009), S. 225; Mont/ Tukker (2006), S. 1452 ff.

1094[113], unter dem Begriff ‚hybrides Leistungsbündel' zusammengefasst und synonym zu dem Begriff ‚hybrides Produkt' verwendet.

Ein hybrides Leistungsbündel ist eine, auf den Kundennutzen ausgerichtete, komplexe Problemlösung, die sich aus speziell aufeinander abgestimmten Sach- und Dienstleistungsanteilen zusammensetzt.[114] Ihre Zielsetzung ist es, für den Kunden einen zusätzlichen Nutzen gegenüber nicht integrierten Sach- und / oder Dienstleistungen zu erzeugen.[115] HLB finden sich sowohl in B2B-Märkten in Form von industriellen Dienstleistungen (z.b. Betreibermodelle im Maschinenbau) als auch im B2C-Bereich in Form von hybriden Modellen für Konsumgüter (z.b. Carsharing-Modelle).[116]

Herrscht an der Oberfläche der Interpretationen des Konstrukts HLB noch weitestgehend Konsens, zeigen sich im Detail deutliche Unterschiede im Begriffsverständnis. So differieren die Definitionen in Bezug auf die Gewichtung der Leistungskomponenten Dienst- und Sachleistung essentiell. Während für SPATH und DEMUSS „der materielle Anteil",[117] also die Sachleistung „überwiegt"[118], betonen KERSTEN u.a., dass es auch hybride Leistungsbündel gibt, „bei denen eine Dominanz des Dienstleistungsanteils festzustellen ist".[119]

Deutliche Unterschiede zeigen sich ebenso hinsichtlich der Frage nach der Begriffsweite. Manche Autoren halten den Begriff so allgemein, dass jede Erweiterung einer Sachleistung um eine produktbegleitende Dienstleistung das Produkt in ein hybrides Leistungsbündel ‚transformiert', während andere Autoren eine komplexere Integration unterstellen.[120]

Für die folgenden Ausführungen wird eine engere Begriffsauffassung gewählt, die sich gegenüber produktbegleitenden Dienstleistungen abgrenzt. Hierbei wird analog zu SPATH und DEMUSS vorgegangen, die als Beispiel für hybride Leistungsbündel insbesondere Sondermaschinen und Betreiberkonzepte anführen und diese gegenüber (produktbegleitenden) Dienstleistungen hinsichtlich des Integrationsgrades beider Teilleistungen abgren-

---

[113] Vgl. PAS 1094 (2009), S. 6.
[114] Vgl. Zahn u.a. (2004), S. 209; Spath/Demuss (2006), S. 472; Korell/Ganz (2000), S. 154; Nemeth/Ohlhausen (2000), S. 173; Meier u.a. (2006), S.25; Meier u.a. (2007), S. 510; Burianek u.a. (2007), S. 3; PAS 1094 (2009), S. 6.
[115] Vgl. PAS 1094 (2009), S. 6.
[116] Vgl. Spath/Demuss (2006), S. 472.
[117] Vgl. Spath/Demuss (2006), S. 472.
[118] Vgl. Spath/Demuss (2006), S. 472.
[119] Vgl. Kersten u.a. (2006), S. 191.
[120] Vgl. Wassermann (2010), S. 33.

zen.[121] Die intensive Integration von Sach- und Dienstleistung erfordert neue erforderliche Kompetenzen und betont eine engere Begriffsauffassung. Nach diesem Verständnis bekommt ein Kunde durch ein hybrides Leistungsbündel „nicht nur ein beliebig zusammengestelltes Produkt- und Dienstleistungsbündel, sondern ein auf seine Nutzenanforderungen abgestimmtes [...] Gesamtsystem."[122] Solch ein Gesamtsystem „ist gekennzeichnet durch eine integrierte und sich gegeneinander determinierende Planung, Entwicklung, Erbringung und Nutzung von Sach- und Dienstleistungsanteilen."[123]

Aus diesen Gründen resultiert folgende Arbeitsdefinition:

> *Hybride Leistungsbündel sind kundenindividuelle komplexe Problemlösungen, die auf den Kundennutzen fokussiert und aus Sach- und Dienstleistungskomponenten kombiniert sind. Systemimmanent ist dabei eine sich wechselseitig determinierende Planung, Entwicklung, Erbringung und Nutzung der materiellen und immateriellen Leistungskomponenten sowie die Einbindung des externen Faktors ‚Kunde'.*

Generell lässt sich festhalten, dass die strikte Trennung zwischen Sach- und Dienstleistung aus Sicht der Praxis wenig zielführend ist. Am Markt werden ökonomische Güter (also Sach- wie auch Dienstleistungen) immer in Form von Leistungsbündeln angeboten.[124] So ist der Vertrieb bzw. Erwerb von Sachleistungen oft ohne die Inanspruchnahme von Dienstleistungen nicht durchführbar.[125] Als Beispiel kann der Vertrieb oder Erwerb eines Autos genannt werden. Hierzu werden Dienstleistungen zumindest als Nebenleistungen, beispielsweise in Form von logistischen Prozessen wie der Überführung des Fahrzeuges zum Auslieferungsort, erbracht.

Ähnlich, wenngleich nicht ganz so offensichtlich, liegt der Fall bei Dienstleistungen, deren Vertrieb bzw. Erwerb auch nur als Leistungsbündel, bestehend aus Dienstleistungs-, aber auch Sachleistungskomponenten, möglich ist. Ein Beispiel ist eine Finanzdienstleistung in Form eines Kredites. Zwar ist in diesem Fall der immaterielle Teil des Leistungsbündels dominant, die materiellen Sachleistungen in Form von Trägermedien wie beispielsweise dem Kreditvertrag aber sehr wohl vorhanden.[126]

---

[121] Vgl. Spath/Demuss (2006), S. 474.
[122] Vgl. Böhmann/Krcmar, S. 244.
[123] Vgl. Meier u.a. (2006), S. 26.
[124] Vgl. Burianek u.a. (2007), S. 4; Spath/Demuss (2006), S. 470 f.; Kleinaltenkamp (2001), S. 44; Peschl (2010), S. 34; Olemotz (1995), S. 19; Sturm u.a. (2009), S. 520.
[125] Vgl. Spath/Demuss (2006), S. 471.
[126] Vgl. Spath/Demuss (2006), S. 472.

Zur Distanzierung von der bisher prägenden Zweiteilung (Dichotomie) in Sach- und Dienstleistungen bietet sich eine Darstellung der verschiedenen Leistungsbündel auf einem Kontinuum an (Abbildung 6).[127]

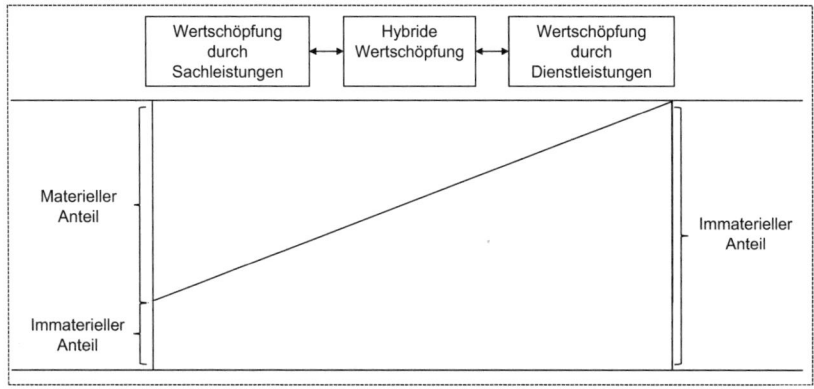

Abbildung 6: Kontinuum der Leistungsbündel[128]

Der Absatz von Sachleistungen und der Absatz von Dienstleistungen sind auf diesem Kontinuum die Pole, wohingegen HLB in der breiten Mitte positioniert sind. Die Übergänge zwischen den einzelnen Arten von Leistungsbündeln sind dabei fließend.

Bei der Interpretation von hybriden Leistungsbündeln macht auch die Perspektive des Betrachters einen Unterschied. Die subjektive Wahrnehmung einer Marktleistung als Sach- oder Dienstleistung oder hybrides Leistungsbündel kann davon abhängen, ob die Leistungswahrnehmung aus Sicht des Anbieters oder des Kunden erfolgt. Der Kunde fokussiert sich vornehmlich auf den Nutzen hinter den Sachleistungen[129] und nimmt diese als Dienstleistung war. Aus Sicht des Anbieters mag die materielle Leistung dann weiter im Vordergrund stehen, wenn diese den größeren Teil der Wertschöpfung ausmacht. Ein Beispiel für eine solch unterschiedliche Wahrnehmung ist ein von einem Automobilhersteller angebotenes Car-Sharing-Modell. Während der Kunde seinen Nutzen primär in der Dienstleistung, der Bereitstellung von Mobilität, sieht, steht für den Automobilhersteller die Sachleistung, das Auto, im Vordergrund.

[127] Vgl. Pesch (2010), S. 34; Spath/Demuss (2006), S. 471.
[128] In Anlehnung an Spath/Demuss (2006), S. 471; Shostack (1982), S. 52.
[129] Vgl. Zahn (2010), S. 28.

Das in dieser Arbeit vorgestellte Verfahren zur Unterstützung der Identifikation von erforderlichen Kompetenzen für die Erbringung von hybriden Leistungsbündeln konzentriert sich auf die Perspektive des Anbieters.

2.4 Charakteristische Merkmale von hybriden Leistungsbündeln

Der Fokus des entwickelten Verfahrens liegt auf der Identifikation der erforderlichen Kompetenzen, die zu den erforderlichen Kompetenzen für das Angebot der Sachleistung, für ein HLB-Angebot hinzukommen. Die insgesamt erforderlichen Kompetenzen ergeben sich indirekt aus den charakteristischen Merkmalen von hybriden Leistungsbündeln.

Auf Basis einer umfassenden Literaturrecherche lassen sich folgende sieben charakteristische Merkmale für HLB identifizieren (Tabelle 2):

Merkmale in der Literatur	Abgeleitete Merkmale
„Zunehmende Komplexität der Angebote"[130] „an effective PSS is likely to be more complex for a manufacturing organization than the existing way of delivering functionality through the provision of a product alone"[131]	1. Höhere Systemkomplexität
„auf den Kundennutzen ausgerichteten Mix"[132] „wird dem Kunden ein Mehrwert (Kundennutzen) gestiftet"[133] „Ziel ist es, dass aus Sicht des Anbieters und / oder aus Sicht des Kunden im Vergleich zum Angebot nicht integrierter Sach- und Dienstleistungsanteile ein zusätzlicher, wahrnehmbarer Nutzen entsteht"[134] „um Kunden eine auf ihre Bedürfnisse ausgerichtete Problemlösung anzubieten"[135]	2. Spezieller Kundennutzen/Problemlösungspotenzial

---

[130] Vgl. Zahn (2010), S. 30.
[131] Vgl. Baines u.a. (2007), S. 1549.
[132] Vgl. Spath/Demuss (2006), S. 472.
[133] Vgl. Peschl (2010), S. 42.
[134] Vgl. PAS 1094 (2009), S. 6.
[135] Vgl. Becker u.a. (2010), S. 144.

„Kundenspezifische Problemlösung"[136] „stellt ein PSS eine Problemlösung dar"[137] „Hybride Produkte sind komplexe Problemlösungen für den Kunden"[138] „eine individuelle Problemlösung"[139]	
„Notwendigkeit zur Integration eines externen Faktors in den Prozess der Lösungserstellung"[140] „Wesentliches Merkmal hybrider Produkte ist die zwingend notwendige Integration des externen Faktors"[141] „Integration der Prozesse zwischen Anbieter und Abnehmer"[142] „Technisch-organisatorische Zusammenführung der Teilleistungen einer Lösung und deren Einbettung in den Wertschöpfungsprozess des Kunden"[143] „Integration des Leistungsangebots in bestehende Prozesse und Systemlandschaften des Kunden"[144] „innovative Kunden-Anbieter-Beziehungen"[145] „die Einbindung des Kunden (des so genannten „externen" Faktors) in die Prozesse der Leistungserbringung"[146]	3. Integration des externen Faktors ‚Kunde'

---

[136] Vgl. Böhmann/Krcmar (2007), S. 241.
[137] Vgl. Thomas u.a. (2010a), S. 70.
[138] Vgl. Spath/Demuss (2006), S. 472
[139] Vgl. Schenk u.a. (2006), S. 56.
[140] Vgl. Gräßle u.a. (2010), S. 85.
[141] Vgl. Spath/Demuss (2006), S. 472.
[142] Vgl. Kersten u.a. (2006), S. 194.
[143] Vgl. Böhmann/Krcmar (2007), S. 244.
[144] Vgl. Burianek u.a. (2007), S. 17.
[145] Vgl. Meier u.a. (2007), S. 510.
[146] Vgl. Meier u.a. (2006), S. 26.

„Hybride Leistungsbündel integrieren Sach- und Dienstleistungsanteile"[147]	4. Heterogene Teilleistungen
„Im Wesentlichen besteht das zu gestaltende hybride Produkt neben der materiellen Komponente (z. B. Heizungsanlage) aus mehreren Dienstleistungskomponenten"[148]	
„auf den Kundennutzen ausgerichteten Mix aus materiellen und immateriellen Leistungsergebniskomponenten zusammensetzen"[149]	
„Angebot von integrierten Sach- und Dienstleistungsanteilen"[150]	
„Verbünde von Sach- und Dienstleistungsanteilen"[151]	
„Kombination von Sach- und Dienstleistung zu Leistungsangebot"[152]	
„integrativer Verbund aus Sach- und Dienstleistungsanteilen"[153]	
„Kombination aus Sach- und Dienstleistung zum integrierten Leistungsbündel"[154]	
„das heißt einer Kombination von kundenindividuellen Sach- und Dienstleistungen"[155]	5. Kundenindividualität
„kundenindividuelle Verbünde von Sach- und Dienstleistungsanteilen"[156]	
„kundenindividuelle Konfiguration"[157] „Konsequente Kundenorientierung; innovatives Dienstleistungsangebot"[158]	

---

[147] Vgl. Becker u.a. (2010), S. 144.
[148] Vgl. Thomas u.a. (2010b), S. 9.
[149] Vgl. Spath/Demuss (2006), S. 472.
[150] Vgl. Meier/Krug (2006), S. 690.
[151] Vgl. Meier/Kortmann (2006), S. 557.
[152] Vgl. Burianek u.a. (2007), S. 4.
[153] Vgl. Meier u.a. (2006), S. 25.
[154] Vgl. Böhmann/Krcmar (2007), S. 243.
[155] Vgl. Schenk u.a. (2006), S. 56.
[156] Vgl. Meier/Kortmann (2006), S. 557.
[157] Vgl. Meier/Kortmann (2006), S. 557.
[158] Vgl. Korell/Ganz (2010), S. 158.

„Ausdehnung der Phase der Leistungser-bringung auf den gesamten product life-cycle"[159]	6. Ausdehnung der Leistungserbringung
„Zuständigkeit des Anbieters von der Aus-lieferung auf den gesamten Life Cycle eines hybriden Leistungsbündels erwei-tert"[160]	
„Ausdehnung der Kunden–Lieferanten-Beziehung auf den gesamten Life Cycle"[161]	
„integriert entwickelten Sach- und Dienst-leistungsanteilen"[162]	7. Sich gegenseitig determinierende Teil-leistungen
„integrativer Verbund aus Sach- und Dienstleistungsanteilen"[163]	
„integrierten Leistungen"[164]	
„eine integrierte und sich gegenseitig de-terminierende Planung, Entwicklung, Er-bringung und Nutzung von Sach- und Dienstleistungsanteilen"[165]	
„Im Produktentwicklungsprozess für hy-bride Produkte muss der Entwicklungspro-zess des Sachguts mit dem Entwicklungs-prozess für Dienstleistungen verbunden werden."[166]	

Tabelle 2: Charakteristische Merkmale

2.4.1 Höhere Systemkomplexität

Die Integration von Sach- und Dienstleistungsanteilen zu einem hybriden Leistungsbündel erhöht im Vergleich zum reinen Sach- oder Dienstleis-tungsangebot die Komplexität.[167]

---

[159] Vgl. Meier u.a. (2006), S. 26.
[160] Vgl. Meier/Krug (2006), S. 690.
[161] Vgl. Meier/Kortmann (2006), S. 557.
[162] Vgl. Meier u.a. (2007), S. 510.
[163] Vgl. Meier u.a. (2006), S. 25.
[164] Vgl. Meier u.a. (2006), S. 25.
[165] Vgl. Meier u.a. (2006), S. 26.
[166] Vgl. Schenk u.a. (2006), S. 56.
[167] Vgl. Zahn (2010), S. 30; Wassermann (2010), S. 36; Baureis u.a. (2010), S. 151; Buria-nek u.a. (2007), S. 10 ff.

Unter Komplexität wird in diesem Zusammenhang „diejenige Eigenschaft von Systemen verstanden, in einer gegebenen Zeitspanne eine große Anzahl von verschiedenen Zuständen annehmen zu können, was deren geistige Erfassung und Beherrschung durch den Menschen erschwert."[168] Die Komplexitätserhöhung resultiert zum einen aus der Heterogenität der Leistungskomponenten Sach- und Dienstleistung und zum anderen aus dem Zusammenspiel der weiteren, im Folgenden spezifizierten, charakteristischen Merkmale.[169] Unternehmen, die HLB anbieten, haben also eine wesentlich höhere Systemkomplexität zu bewältigen als reine Sach- oder Dienstleistungsanbieter.

2.4.2 Spezieller Kundennutzen/Problemlösungspotenzial

HLB sind im Vergleich zu reinen Sachleistungen und Dienstleistungen konkreter auf die Problemlösung der Kunden zentriert. Ihr zentriertes „Problemlösungspotenzial"[170] ist bereits in ihrer Definition angelegt.[171] Durch die Integration des externen Faktors ‚Kunde' erfolgt die Leistungserbringung in Form eines hybriden Leistungsbündels kundenindividuell, zugeschnittenen auf das jeweilige Kundenprofil.[172]

Das Problemlösungspotenzial manifestiert sich in unterschiedlichen Kategorien von Kundennutzen. So kann im Sinne der weiten Begriffsauffassung von hybriden Leistungsbündeln ein breites Spektrum an unterschiedlichem Kundennutzen, vom Nutzen einer Sachleistung plus Wartungsvertrag bis hin zu ergebnisorientierten Betreibermodellen, unterschieden werden.[173] Innerhalb dieses Spektrums kann der jeweilige spezielle Kundennutzen in folgende drei Kategorien unterteilt werden:[174]

- Funktionsorientierter Kundennutzen;

- Verfügbarkeitsorientierter Kundennutzen;

- Ergebnisorientierter Kundennutzen.

Diese Kundennutzenkategorien bilden die Basis für die Definition und Differenzierung einzelner HLB-Geschäftsmodelle. Geschäftsmodelle bestimmen

---

[168] Vgl. Bleicher (2011), S. 52.
[169] Vgl. Burianek u.a. (2007), S. 24.
[170] Vgl. Peschl (2010), S. 42.
[171] Vgl. Peschl (2010), S. 42.
[172] Vgl. Böhmann/Krcmar (2007), S. 241; Spath/Demuss (2006), S. 472.
[173] Vgl. Burianek u.a. (2007), S. 12.
[174] Vgl. Meier u.a. (2010), S. 612; Aurich u.a. (2010), S. 140; Meier u.a. (2007), S. 511 f.;
        Meier u.a. (2005), S. 530 f.

„wie ein Unternehmen Wert schafft oder vernichtet."[175] Am Kundennutzen orientierte Geschäftsmodelle unterscheiden sich zum einen durch den Grad der Immaterialität der angebotenen Leistung und zum anderen durch den Grad der Einbindung des HLB-Anbieters in die Prozesse des Kunden. Eine hohe Ausprägung beider Aspekte bewirkt einen hohen Grad an Komplexität (Abbildung 7).[176]

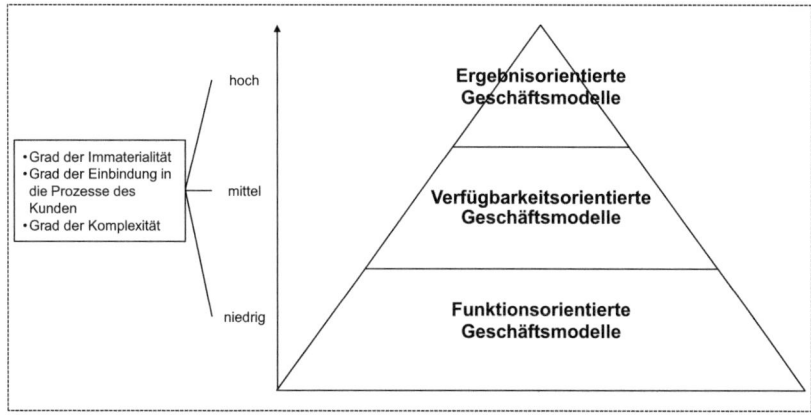

Abbildung 7: Geschäftsmodelle von hybriden Leistungsbündeln

Im Sinne der hier vertretenen engeren Begriffsauffassung zu hybriden Leistungsbündeln werden im Folgenden, auch zur besseren Abgrenzung gegenüber produktbegleitenden Dienstleistungen, nur verfügbarkeits- und ergebnisorientierte Geschäftsmodelle betrachtet.

- **Verfügbarkeitsorientierte Geschäftsmodelle:** Bei einem verfügbarkeitsorientierten Geschäftsmodell bzw. Kundennutzen sichert der Anbieter des hybriden Leistungsbündels seinem Kunden eine bestimmte Verfügbarkeit für das hybride Leistungsbündel zu. Beispiel ist der Verkauf einer Werkzeugmaschine mit der Garantie einer 90-prozentigen Einsatzbereitschaft. Für eine solche Garantie bedarf es von Seiten des Anbieters eigenverantwortlicher Eingriffe in die Geschäftsprozesse des Kunden. Der Anbieter ist verantwortlich für alle Prozesse, welche

---

[175] Vgl. Zahn (2001), S. 15.
[176] Vgl. Meier u.a. (2010), S. 612; Aurich u.a. (2010), S. 140; Meier u.a. (2007), S. 511 f.; Meier u.a. (2005), S. 530 f.

die Verfügbarkeit des hybriden Leistungsbündels sicherstellen (Abbildung 8).[177]

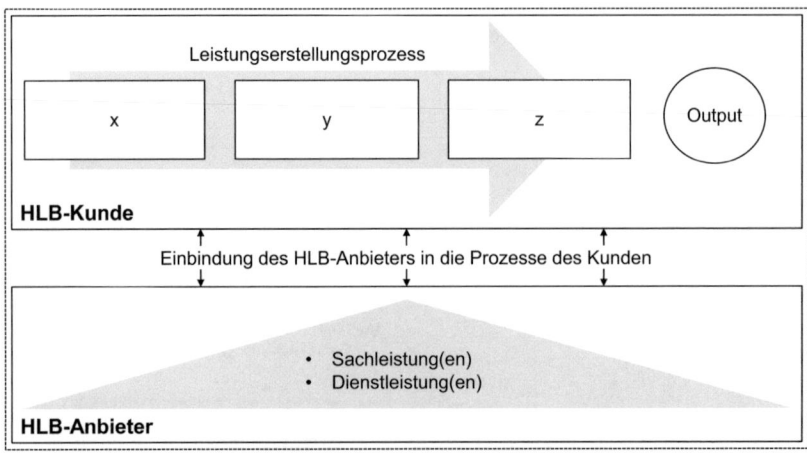

Abbildung 8: Verfügbarkeitsorientiertes Geschäftsmodell / Kundennutzen

Beispiele für Prozesse, welche die Verfügbarkeit des hybriden Leistungsbündels sicherstellen, können Wartungsprozesse oder die vorbeugende Instandhaltung sein. Der Anbieter trägt hier einen Teil des Produktionsrisikos. Nicht in den Verantwortungsbereich des Anbieters fallen die Betriebsführung auf Basis des hybriden Leistungsbündels sowie das dazu benötigte Personal. Dieses Geschäftsmodell hat (im Vergleich zum reinen Sachleistungsangebot) eine weit komplexere Leistungserbringung zur Folge. Der Anbieter muss in Echtzeit auf die Anforderungen des Kunden reagieren. Zudem muss er eine gezielte Abstimmung der Leistungskomponenten sowie die Abstimmung mit dem Kunden sicherstellen.

- **Ergebnisorientierte Geschäftsmodell**e: Das ergebnisorientierte Geschäftsmodell beinhaltet (im Vergleich zum verfügbarkeitsorientierten) zusätzlich die Betriebsführung mit dem hybriden Leistungsbündel. Der Kunde bezahlt für eine erbrachte, fehlerfreie Produktionsleistung und der Anbieter trägt die volle Verantwortung für das Produktionsergebnis einschließlich der damit verbundenen Risiken (z.B. Un-

---

[177] Vgl. Meier u.a. (2007), S. 511 f.; Meier u.a.(2005), S. 531; Burianek u.a. (2007), S. 12.

fälle). Ergebnisorientierte Geschäftsmodelle (Abbildung 9) werden auch Betreibermodelle genannt.[178]

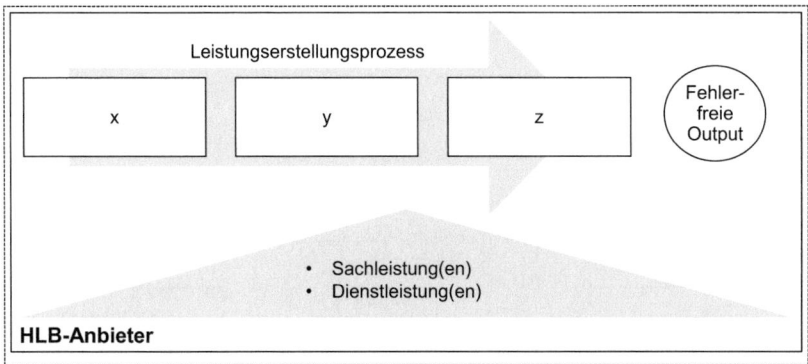

Abbildung 9: Ergebnisorientiertes Geschäftsmodell / Kundennutzen

Beispiel für ein ergebnisorientiertes Geschäftsmodell ist die Betriebsführung einer Werkzeugmaschine. Der HLB-Anbieter stellt das Personal für diese und koordiniert nach eigenem Ermessen Dienstleistungen wie z.B. Wartung. Der Kunde bezahlt für den fehlerfreien Output.

2.4.3 Integration des externen Faktors ‚Kunde'

Können reine Sachleistungen (z.B. Güter des alltäglichen Bedarfs sogenannte convenience goods) unabhängig von einzelnen Kunden erstellt werden, ist für HLB die Integration des externen Faktors ‚Kunde' unabdingbar.[179] Somit folgen hybride Leistungsbündel demselben Leistungserstellungsprinzip wie Dienstleistungen (Abbildung 10).

---

[178] Vgl. Meier u.a. (2007), S. 511 f.; Meier u.a.(2005), S. 531; Burianek u.a. (2007), S. 12 f.
[179] Vgl. Spath/Demuss (2006), S. 472 f.; Rese u.a. (2007), S. 533; Reckenfelderbäumer/ Wille (2008), S. 29; Burianek u.a. (2007), S. 12 f.

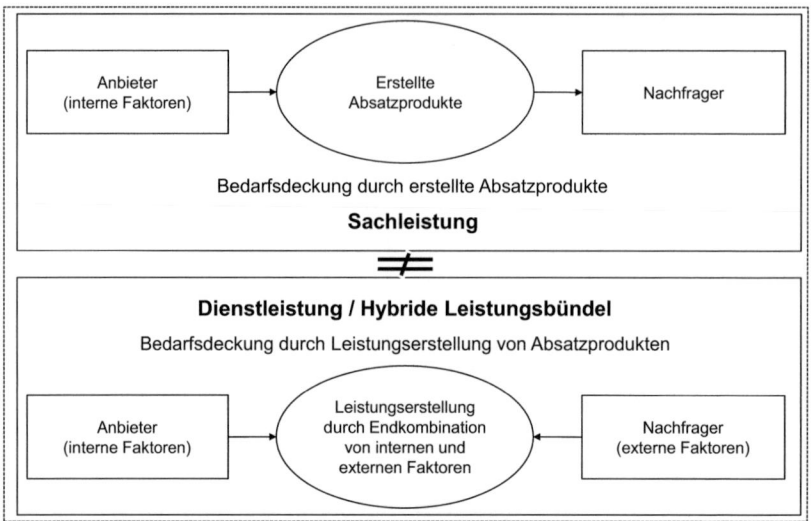

Abbildung 10: Bedarfsdeckung bei Sach- und Dienstleistungen sowie hybriden Leistungsbündeln[180]

Nach SPATH und DEMUSS ist die Integration des externen Faktors ein wesentliches Merkmal von hybriden Leistungsbündeln. Die Erbringung eines hybriden Leistungsbündels hat damit Prozesscharakter.[181]

Während die Fertigung von Sachleistungen gewöhnlich mit internen Ressourcen erfolgt,[182] impliziert die Integration des Kunden bei der Erbringung eines hybriden Leistungsbündels den Rückgriff auf externe Ressourcen (hier der Kunden).[183]

Der Wandel vom Sachleistungsanbieter zum Anbieter von HLB bedingt damit zusätzliche Kompetenzen.

2.4.4 Heterogene Teilleistungen

Aufgrund der essentiellen Unterschiedlichkeit zwischen Sach- und Dienstleistungen ist das Charakteristikum der heterogenen Teilleistungen von hybriden Leistungsbündeln systemimmanent. Diese Unterschiede bedingen für Unternehmen des produzierenden Gewerbes beim Angebot von hybri-

---

[180] Vgl. Spath/Demuss (2006), S. 472.
[181] Vgl. Spath/Demuss (2006), S. 472 f.
[182] Vgl. Oliva/Kallenberg (2003), S. 166; Peschl (2010), S. 42; Kindström/Kowalkowski (2009), S. 157.
[183] Vgl. Gräßle u.a. (2010), S. 85; Spath, DEMUSS (2006), S. 472 f.; Meier u.a. (2007), S. 510.

den Leistungsbündeln neue organisationale Strukturen, Prozesse sowie Geschäftsmodelle.[184] Als Beispiel hierzu kann der Produktentwicklungsprozess für ein hybrides Leistungsbündel genommen werden, welcher sich deutlich von dem der reinen Sachleistungen unterscheidet.[185]

Die Implementierung und die Anwendung der neuen Prozesse, Strukturen und Geschäftsmodelle erfordern andersgelagerte, neue Kompetenzen. Der Aufbau der neuen Prozesse, Strukturen und Geschäftsmodelle ist nicht nur eine kompetenzseitige Herausforderung, sondern auch eine finanzielle. Die finanzielle Mehrbelastung kann zu einer Reduzierung der finanziellen Möglichkeiten für die Sachleistungsentwicklung, der ursprünglichen Quelle der Wettbewerbsvorteile produzierender Unternehmen, führen.[186]

2.4.5 Kundenindividualität

Die Integration des externen Faktors ‚Kunde' führt automatisch zu einem hohen Maß an Individualisierung der hybriden Leistungsbündel.[187] Der Individualisierungsgrad kann dabei, abhängig von der Spezifität mit der das HLB auf den jeweiligen Kunden zugeschnitten ist, stark variieren. Dabei gilt, dass HLB-Angebote umso komplexer sind, desto kundenindividueller die einzelnen HLB umgesetzt werden.[188]

Kundenindividualität bzw. daraus resultierende Komplexität bezieht sich, hier nach BURIANEK u.a., aufgrund des Fokus auf Unternehmen des produzierenden Gewerbes, auf die objektive Komplexität bzw. den objektiven Individualisierungsgrad aus Sicht des Anbieters der hybriden Leistungsbündel und nicht auf die subjektive Kundenwahrnehmung.[189] Der Unterschied zwischen subjektivem und objektivem Individualisierungsgrad eröffnet die Mög-

---

[184] Vgl. Meier u.a. (2010), S. 608; Oliva/Kallenberg (2003), S. 166; Baureis u.a. (2010), S. 148.

[185] Vgl. hierzu die Beiträge von Spath/Demuss (2006), S. 463 ff.; Sadek u.a. (2007), S. 171 ff.; Müller/Schmidt-Kretschmer (2008), S. 1 ff.; Langer u.a. (2008), S. 71 ff.; Seliger u.a. (2008), S. 519 ff.; Müller/Stark (2008), S. 10 ff.; Schweitzer (2010), S. 12; Aurich u.a. (2006), S. 1481 ff.; Aurich u.a. (2010), S. 138 ff.; Gräßle u.a. (2010), S. 82 ff.; Kindström/Kowalkowski (2009), S. 156 ff.; Manzini/Vezzoli (2003), S. 851 ff.; Maxwell,/van der Vorst (2003), S. 883; Meier u.a. (2010), S. 614 ff.; Morelli (2006), S. 1495 ff.; Reiss (2006), S. 49 ff.; Schweitzer u.a. (2010), S. 31; Meier u.a. (2006), S. 27.

[185] Vgl. hierzu die Beiträge von Steven/Wasmuth (2006), S. 472 ff.; Steven u.a. (2008), S. 53 ff.; Richter/Steven (2009), S. 558 ff.; Steven/Wasmuth (2009), S. 176 ff.; Steven u.a. (2009), S. 277 ff.

[186] Vgl. Oliva/Kallenberg (2003), S. 161.

[187] Vgl. Böhmann/Krcmar (2007), S. 244 ff.

[188] Vgl. Burianek u.a. (2007), S. 19 f.

[189] Vgl. Burianek u.a. (2007), S. 19.

lichkeit der Entkopplung sogenannter ‚front-office' und ‚back-office' Aktivitäten. Front-office Aktivitäten benötigen die Einbindung des Kunden, wohingegen back-office Aktivitäten kundenunabhängig und somit standardisierbar sind.[190] Zielsetzung von hybriden Leistungsbündeln muss eine kundenindividuelle Problemlösung sein,[191] bei der trotz Kundenindividualität ein hohes Maß an Standardisierung erzielt wird (Abbildung 11).

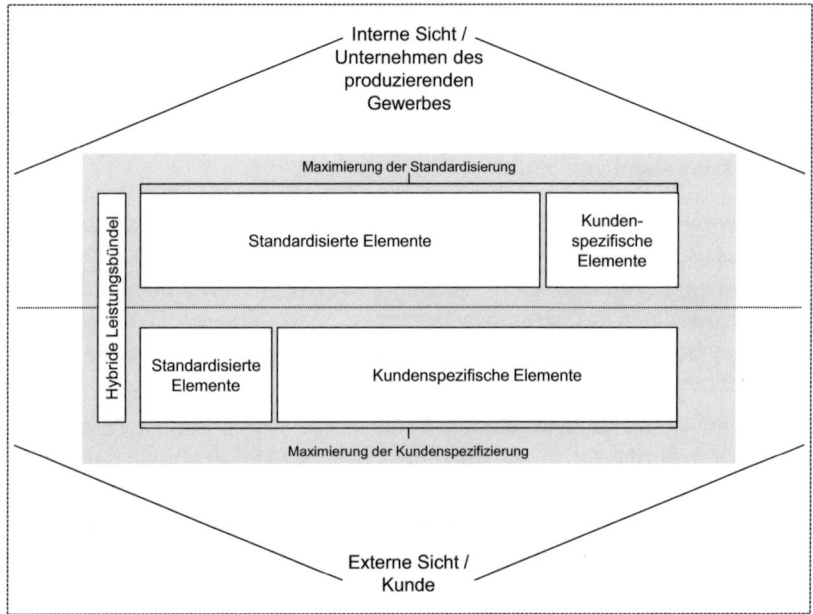

Abbildung 11: Interne vs. externe Sicht

Im optimalen Fall entsteht so ein Leistungsbündel, welches aus der internen Sicht in hohem Maß standardisiert ist und gleichzeitig dem Kunden einzigartig erscheint.

---

[190] Vgl. Metters/Vargas (2000), S. 663 ff.; Baureis u.a. (2010), S. 154.
[191] Vgl. Böhmann/Krcmar (2007), S. 241; Becker u.a. (2010), S. 144; Spath/Demuss (2006), S. 472; Schenk u.a. (2006), S. 56.

2.4.6 Ausdehnung der Leistungserbringung

Durch das Angebot von hybriden Leistungsbündeln können Unternehmen des produzierenden Gewerbes ihr Leistungsangebot auf den gesamten Produktlebenszyklus ausdehnen.[192]

Das Angebot von hybriden Leistungsbündeln kann auch Umsatzpotenziale im After-Sales Bereich eröffnen (z.b. Wartungsdienstleistungen), wohingegen das Umsatzpotenzial beim Angebot reiner Sachleistungen gewöhnlich bei der Produktvermarktung (z.b. dem Verkauf eines Autos) endet.[193] Durch die Ausdehnung der Leistungserbringung entstehen somit neue Umsatzquellen.

Es ergeben sich jedoch auch neue Herausforderungen, vor allem durch den Bedarf an neuen Kompetenzen.

HLB bieten nicht nur die Möglichkeit einer Ausdehnung des Leistungsangebotes über den gesamten Produktlebenszyklus, sie ermöglichen auch die Erweiterung des Produktlebenszyklus selbst. Dieser Aspekt ist vor allem im Sinne einer nachhaltigen Produktion von großer Bedeutung.[194] Eine Erweiterung des Produktlebenszyklus durch HLB (z.b. durch veränderte Gebrauchsmuster in einem Car-Sharing-Geschäftsmodell, in dem Autos weniger Standzeiten und somit weniger Verschleiß haben und folglich eine höhere Kilometerlaufleistung erzielen können) führt zu einem geringeren Ressourcenverbrauch und einer möglichen Senkung der Produktzahl.[195]

2.4.7 Sich gegenseitig determinierende Teilleistungen

HLB bedürfen einer integrierten und sich gegenseitig determinierenden „Planung, Entwicklung, Erbringung und Nutzung von Sach- und Dienstleistungskomponenten"[196]. In der industriellen Praxis werden jedoch in den Bereichen der Planung und Entwicklung die Sach- und Dienstleistungskomponenten, nicht zuletzt aufgrund mangelnder Dienstleistungskompetenz, von produzierenden Unternehmen oftmals nicht ausreichend aufeinander abge-

---

[192] Vgl. Meier u.a. (2006), S. 26; Meier/Krug (2006), S. 690.
[193] Vgl. Blinn u.a. (2010), S. 134 ff.
[194] Zur Relevanz von HLB für eine nachhaltigere Produktion vgl. Geum/Park (2011), S. 1601 ff.; Goedkoop u.a. 1999, S. 1 ff.; Williams (2006), S. 172 ff.; Tukker/Tischner (2006), S. 1553 ff.; Krucken/Meroni (2006), S. 1503 ff.; Morelli (2006), S. 1495 ff.; Auricht u.a. (2006), S. 1481 ff.; Maxwell u.a. (2006), S. 1467 ff.; Evans u.a. (2007), S. 4225 ff.; Kang/Wimmer (2008), S. 1147 ff.; Li u.a. (2009), S. 2918 ff.; Mont 2002, S. 237 ff.; Meier u.a. (2010), S. 608.
[195] Vgl. Mont 2002, S. 240; Baines u.a. (2007), S. 1548.
[196] Vgl. Meier u.a. (2005), S. 529; Meier u.a. (2006), S. 26.

stimmt betrachtet bzw. geplant und entwickelt. Planung und Entwicklung gehen oftmals von der Sachleistung aus. Die entsprechenden Dienstleistungskomponenten werden anschließend wenig systematisch und integrativ ‚ad hoc' entwickelt.[197] Grund hierfür ist, neben dem Mangel an Dienstleistungskompetenz, die Wahrnehmung der Dienstleistungsanteile auf Seiten der Kunden. Dienstleistungen von Unternehmen des produzierenden Gewerbes werden klassischerweise als „Add-on"[198] und somit als Zusatzleistung („Value Added Service"[199]) für die Sachleistung wahrgenommen. Diese Sichtweise verschenkt jedoch (Umsatz) Potenzial der hybriden Leistungsbündel für den Anbieter. Der Mehrwert der Dienstleistungskomponenten bzw. der hybriden Leistungsbündel insgesamt muss daher deutlich gegenüber dem Kunden kommuniziert werden, um somit eine Preisbereitschaft seitens der Kunden für die Dienstleistungskomponente zu schaffen.[200]

Die Determinierung der Sach- und Dienstleistungskomponenten in den Bereichen der Erbringung und Nutzung von hybriden Leistungsbündeln ist eng mit der „technischen Integration"[201] und der „Integration in die Wertschöpfungsdomäne des Kunden"[202] verbunden.

Technische Integration betrifft die gezielte und funktionale Verbindung von Sach- und Dienstleistungskomponenten. Der Grad der technischen Integration bezeichnet dann die Intensität der Verzahnung der jeweiligen Dienstleistungs- und Sachleistungskomponenten (Abbildung 12).[203]

---

[197] Vgl. Kindström/Kowalkowski (2009), S. 157 f.
[198] Vgl. Rese u.a. (2007), S. 533.
[199] Vgl. Rese u.a. (2007), S. 533.
[200] Vgl. Rese u.a. (2007), S. 533.
[201] Vgl. Burianek u.a. (2007), S. 16.
[202] Vgl. Burianek u.a. (2007), S. 17.
[203] Vgl. Kersten (2006), S. 194; Burianek u.a. (2007), S. 16.

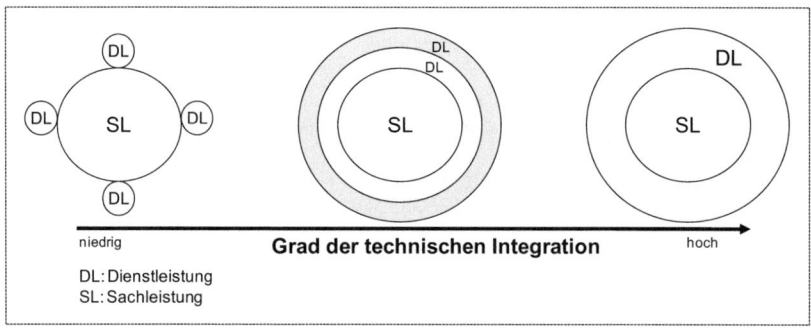

Abbildung 12: Technische Integration[204]

Die hier bevorzugte Interpretation von HLB impliziert eine mittlere und hohe technische Integration von Sach- und Dienstleistungskomponenten. Beispiel für eine mittlere technische Integration ist ein verfügbarkeitsorientiertes Geschäftsmodell und für eine hohe technische Integration ein ergebnisorientiertes Geschäftsmodell. Ein niedriger Grad technischer Integration ist etwa beim Autokauf mit verbundener Finanzierung über die Hausbank des Automobilherstellers gegeben (funktionsorientiertes Geschäftsmodell).

Generell lässt sich festhalten, dass die Komplexität der Leistungserbringung aufgrund des steigenden Kommunikationsaufwands mit dem Grad der technischen Integration wächst. Die technische Integration ist zudem eng mit der Integration in die Wertschöpfungsdomäne des Kunden verzahnt. Deren Grad wird durch die Ausgestaltung des Geschäftsmodells definiert. So erfordern ergebnisorientierte Geschäftsmodelle eine starke Vernetzung des HLB-Anbieters mit dem Kunden, wohingegen funktions- oder verfügbarkeitsorientierte Geschäftsmodelle eine weniger starke Vernetzung voraussetzen.[205]

In Abbildung 13 ist die Integration in die Wertschöpfungsdomäne des Kunden exemplarisch für verschiedene Geschäftsmodelle einer Produktionsanlage dargestellt. Dabei wird ebenso wie bei der technischen Integration zwischen einem mittleren bis hohen Integrationsgrad unterschieden.

---

[204] Vgl. Burianek u.a. (2007), S. 16.
[205] Vgl. Burianek u.a. (2007), S. 16.

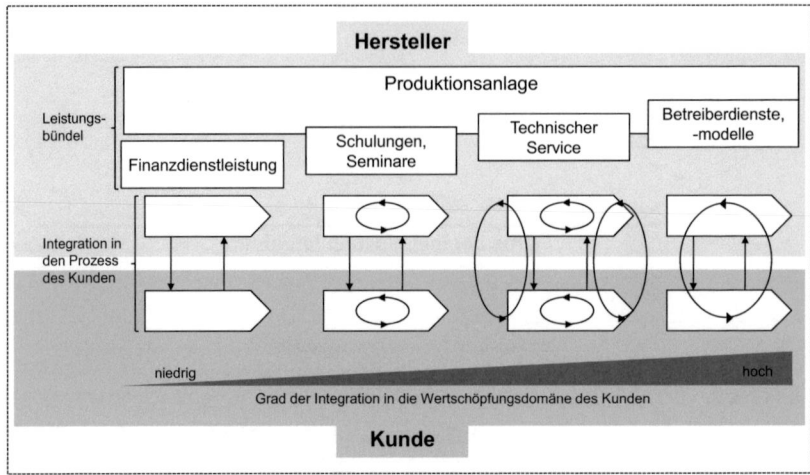

Abbildung 13: Integration in die Wertschöpfungsdomäne des Kunden[206]

Auch hier gilt: Je höher der Grad der Integration, desto höher ist die Komplexität.[207]

Die verschiedenen Aspekte der Integration implizieren die Abstimmung von Aktivitäten und von Interessen. Die Lösung dieser Aufgaben erfordern koordinations- und kooperationsbezogene Kompetenzen.

2.5 Stand der Forschung

Trotz der zunehmenden Bedeutung von hybriden Leistungsbündeln für die Praxis, stellen diese einen noch relativ jungen Forschungsbereich dar.[208]

In der englischsprachigen Literatur datiert die erste Veröffentlichung (zum englischsprachigen Äquivalent ‚Product-Service System') auf das Jahr 1999 und stammt von GOEDKOOP u.a.[209]

Im deutschsprachigen Raum findet der Terminus ‚hybrides Leistungsbündel' bzw. ‚hybrides Produkt' ebenfalls in den späten 1990ern erste Verwendung.[210]

Aus der quantitativen Perspektive ergibt eine Literaturrecherche zum Thema hybride Wertschöpfung bzw. den daraus resultierenden Termini für die

---

[206] Vgl. Kersten u.a. (2006), S. 196; Burianek u.a. (2007), S. 16.
[207] Vgl. Burianek u.a. (2007), S. 18.
[208] Vgl. Peschl (2010), S. 59.
[209] Vgl. Goedkoop u.a. (1999); Baines u.a. (2007), S. 1546.
[210] Vgl. Bienzeisler/Ganz (2010), S. 8.

entsprechenden Absatzobjekte ‚hybrides Leistungsbündel', ‚hybrides Produkt' bzw. ‚hybrid Product' sowie ‚Produkt-Service System' bzw. ‚Product-Service System' in den Online-Literaturdatenbanken ‚EBSCO'[211], ‚Fraunhofer-Publica'[212], ‚Google'[213], ‚Google Scholar'[214], ‚ScienceDirect'[215] und ‚WISO'[216] folgende Ergebnisse (Tabelle 3):

	EBS-SCO[217]	Fraunhofer-Publica[218]	Google[219]	Google Scholar[220]	Science-Direct[221]	WI-SO[222]
Hybride Wertschöpfung	0	16	29.900	159	0	82
Hybrides Leistungsbündel	0	13	3.940	127	4	90
Hybrides Produkt	0	22	12.000	441	0	161
Produkt-Service System	0	1	37.100	87	3	78
Hybrid Product	223	2	514.000	6.540	527	66
Product-Service System	87	18	144.000	3.100	258	119

Tabelle 3: Suchergebnisse online Literaturdatenbanken[223]

---

[211] Vgl. http://www.ebsco.de.
[212] Vgl. http://publica.fraunhofer.de.
[213] Vgl. http://www.google.de.
[214] Vgl. http://scholar.google.de.
[215] Vgl. http://www.sciencedirect.com.
[216] Vgl. http://www.wiso-net.de/.
[217] Stand 29.08.2011.
[218] Stand 29.08.2011.
[219] Stand 29.08.2011.
[220] Stand 29.08.2011.
[221] Stand 29.08.2011.
[222] Stand 29.08.2011.
[223] Für die Literaturrecherche wurde nach dem Suchbegriff sowohl im Singular als auch im Plural gesucht. Die Tabelle führt die jeweiligen Suchbegriffe zur Vereinfachung lediglich im Singular auf. (In Anlehnung an die Vorgehensweise nach Knackstedt u.a. (2008), S. 238).

Vergleicht man die Ergebnisse der Literaturrecherche mit denen nach KNACKSTEDT u.a. aus dem Jahre 2007,[224] zeigt sich, durch einen beachtlichen Zugewinn an entsprechenden Artikeln, die Aktualität des Themas ‚hybride Wertschöpfung'.

Dies gilt vor allem für deutschsprachige Literatur, bei der prozentual ein höherer Zuwachs an neuen Artikeln zu verbuchen ist. Diese Erkenntnis deckt sich mit der Beobachtung von BAINES u.a., die konstatieren, dass die Anzahl der Neuveröffentlichungen englischsprachiger Literatur bereits in den Jahren von 2000 bis 2004 ihren quantitativen Höhepunkt erreicht hatten.[225]

Insgesamt fällt beim Vergleich der deutschsprachigen mit der englischsprachigen Literatur auf, dass im Englischen die Artikel (deren Autoren primär aus Europa,[226] und nur selten aus Nordamerika, stammen[227]) meist im Nachhaltigkeitsbereich[228] verortet werden können.[229]

In der deutschsprachigen Literatur resultieren die Beiträge hingegen hauptsächlich aus einem produktionswissenschaftlichen Kontext.[230]

Damit einhergehend werden in der englischsprachigen Literatur die primären Vorteile von hybrider Wertschöpfung in der (ökonomisch und vor allem ökologisch) nachhaltigen Wertschöpfung gesehen.[231] In der deutschsprachigen Literatur wird hingegen meist aus der Sicht der produzierenden Unternehmen argumentiert, denen durch die hybride Wertschöpfung eine Differenzierungsmöglichkeit gegenüber Konkurrenten aufgezeigt wird.[232]

---

[224] Vgl. Knackstedt u.a. (2008), S. 237 ff.

[225] Vgl. Baines u.a. (2007), S. 1546.

[226] Baines u.a. zufolge (S. 1546) speziell aus Skandinavien (dabei vor allem aus Schweden), den Niederlanden sowie Italien.

[227] Vgl. Baines u.a. (2007), S. 1546.

[228] Nach Baines u.a. (2007), S. 1546 stammen die meisten Veröffentlichungen zum Thema PSS aus dem „Journal of Cleaner Production".

[229] Vgl. Baines u.a. (2007), S. 1546.

[230] Vgl. hierzu beispielsweise die Arbeiten von Spath/Demuss (2006); Zahn u.a. (2004); Bullinger/Scheer (2006); Meier u.a. (2006); Meier u.a. (2007); Meier u.a. (2010); Aurich/Clement (2010); Horváth (2010); Kersten u.a. (2006); Korell/Ganz (2000); Reckenfelderbäumer/Wille (2008); Reiss (2006); Rese u.a. (2007); Schenk u.a. (2006) oder die PAS 1094.

[231] Vgl. Mont (2002), S. 239 f.; Manzini/Vezolli (2003), S. 851; Aurich u.a. (2006), S. 1480 f.; Baines u.a. (2007), S. 1548 f.; Geum/Park (2011), S. 1601 ff.; Kang/Wimmer (2008), S. 1146 ff.; Mont/Tukker (2006), S. 145; Williams (2006), S. 172 ff.

[232] Vgl. Spath/Demuss (2006), S. 464; Mannweiler (2010), S. 1; Becker u.a. (2008), S. 69; Böhmann/Krcmar (2007), S. 241; Burianek u.a., S. 2; Knackstedt u.a. (2008) S. 235; Leimeister/Glauner (2008), S. 248; Meier u.a. (2006), S. 25; Meier u.a. (2005) S. 528; Meier/Kortmann (2006), S. 557; Meier/Krug (2006), S. 690; Müller u.a. (2008) S. 581.

Die einzelnen Beiträge decken inhaltlich ein breites Feld ab. Ihr Inhalt lässt sich dabei in die Leistungsdimension, die Prozessdimension und die Kompetenzdimension kategorisieren (Abbildung 14):

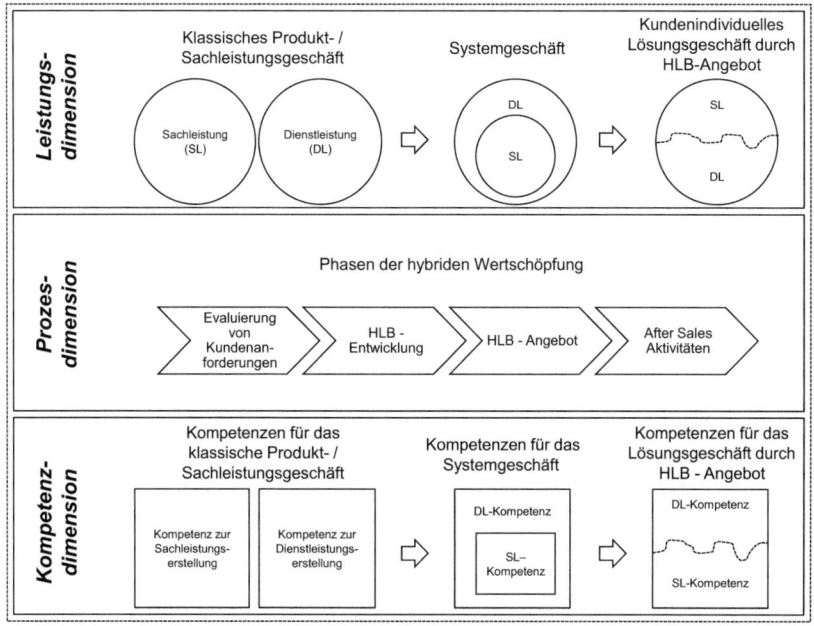

Abbildung 14: Dimensionen der Literatur zum Thema hybrider Wertschöpfung[233]

In der Leistungsdimension wird primär der Prozess der Wandlung der Industriegesellschaft in eine Dienstleistungsgesellschaft (der Tertiarisierung) diskutiert.[234] Hierbei ist die Evolution der Sachleistungen hin zu einer sach- und dienstleistungsintegrierenden Problemlösung in Form von hybriden Leistungsbündeln eines der zentralen Themen. Das Untersuchungsobjekt durchläuft bei dieser Evolution, der ein historisch gewachsenes Leistungsangebot zu Grunde liegt, drei Stufen (Abbildung 14 und Abbildung 15).[235]

---

[233] In Anlehnung an Sturm u.a. (2009), S. 519 und Spath/Demuss (2006), S. 465.

[234] Vgl. Wojda (2004), S. 3 ff.; Zahn (2004), S. 203 ff.; Oliva/Kallenberg (2003), S. 160 ff.; Meier u.a. (2010) S. 609 f.; Klodt u.a. (1997), S. 1 ff.; Rohleder (2008), S. 1 ff.; Sturm u.a. (2009), S. 519 f.; Spath u.a. (2010), S. 13 ff.; Zahn (2010), S. 27 ff.; Horváth u.a. (2010), S. 126 ff.

[235] Vgl. Baines u.a. (2007), S. 1546; Spath/Demuss (2006), S. 465 f.; Zahn u.a. (2004), S. 207 ff.

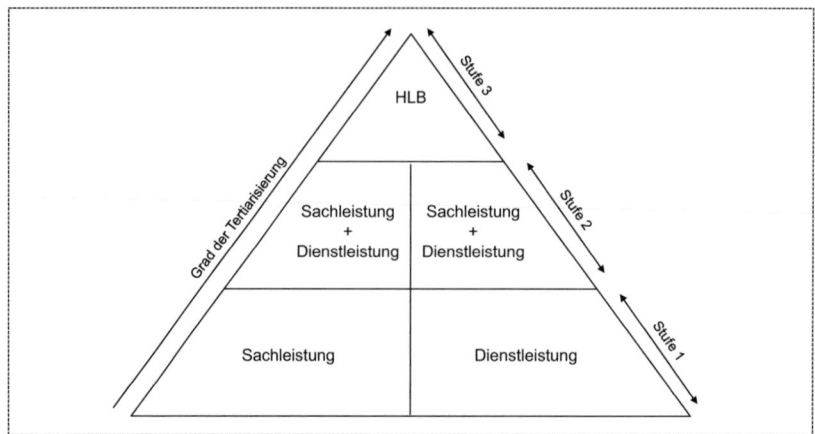

Abbildung 15: Evolution der Sachleistung hin zum hybriden Leistungsbündel[236]

Auf der ersten Stufe stellen die involvierten Sach- und Dienstleistungen separate Einzelleistungen dar.[237] Die Dienstleistung wird häufig ad hoc und ohne integrative Planung entwickelt, nachdem die Sachleistung bereits am Markt ist.[238] Sie stellen dabei „obligatorische Sekundärleistungen",[239] also Nebenleistungen, dar. Ihre Aufgabe ist die Sicherstellung der Funktionsfähigkeit der Sachleistung. In der Praxis handelt es sich dabei meist um Reparatur-, Wartungs- oder Garantieleistungen.[240]

Auf Stufe zwei wandeln sich Unternehmen des produzierenden Gewerbes zu „integrierten Produkt- und Dienstleistungsunternehmen"[241], deren Angebot, bestehend aus aufeinander abgestimmten Sach- und Dienstleistungen, ein „Systemgeschäft"[242] darstellen.[243] Die Dienstleistung hat auf dieser Stufe nicht mehr den Charakter einer (oftmals unentgeltlichen) Nebenleistung, die den Verkauf der Sachleistung fördern soll, sondern dient zur Kostendeckung oder gar Gewinnerzielung. Als Praxisbeispiel hierfür dienen Finanzierungsdienstleistungen wie z.B. das Fahrzeugleasing.[244]

---

[236] Vgl. Baines u.a. (2007), S. 1546.
[237] Vgl. Baines u.a. (2007), S. 1546; Spath/Demuss (2006), S. 465.
[238] Vgl. Spath/Demuss (2006), S. 464; Rau u.a.(2002), S. 48; Lienhard u.a. (2002), S. 57; Baureis u.a. (2010), S. 151; Kindström/Kowalkowski (2009), S. 157 f.
[239] Vgl. Zahn u.a. 2004, S. 207.
[240] Vgl. Zahn u.a. 2004, S. 207.
[241] Vgl. Spath/Demuss (2006), S. 464.
[242] Vgl. Spath/Demuss (2006), S. 464.
[243] Vgl. Spath/Demuss (2006), S. 464.
[244] Vgl. Zahn u.a. 2004, S. 208.

Stufe drei steht im Zeichen der Verschmelzung von Sach- und Dienstleistungen, durch die ihre Unterscheidung immer schwieriger wird.[245] Solch eine Verschmelzung beider Leistungskomponenten erfordert eine sich wechselseitig determinierende Produktentwicklung.[246] Diese setzt organisationale Anpassungen voraus. Stufe drei kann dabei zu einer „nachhaltigen Verschiebung der Tätigkeitsschwerpunkte"[247] führen. Praxisbeispiele für Produkte der Stufe drei sind Betreibermodelle.[248]

Neben der Tertiarisierung werden in der Leistungsdimension vor allem das Nachhaltigkeitspotenzial von hybriden Leistungsbündeln [249] sowie die potenziell resultierenden Wettbewerbsvorteile[250] thematisiert.

In der Prozessdimension sind die Publikationen um die jeweiligen Funktionsbereiche der Unternehmen angesiedelt und diskutieren die entsprechenden Besonderheiten im Fall hybrider Wertschöpfung. So befassen sich Veröffentlichungen mit den Funktionsbereichen der Forschung und Entwicklung (z.B. Produktentwicklung),[251] des Controllings[252], des Absatzes (z.B. Preisgestaltung oder Marketing)[253] oder der Organisation und des Personalmanagements[254]. Die Artikel decken dabei entweder einzelne Funktionsbe-

---

[245] Vgl. Spath/Demuss (2006), S. 464.
[246] Vgl. Meier u.a. (2006), S. 25 f.; Schenk u.a. (2006), S. 56; Meier u.a. (2007), S. 510.
[247] Vgl. Zahn u.a. 2004, S. 208.
[248] Vgl. Spath/Demuss (2006), S. 464.
[249] Vgl. Aurich u.a. (2006), S. 1480 f.; Mont (2002), S. 239 f.; Manzini/Vezolli (2003), S. 851; Baines u.a. (2007), S. 1548 f.; Mont/Tukker (2006), S. 145; Geum/Park (2011), S. 1601 ff.; Kang/Wimmer (2008), S. 1146 ff.; Williams (2006), S. 172 ff.
[250] Vgl. Reckenfelderbäumer/Wille (2008), S. 29 ff.; Baines u.a. (2007), S. 1548 f.; Mont (2002), S. 239 ff.
[251] Vgl. hierzu die Beiträge vonSpath/Demuss (2006), S. 463 ff.; Sadek u.a. (2007), S. 171 ff.; Müller/Schmidt-Kretschmer (2008), S. 1 ff.; Langer u.a. (2008), S. 71 ff.; Seliger u.a. (2008), S. 519 ff.; Müller/Stark (2008), S. 10 ff.; Schweitzer (2010), S. 12; Aurich u.a. (2006), S. 1481 ff.; Aurich u.a. (2010), S. 138 ff.; Gräßle u.a. (2010), S. 82 ff.; Kindström/Kowalkowski (2009), S. 156 ff.; Manzini/Vezzoli (2003), S. 851 ff.; Maxwell/van der Vorst (2003), S. 883; Meier u.a. (2010), S. 614 ff.; Morelli (2006), S. 1495 ff.; Reiss (2006), S. 49 ff.; Schweitzer u.a. (2010), S. 31; Meier u.a. (2006), S. 27
[252] Vgl. hierzu die Beiträge vonSteven/Wasmuth (2006), S. 472 ff.; Steven u.a. (2008), S. 53 ff.; Richter/Steven (2009), S. 558 ff.; Steven/Wasmuth (2009), S. 176 ff.; Steven u.a. (2009), S. 277 ff.
[253] Vgl. hierzu die Beiträge von Rese u.a. (2007), S. 533 ff.; Becker u.a. (2010), S. 144 ff.; Rese u.a. (2009), S. 279 ff.; Rese u.a. (2008), S. 47 ff.; Rese (2007), S. 61 ff.; Burianek u.a. (2007), S. 12 f.; Meier u.a. (2007), S. 510 ff.; Meier (2005), S. 530 f.; Meier u.a. (2006), S. 431 ff.; Mayer/Reichwald (2010), S. 53 ff.; Reckenfelderbäumer/Wille (2008), S. 29 ff.
[254] Vgl. hierzu die Beiträge von Müller u.a. (2008), S. 581 ff.; Meier u.a. (2007), S. 510 f.; Becker u.a. (2008), S. 69 f.; Meier u.a. (2009), S. 730 ff.; Meier/Völker (2009), S. 1 ff.;

reiche ab oder behandeln das Thema ganzheitlich über mehrere Funktionsbereiche hinweg.

Die Kompetenzdimension weist im Vergleich zur Leistungs- und Prozessdimension bisher deutlich weniger Artikel auf. Behandelt wird das Thema der Kompetenzen im Zusammenhang mit hybrider Wertschöpfung bzw. Dienstleistungen z.B. in den Arbeiten von STURM u.a.;[255] LUCZAK u.a.;[256] BURR[257] oder ERCEG.[258]

Die Arbeiten befassen sich dabei primär mit der Kompetenzentwicklung, die für Unternehmen notwendig ist, und die sich von Unternehmen des produzierenden Gewerbes in einen Lösungsanbieter durch hybride Leistungsbündel transformieren.[259]

Die Aktualität und Relevanz von hybrider Wertschöpfung für Forschung und Praxis zeigt sich neben der Quantität und Qualität der in diesem Bereich erscheinenden Fachartikel auch in zahlreichen Studien zu hybrider Wertschöpfung (Tabelle 4).

Meier u.a. (2007), S. 510 ff.; Zellner (2008), S. 187 ff.; Krucken/Meroni (2006), S. 1502 ff.; Schweitzer u.a. (2010), S. 95 ff.; Gouthier/Rhein (2010), S. 67 ff.; Laske (2010), S. 79 ff.

[255] Vgl. Sturm u.a. (2009), S. 523 f.
[256] Vgl. Luczak u.a. (2004), S. 97 ff.
[257] Vgl. Burr (2008), S. 184 ff.; Burr (2009), S. 158 ff.
[258] Vgl. Erceg (2005), S. 155 ff.
[259] Vgl. Peschl (2010), S. 63.

Titel	Jahr	Art der Studie	Untersuchungsobjekt
Konfiguration investiver Produkt-Service Systeme[260]	2010	Fallstudien zweier Firmen	Kundenindividuellen Konfigurationen von Produkt-Service Systemen (PSS)
Product/Service Systems Experiences – an International Survey of Swedish, Japanese, Italian and German Manufacturing Companies[261]	2009	Internationale Firmenbefragung, Fragebogen (n=34)	Treiber, Inhalt, beteiligte Unternehmensbereiche und Besitzverhältnisse der Sachleistung bei PSS-Angeboten
Investitionsgüterhersteller als Anbieter industrieller Lösungen – Bestandsaufnahme des Wandels anhand einer Umfrage[262]	2008	Befragung von mittelständischen Investitionsgüterherstellern (n=99)	Lösungsanbieter als Anbieter von hybriden Leistungsbündeln
Service-Innovationen in der Industrie-Innovatorenquote, Umsatzrelevanz und Wachstumspotenziale[263]	2007	Sekundäranalyse einer Erhebung zur Modernisierung der Produktion aus dem Jahr 2006 (n= 1.663)	Innovative Dienstleistungen in der Industrie
Produktbegleitende Dienstleistungen zwischen Anspruch und Wirklichkeit[264]	2007	CATI-Befragung bei Maschinenbau-Anbietern (n=100)	10 Thesen aus einer Pilotuntersuchung bei Maschinenbau-Anbietern
Servicestrategien der Investitionsgüterindustrie in Auslandsmärkten – Bestandsaufnahme der empirischen Evidenz alternativer Markteintrittsformen[265]	2007	Sekundäranalyse einer Erhebung zu Innovationen in der Produktion aus dem Jahr 1999 (n = 1.442)	Evidenz alternativer Markteintrittsformen

---

[260] Vgl. Wolf u.a. (2010), S. 75 ff.
[261] Vgl. Lindahl u.a. (2009), S. 1 ff.
[262] Vgl. Sturm/Bading (2008), S. 174 ff.
[263] Vgl. Lay u.a. (2007), S. 1 ff.
[264] Vgl. Backhaus u.a. (2007), S. 1 ff.
[265] Vgl. Lay (2007), S. 1 ff.

Leuchttürme für industrielle Produkt-Dienstleistungssysteme - Potenzialerhebung in Europa und Anwendbarkeit in Österreich[266]	2006	Firmeninterviews und Experteninterviews	Analyse, Potentialerhebung und Nachhaltigkeitsbewertung von Produkt-Dienstleistungssysteme
Serviceprovider Industry – Industrial Migration From Manufacturing To Selling Products And Services – Trends And Impacts[267]	2002	Sekundäranalyse diverser Studien	Trends und Einflüsse der Wandlung vom Sachleistungsanbieter hin zum Lösungsanbieter
Beschäftigungschancen durch Integration von Produkt und Dienstleistung[268]	2000	Quantitative-statische Analyse von Daten aus der ISI-Produktionsinnovationserhebung	Beschäftigungschancen durch Integration von Produkt und Dienstleistung
Praxisbeispiel Siemens Medizintechnik – Erhöhung der Kundenperformance durch die Generierung hybrider Produkte[269]	2000	Fallstudie	Die Erhöhung der Kundenperformance durch die hybride Produkte
Praxisbeispiel Universal Maschinenfabrik – Kreative Leistungspakete für weltweit verteilte Handelsvertreter[270]	2000	Fallstudie	Kreative Leistungspakete für weltweit verteilte Handelsvertreter

Tabelle 4: Ausgewählte Studien zum Thema hybrider Wertschöpfung[271]

Die Studien (Fallstudien, Befragungen, Interviews sowie Sekundäranalysen) decken ein breites Spektrum empirischer Forschung im Bereich ‚hybride Wertschöpfung' ab. Empirisch quantitative Studien belegen dabei, dass trotz der zunehmenden Bedeutung von Dienstleistungen für produzierende Unternehmen[272] diese in der Praxis nach wie vor von produzierenden Unter-

---

[266] Vgl. Winterberger (2006), S. 1 ff.
[267] Vgl. Lay (2002), S. 1 ff.
[268] Vgl. Lay u.a. (2000), S. 1 ff.
[269] Vgl. Nemeth/Ohlhausen (2000), S. 171 ff.
[270] Vgl. Korell/Spindler (2000), S. 179 ff.
[271] In Anlehnung an die Vorgehensweise nach Knackstedt u.a. (2008), S. 238 f.
[272] Vgl. Backhaus u.a. (2007), S. 5; Sturm/Bading (2008) S. 178.

nehmen vernachlässigt werden.[273] Darüber hinaus untersuchen die empirisch quantitativen Studien auch die Treiber für die hybride Wertschöpfung,[274] die Breite des Dienstleistungsangebots bzw. die Art der hybriden Leistungsbündel,[275] deren Differenzierungspotenzial[276] sowie deren Entwicklung[277] und finanzielle Bedeutung[278].

Die qualitative empirische Forschung behandelt Themen wie die Erhöhung der Kundenperformance[279], die Möglichkeit kundenindividueller Konfiguration[280] oder das Potenzial von kreativen Leistungspaketen durch HLB[281].

Neben den zuvor diskutierten Studien behandeln oder behandelten auch immer mehr Forschungsprojekte das Forschungsgebiet ‚hybride Wertschöpfung' (Tabelle 5).

Forschungsvorhaben	Verbundprojekte / Teilbereiche
Fokusgruppe ‚Preis- und Erlösmodelle für hybride Produkte'[282]	**HyPrico** – Implementierung hybrider Produkte durch Preis- und Vertragsgestaltung[283]
	KorServ – Kundennutzenorientierte Entwicklung, Bewertung und Vermarktung von Leistungsbündeln[284]
	NANUSO – Wachstumsfördernde Dienstleistungen zur nachhaltigen Nutzung von hochwertigen Sondermaschinen[285]
	SmartWert – Integrierter Preisfindungsprozess im Maschinen- und Anlagenbau[286]

---

[273] Vgl. Backhaus u.a. (2007), S. 5.
[274] Vgl. Lindahl u.a. (2009), S. 3.
[275] Vgl. Lay u.a. (2007), S. 6; Sturm/Bading (2008) S. 181; Lindahl u.a. (2009), S. 4.
[276] Vgl. Sturm/Bading (2008) S. 178.
[277] Sturm/Bading (2008) S. 182.
[278] Vgl. Backhaus u.a. (2007), S. 17 ff.; Lay (2007), S. 5; Lay u.a. (2007), S. 10.
[279] Vgl. Nemeth/Ohlhausen (2000), S. 171 ff.
[280] Vgl. Wolf u.a. (2010), S. 75 ff.
[281] Vgl. Korell/Spindler (2000), S. 179 ff.
[282] Vgl. Reichwald u.a. (2008), S. 35 ff. oder http://www.perhyp.de/.
[283] Vgl. Reichwald u.a. (2008), S. 35 ff. oder http://www.hyprico.de/.
[284] Vgl. Reichwald u.a. (2008), S. 35 ff. oder http://www.korserv.de/.
[285] Vgl. Reichwald u.a. (2008), S. 35 ff. oder http://mciron.mw.tu-dresden.de/cimtt/Nanuso/index.html.
[286] Vgl. Reichwald u.a. (2008), S. 35 ff. oder http://www.smartwert.de/.

Fokusgruppe ‚Veränderungs-prozesse/Organisation‘[287]	**HyProDesign** – Integrierte Entwicklung hybrider Produkte[288] **TRANSOLVE** – Die Transformation von Produzent und Händler zum Solution-Anbieter[289] **Serv.biz** – Business Transformation für hybride Wertschöpfungsnetzwerke[290] **SInProD** – Strategien der Integration von Produkten und Dienstleistungen in der Bauindustrie[291] **InnoWa-KMU** – Innovative Wachstumsstrategien für KMU durch produktionsnahe hybride Dienstleistungen[292] **InDiCAP** – Innovatives Dienstleistungsmodell für die CAM-basierte Produktionsplanung[293]
Fokusgruppe ‚Verfahren und Instrumente‘[294]	**FlexNet** – Flexible Informationssystem-Architekturen für hybride Wertschöpfungsnetzwerke[295] **HyPro** – Ganzheitliche strategische Veränderung zum hybriden Produzenten[296] **Mind-Bau** – Management der Integration von Dienstleistungen und Produktion im Baugewerbe[297] **PIPE** – Hybride Wertschöpfung im Maschinen- und Anlagenbau[298] **SPRINT** – Systematisches Design zur Integration von Produkt und Dienstleistung[299]

---

[287] Vgl. Frombach (2008), S. 59 ff. oder http://pt-ad.pt-dlr.de/_media/Projektliste_FS_Integration.pdf.

[288] Vgl. Frombach (2008), S. 59 ff. oder http://data.fir.de/projektseiten/hypro/.

[289] Vgl. Frombach (2008), S. 59 ff. oder http://www.marketing-centrum.de/transolve/de/index.htm.

[290] Vgl. Frombach (2008), S. 59 ff. oder http://www.servbiz.de/.

[291] Vgl. Frombach (2008), S. 59 ff, oder http://www.sinprod.de/index.php.

[292] Vgl. Frombach (2008), S. 59 ff. oder http://www.innowa-kmu.de/.

[293] Vgl. Frombach (2008), S. 59 ff. oder http://www.indicap.info/.

[294] Vgl. Knackstedt (2008b), S. 15 ff. oder http://fokusgruppe-vui.de/index.html.

[295] Vgl. Knackstedt (2008b), S. 30 oder http://www.ercis.org/de/forschung/forschungsprojekte/flex.net.

[296] Vgl. Knackstedt (2008b), S. 30 f. oder http://www.hypro.info/.

[297] Vgl. Knackstedt (2008b), S. 31 oder http://www.ise.wiwi.uni-frankfurt.de/www/index.php?id=746.

[298] Vgl. Knackstedt (2008b), S. 31 oder http://www.pipe-projekt.de.

Forschungs- und Entwicklungs-projekt ‚Servicepartner - Industrie'[300]	Fit2solve[301] GRiPPS[302] IDproBlech[303] OGEMO.NET[304]
Sonderforschungsbereich Transregio 29 „Engineering hybrider Leistungsbündel – Dynamische Wechselwirkungen von Sach- und Dienstleistungen in der Produktion"[305]	**Projektbereich A**: HLB-Planung und -Entwicklung[306] **Projektbereich B**: HLB-Erbringung und -Nutzung[307] **Projektbereich C**: HLB-Lifecycle[308] **Projektbereich D**: Demonstrator[309]

Tabelle 5: Ausgewählte, im Internet dokumentierte, Forschungsvorhaben zum Thema hybrider Wertschöpfung[310]

Analog zu den zuvor diskutierten Artikeln im Bereich hybrider Wertschöpfung, lassen sich die Forschungsprojekte in die Leistungsdimension sowie die Prozess- und Kompetenzdimension einteilen (Abbildung 14). So gibt es Forschungsvorhaben, die die Transformation vom Sachmittelanbieter zum Lösungsanbieter durch HLB sowie deren Unterstützung durch geeignete Verfahren zum Inhalt haben bzw. hatten.[311]

---

[299] Vgl. Knackstedt (2008b), S. 30 oder http://fokusgruppe-vui.de/projekte/sprint--systematisches-design-zur-integration-von-produkt-und-dienstleistung/3/index.html.

[300] http://www.servicepartner-industrie.de/.

[301] http://www.servicepartner-industrie.de/projekte/fit2solve.html.

[302] http://www.servicepartner-industrie.de/projekte/gripps.html.

[303] http://www.servicepartner-industrie.de/projekte/idproblech.html.

[304] http://www.lps.rub.de/arbeitsgruppen/dienstleistung/ogemonet/index.htm.

[305] http://www.lps.ruhr-uni-bochum.de/tr29/index.htm.

[306] http://www.lps.ruhr-uni-bochum.de/tr29/projektbereiche/a/index.htm.

[307] http://www.lps.ruhr-uni-bochum.de/tr29/projektbereiche/b/index.htm.

[308] http://www.lps.ruhr-uni-bochum.de/tr29/projektbereiche/c/index.htm.

[309] http://www.lps.ruhr-uni-bochum.de/tr29/projektbereiche/d/index.htm.

[310] In Anlehnung an die Vorgehensweise von Knackstedt u.a. (2008), S. 240 ff.

[311] Vgl. hierzu die Verbundprojekte ‚TRANSOLVE – Die Transformation von Produzent und Händler zum Solution-Anbieter' und ‚Serv.biz – Business Transformation für hybride Wertschöpfungsnetzwerke' der Fokusgruppe ‚Veränderungsprozesse/Organisation'; das Verbundprojekt ‚HyPro – Ganzheitliche strategische Veränderung zum hybriden Produzenten' der Fokusgruppe ‚Verfahren und Instrumente'; das Verbundprojekt ‚Fit2Solve' des Forschungs- und Entwicklungsprojektes ‚Servicepartner-Industrie'oder das Verbundprojekt ‚SInProD – Strategien der Integration von Produkten und Dienstleistungen in der Bauindustrie' der Fokusgruppe ‚Veränderungsprozesse/Organisation'.

In der Prozessdimension werden Themen wie die integrierte Entwicklung (integriert bezogen auf die Leistungskomponenten Sach- und Dienstleistung) sowie das Design von hybriden Leistungsbündeln erforscht und teilweise in Unternehmen erprobt.[312] Daneben werden Themen wie die, bei hybriden Leistungsbündeln besonders kritische, Preisbereitschaft der Kunden sowie die dadurch benötigten Preis- und Erlösmodelle untersucht.[313] Andere Forschungsprojekte fokussieren oder fokussierten sich in der Prozessdimension auf Bereiche wie das Controlling für HLB,[314] die Entwicklung von den Prozessen hybrider Wertschöpfung angepassten Assistenzsystemen wie z.B. Informationssystemen oder Managementsystemen allgemein[315] oder die Entwicklung neuer Geschäftsmodelle.[316]

---

[312] Vgl. hierzu das Verbundprojekt ‚HyProDesign – Integrierte Entwicklung hybrider Produkte‘ der Fokusgruppe ‚Veränderungsprozesse / Organisation‘; den Projektbereich A: HLB-Planung und –Entwicklung mit dem Teilprojekt A2: HLB - Entwicklungsprozesse des Sonderforschungsbereiches Transregio 29 ‚Engineering hybrider Leistungsbündel – Dynamische Wechselwirkungen von Sach- und Dienstleistungen in der Produktion‘; das Verbundprojekt ‚KorServ – Kundennutzenorientierte Entwicklung, Bewertung und Vermarktung von Leistungsbündeln‘ der Fokusgruppe ‚Preis- und Erlösmodelle für hybride Produkte‘; das Verbundprojekt ‚InnoWa-KMU – Innovative Wachstumsstrategien für KMU durch produktionsnahe hybride Dienstleistungen‘ der Fokusgruppe ‚Veränderungsprozesse/Organisation‘ oder die Verbundprojekte ‚PIPE – Hybride Wertschöpfung im Maschinen- und Anlagenbau‘, ‚SPRINT – Systematisches Design zur Integration von Produkt und Dienstleistung‘ der Fokusgruppe ‚Verfahren und Instrumente‘.

[313] Vgl. hierzu den Projektbereich A: HLB Planung und Entwicklung mit dem Teilprojekt A1: Kundennutzen und Preisbereitschaft des Sonderforschungsbereiches Transregio 29 ‚Engineering hybrider Leistungsbündel – Dynamische Wechselwirkungen von Sach- und Dienstleistungen in der Produktion‘ oder die Verbundprojekte ‚HyPrico – Implementierung hybrider Produkte durch Preis- und Vertragsgestaltung‘, ‚NANUSO - Wachstumsfördernde Dienstleistungen zur nachhaltigen Nutzung von hochwertigen Sondermaschinen‘ und ‚SmartWert – Integrierter Preisfindungsprozess im Maschinen- und Anlagenbau‘ der Fokusgruppe ‚Preis- und Erlösmodelle für hybride Produkte‘.

[314] Vgl. hierzu das Verbundprojekt ‚InDiCAP – Innovatives Dienstleistungsmodell für die CAM-basierte Produktionsplanung‘ der Fokusgruppe ‚Veränderungsprozesse / Organisation‘ oder den Projektbereich C: HLB-Lifecycle mit dem Teilprojekt C3: Controlling des Sonderforschungsbereiches Transregio 29 ‚Engineering hybrider Leistungsbündel – Dynamische Wechselwirkungen von Sach- und Dienstleistungen in der Produktion‘.

[315] Vgl. hierzu den Projektbereich A: HLB Planung und Entwicklung mit dem Teilprojekt A4: Assistenzsystem des Sonderforschungsbereiches Transregio 29 ‚Engineering hybrider Leistungsbündel – Dynamische Wechselwirkungen von Sach- und Dienstleistungen in der Produktion‘; das Verbundprojekt ‚GRiPPS‘ des Forschungs- und Entwicklungsprojektes ‚Servicepartner-Industrie‘; das Verbundprojekt ‚ProDienst‘ des

Für die Kompetenzdimension finden sich bislang nur relativ wenige Forschungsvorhaben.[317] Forschung in diesem Bereich behandelt beispielsweise die theoriefundierte, inhaltliche Klassifikation von HLB-spezifischen Kompetenzen sowie deren methodischer Erfassung. Daneben beschäftigt sich die Forschung mit Ansätzen zu deren Entwicklung.[318] Darüber hinaus besteht in diesem Zusammenhang ein Online-Tool[319], welches produzierende Unternehmen beim Aufbau von Dienstleistungen unterstützen soll.

BÖHMANN und KRCMAR monierten im Jahr 2007, dass „trotz der in der Praxis steigenden Bedeutung des Zusammenwachsens von technischen Produkten und technischen Dienstleistungen zu hybriden Produkten [...] der Forschungsstand zum Management hybrider Wertschöpfung unzureichend"[320] ist. Zwar wurden im Bereich hybrider Wertschöpfung zahlreiche Forschungslücken durch eine Vielzahl publizierter Forschungsprojekte und Artikel geschlossen, es besteht jedoch nach wie vor signifikanter Forschungsbedarf.

Forschungs- und Entwicklungsprojektes ‚Servicepartner-Industrie' oder die Verbundprojekte ‚FlexNet – Flexible Information Systems Architecture' und ‚Mind-Bau – Management der Integ-ration von Dienstleistungen und Produktion im Baugewerbe' der Fokusgruppe ‚Verfahren und Instrumente'.

[316] Vgl. hierzu die Verbundprojekte ‚IDproBlech' und ‚OGEMO.NET' des Forschungs- und Entwicklungsprojektes ‚Servicepartner-Industrie' oder den Projektbereich C: HLB-Lifecycle mit dem Teilprojekt C4: HLB-Geschäftsmodelle des Sonderforschungsbereiches Transregio 29 ‚Engineering hybrider Leistungsbündel – Dynamische Wechselwirkungen von Sach- und Dienstleistungen in der Produktion'.

[317] Vgl. hierzu den Projektbereich C: HLB-Lifecycle mit dem TeilprojektC5: Kompetenzen zur Integration von Heterogenität in HLBs des Sonderforschungsbereiches Transregio 29 ‚Engineering hybrider Leistungsbündel – Dynamische Wechselwirkungen von Sach- und Dienstleistungen in der Produktion' oder das Verbundprojekt ‚InnoWa-KMU – Innovative Wachstumsstrategien für KMU durch produktionsnahe hybride Dienstleistungen' der Fokusgruppe ‚Verfahren und Instrumente.

[318] Vgl. Transregio (2010), S. 16 und S. 1 ff.; Frombach (2008), S. 59 ff. oder http://www.innowa-kmu.de/.

[319] Das Online-Tool findet sich unter folgende Internetseite: http://www.ita.pagimo.de/innowa/kompetenz/scripts/komp_auswahl.php; Im Online-Tool können sich Anwender in Abhängigkeit von der Hierarchieebene und den Aufgabenfeldern in der Organisation individuelle und organisationale Kompetenzen, die für das Angebot von hybriden Leistungsbündeln erforderlich sind, erstellen lassen.

[320] Vgl. Böhmann/Krcmar (2007), S. 241.

2.6 Forschungslücke und Abgrenzung

Aufgrund der aktuellen Relevanz für die unternehmerische Praxis entstanden in den letzten Jahren zahlreiche Forschungsvorhaben mit einer entsprechenden Anzahl an Publikationen im Bereich hybrider Wertschöpfung. Ein Bereich, der dabei relativ wenig Beachtung findet respektive fand, ist die Kompetenzdimension. Gleichwohl ist die Bedeutung der Kompetenzdimension für die unternehmerische Praxis nicht zu unterschätzen. HLB gelten (speziell in gesättigten Märkten) in Kombination mit dem Fokus auf Hightech als adäquate Differenzierungsmöglichkeit gegenüber Konkurrenten aus aufholenden ,Schwellenländern'. Die Frage, ob HLB eine geeignete Handlungsempfehlung für einzelne Unternehmen des produzierenden Gewerbes sind, bleibt dabei jedoch bislang wissenschaftlich größtenteils unbeachtet. HLB stellen aufgrund ihrer charakteristischen Merkmale spezielle Anforderungen an die Ressourcen und Kompetenzen von Unternehmen. Die Antwort auf die Frage, ob eine HLB-Implementierung eine geeignete strategische Option (hinsichtlich der Ressourcen- und Kompetenzausstattung) für einzelne Unternehmen darstellen, ist mithin eine große kontextbezogene Managementherausforderung.

Die Relevanz erforderlicher Kompetenzen respektive deren Identifikation sowie die in diesem Bereich bestehende Forschungslücke zeigen sich beispielsweise daran, dass diesem Bereich im Sonderforschungsbereich Transregio 29 „Engineering von hybriden Leistungsbündeln – Dynamische Wechselwirkungen von Sach- und Dienstleistungen in der Produktion" das Teilprojekt C5:Kompetenzen zur Integration von Heterogenität in HLBs[321] gewidmet wurde.

In Einklang damit formuliert die Zielsetzung der vorliegenden Studie die Erarbeitung eines Verfahrens, das produzierende Unternehmen bei der Identifikation erforderlicher Kompetenzen für ein potenzielles Angebot von hybriden Leistungsbündeln unterstützt. Das Untersuchungsobjekt ist mithin in den frühen Phasen des Entscheidungsprozesses zum Angebot von hybriden Leistungsbündeln anzusiedeln. Eine Einordnung in einen fiktiven Entscheidungsfindungsprozess zur strategischen Fragestellung, ob ein Unternehmen HLB anbieten soll respektive kann, ist in Abbildung 16 skizziert.

---

[321] http://www.lps.ruhr-uni-bochum.de/tr29/projektbereiche/c/C5/.

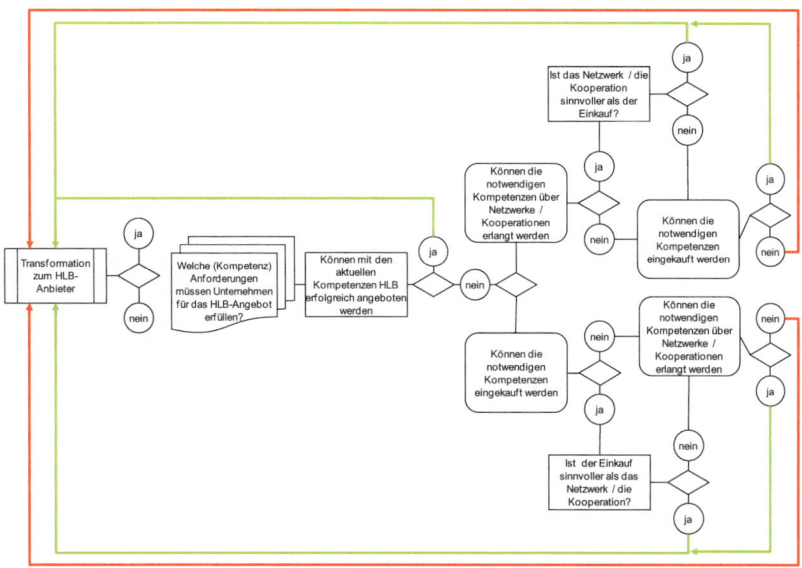

Abbildung 16: Fiktiver Entscheidungsfindungsprozess

In der Vorgehensweise grenzt sich das entwickelte Verfahren insofern von bestehenden Verfahren (wie dem Online-Tool des Verbundprojektes Inno-Wa-KMU – Innovative Wachstumsstrategien für KMU durch produktionsnahe hybride Dienstleistungen'[322]) ab, dass nicht auf zuvor definierte Kompetenzen zurückgegriffen wird, sondern diese stattdessen für den individuellen Fall entwickelt und zusammengestellt werden. Das Verfahren stellt eine Systematik dar, mit der Unternehmen (subjektive Kompetenzeinschätzung, Kapitel 4.2) die erforderlichen Kompetenzen für individuelle Leistungsbündel identifizieren können.

---

[322] Vgl. Frombach (2008), S. 59 ff. oder http://www.innowa-kmu.de/.

3. Theoretische Grundlagen

> *„Um im Wettbewerb erfolgreich zu bestehen, müssen Unternehmen in Zukunft mehr als in der Vergangenheit fähig sein, diese verschiedenen Kompetenzen zu einer gemeinsamen Kraft zu bündeln, und sie müssen bemüht sein, diese Kraft zu erhalten und zu verbessern, um so dauerhaft unverwechselbare und marktgerechte Wertschöpfungen erbringen zu können."*[323]

Im Folgenden werden die theoretischen Grundlagen der Arbeit diskutiert. Das sind hier der Resource-based View (RbV) und der daraus abgeleitete Competence-based View (CbV) in Verbindung mit dem Konstrukt der Dynamic Capabilities.

3.1 Resource-based View (RbV)

Zentral für den RbV ist die Annahme, dass die Heterogenität von Unternehmen durch unterschiedliche Ressourcenausstattungen zu erklären ist und dass über diese Unterschiedlichkeit der individuelle Unternehmenserfolg erklärbar wird.[324]

Wettbewerbsvorteile erklären sich folglich konträr „zum unternehmensextern verorteten marktorientierten Erklärungsmuster"[325] (auch Market-based View (MbV) genannt), unternehmensintern.

Ziel des unternehmerischen Handelns ist der Aufbau und der Erhalt verteidigungsfähiger (interner) Wettbewerbsvorteile durch überlegene Ressourcen[326] sowie die Erzielung von unternehmerischen Renten (volkswirtschaftliches Rentenkonzept).[327] Unter verteidigungsfähigen Wettbewerbsvorteilen (sustainable competitive advantages[328]) versteht man dabei Wettbewerbsvorteile, die durch Konkurrenten nicht duplizierbar sind.[329]

Seinen Ursprung hat der RbV in den Vorarbeiten von PENROSE[330] und SELZNICK[331] in den 1950er Jahren. Diese frühen Arbeiten blieben in der wis-

---

[323] Vgl. Zahn (1992), S. 22.
[324] Vgl. Zahn (2001), S. 3 f.; Freiling (2001), S. 7; Penrose (1959), S. 21 ff.; Träger (2006), S. 41; Burr u.a. (2005), S. 16 f.
[325] Vgl. Träger (2006), S. 41.
[326] Vgl. Burr u.a. (2005). S. 28 ff.
[327] Vgl. Zobolski (2009), S. 79; Burr u.a. (2005). S. 28 ff.
[328] Vgl. Barney (1991), S. 102.
[329] Vgl. Burr u.a. (2005), S. 29.
[330] Vgl. Penrose (1959).

senschaftlichen Diskussion jedoch über Jahrzehnte weitestgehend unbeachtet und wurden erst in den 1980ern und 90ern durch Autoren wie WERNER-FELT[332] und speziell BARNEY[333] wieder aufgegriffen und in den wissenschaftlichen Brennpunkt gerückt.[334]

Betrachtungsobjekt des RbV ist das Unternehmen, respektive die dem Unternehmen zur Verfügung stehenden Ressourcen. Somit hat der RbV weder den Makrofokus des Ansatzes nach PORTER[335] noch den Mikrofokus der neuen Institutionenökonomik.[336]

Problematisch am RbV ist, dass sich die Definition des zentralen Untersuchungsgegenstandes, der Ressource, schwierig gestaltet.[337] FREILING spricht in diesem Zusammenhang von einer „zuweilen babylonisch anmutende Begriffsverwirrung"[338]. So findet der Begriff ‚Ressource' in der Betriebswirtschaftslehre bereits im Bereich der Produktionstheorie Verwendung (unter Ressourcen versteht man hier die Produktionsfaktoren bzw. Inputgüter). Dieses Begriffsverständnis unterscheidet sich deutlich von dem des RbV.[339]

Doch auch unter den Vertretern des RbV unterscheiden sich die Definitionen im Detail deutlich (Tabelle 6).[340]

---

[331] Vgl. Selznick (1957).
[332] Vgl. Wernerfelt (1984).
[333] Vgl. Barney (1991).
[334] Vgl. Freiling (2001), S. 31; Zahn (1995), S. 5.
[335] Vgl. Porter (1980); Porter (1985).
[336] Vgl. Burr u.a. (2005), S. 17; Zobolski (2009), S. 77.
[337] Vgl. Zahn (1995), S. 4.
[338] Vgl. Freiling (2002), S. 4.
[339] Vgl. Freiling (2001), S. 11 f.
[340] Vgl. Zahn (1995), S. 359; Burr u.a. (2005), S. 17; Zobolski (2009), S. 81; Freiling (2001), S. 13; Moog (2009), S. 16.

Definition	Autor(en)
„**Resources** include all assets, capabilities organizational processes, firm attributes, information, knowledge etc. controlled by a firm that enables the firm to conceive of and implement strategies that improve its efficiency and effectiveness."[341]	Barney (1991), S. 101
„**Recourses** can be viewed as a configuration or network of factors"[342]	Black/Boal (1994), S. 134
Resources are „assets that are available and useful in detecting and responding to market opportunities or threats"[343]	Sanchez u.a. (1996), S. 7
„**Resources** are firm specific assets that are difficult if not impossible to imitate"[344]	Teece u.a. (1997), S. 516
Resources are „anything which could be thought of as a strength or weakness of a given firm"[345]	Wernerfelt (1984), S. 172
Durch **Ressourcen,** „gewöhnlich intangible Assets", „lassen sich die Unterschiedlichkeit von Unternehmen sowie ihr Erfolg oder Misserfolg" erklären.	Zahn (1995), S. 4 f.

Tabelle 6: Ausgesuchte Definitionen des Begriffes ‚Ressource‘[346]

So bezieht WERNERFELT den Begriff der Ressource auf Betrachtungsobjekte, die sowohl Stärken als auch Schwächen sein können.[347] Diese breite Begriffsauffassung erzeugt nicht nur eine äußerst diffuse Interpretationsmöglichkeit, sie ist auch dahin gehend problematisch, dass die Zielsetzung der Identifikation von Wettbewerbsvorteilen einen Widerspruch zu einer Begriffsauffassung, die auch Schwächen mit einbezieht, darstellt.[348] FREILING bezeichnet die Definition von WERNERFELT[349] daher gar als „untauglich"[350].

---

[341] Vgl. Barney (1991), S. 101.
[342] Vgl. Black/Boal (1994), S. 134.
[343] Vgl. Sanchez u.a. (1996), S. 7.
[344] Vgl. Teece u.a. (1997), S. 516.
[345] Vgl. Wernerfelt (1984), S. 172.
[346] In Anlehnung an die Vorgehensweise von Freiling (2001), S. 14 ff.
[347] Vgl. Wernerfelt (1984), S. 172.
[348] Vgl. Zobolski (2009), S. 84; Freiling (2001), S. 15 f.
[349] Vgl. Wernerfelt (1984), S. 172.
[350] Vgl. Freiling (2001), S. 16.

Für eine Arbeitsdefinition bleibt somit festzuhalten, dass Ressourcen Betrachtungsobjekte sein müssen, die sich positiv auf den Unternehmenserfolg auswirken.

TEECE u.a. oder ZAHN betonen in ihrer Definition den firmenspezifischen Charakter von Ressourcen und die damit einhergehende schwierige bzw. unmögliche Imitierbarkeit.[351] Diese Eingrenzung impliziert die notwendige Abgrenzung von Ressourcen als Teilmenge der Inputgüter gegenüber Inputgütern in ihrer Gesamtheit.[352] Diese Eingrenzung fehlt in vielen Definitionen, die den Begriff der Ressource mit dem Begriff ‚asset' gleichsetzen, so z.b. SANCHEZ u.a.[353]. Für die Arbeitsdefinition bleibt daraus abgeleitet festzuhalten, dass Ressourcen eine Teilmenge aller Inputgüter sind, die firmenspezifisch und schwierig imitierbar sind.

Auch die Definition von BLACK und BOAL, die Ressourcen als Kombinationen von Inputgütern in Netzwerken determiniert,[354] ist für die Zielsetzung des Erklärungsanspruchs des RbV nicht hilfreich,[355] da in diesem Ansatz offen bleibt, warum einzelne Inputgüter nicht zur Entstehung von Wettbewerbsvorteilen ausreichen.

Umfangreich ist die Definition von BARNEY,[356] die Ressourcen auf die Zielsetzung der Verbesserung der Effektivität und Effizienz fokussiert. Nichts desto trotz wird auch diese Definition als zu unspezifisch kritisiert, da die Steigerung der Effektivität und/oder der Effizienz zwar notwendig für die Erklärung von Wettbewerbsvorteilen ist, gleichwohl aber nicht hinreichend.[357]

Obige Diskussion zeigt deutlich die oftmals redundante und heterogene Begriffsauslegung. Die terminologische Festlegung des Ressourcenbegriffes stellt nach wie vor ein ungelöstes Problem für den RbV dar.[358] Für das hier vorgestellte Verfahren zur Identifikation erforderlicher Kompetenzen zum Angebot von hybriden Leistungsbündeln bedarf es jedoch einer robusten Definition. Als Basis dafür dienen die oben aufgeführten Definitionen sowie die daran angelehnte Kritik sowie die Arbeiten von ZAHN[359], MOOG[360],

---

[351] Vgl. Teece u.a. (1997), S. 516; Zahn (1995), S. 5.

[352] Vgl. Freiling (2001), S. 19.

[353] Vgl. Sanchez u.a. (1996), S. 7.

[354] Vgl. Black/Boal (1994), S. 134.

[355] Vgl. Freiling (2001), S. 18.

[356] Vgl. Barney (1991), S. 101.

[357] Vgl. Zobolski (2009), S. 84.

[358] Vgl. Zobolski (2009), S. 86.

[359] Vgl. Zahn (1995), S. 4 ff.; Zahn (1996), S. 883 ff.

[360] Vgl. Moog (2009).

SCHNEIDER[361] und FREILING[362]. Aus diesem Material wird folgende Arbeitsdefinition abgeleitet:

Unter Ressourcen sind tangible und intangible, unternehmensspezifisch veredelte und aktivierte Inputfaktoren zu verstehen, mit denen sich Unternehmen nicht zuletzt wegen ihrer schwierigen Imitierbarkeit im Wettbewerb differenzieren und Vorteile verschaffen.

DerRbV findet, mit wenigen Ausnahmen,[363] nur selten Anwendung im Bereich der Analyse von dienstleistungsanbietenden Unternehmen und somit auch in der Analyse von Anbietern hybrider Wertschöpfung[364] (wenngleich dieser eine geeignete Erklärungsgrundlage für deren wirtschaftliches Abschneiden im Bereich hybrider Wertschöpfung darstellen kann).

Für HLB ergeben sich Besonderheiten für den RbV. BURR ordnet diese Besonderheiten primär den konstituierenden Merkmalen und dabei speziell der ‚Integration des externen Faktors Kunde' zu.[365] Die Integration des externen Faktors ‚Kunde' resultiert in der Besonderheit, dass die Integration mit einem Ressourcentransfer zwischen dem Kunden und dem Anbieter (des hybriden Leistungsbündels) einhergeht. Somit ergibt sich aus Sicht des RbV die Unmöglichkeit eines Kompetenzaufbaus für die Dienstleistungserbringung ohne die Integration des externen Faktors ‚Kunde'.[366]

Für eine weitere Verwendung des Begriffes ‚Ressource' ist darüber hinaus eine inhaltliche Kategorisierung hilfreich. Diese wird jedoch in der Literatur, ebenfalls äußerst kontrovers diskutiert.[367]

Hier wird der Kategorisierung nach BURR gefolgt, der wie folgt differenziert (Abbildung 17):[368]

---

[361] Vgl. Schneider (1997).
[362] Vgl. Freiling (2001).
[363] Vgl. z.B. Hardt (2006); Løwendahl (1997); Burr (2002); Freiling/Gersch (2007); Burr (2008); Moog (2009); Burr (2009).
[364] Vgl. Burr (2008), S. 185.
[365] Vgl. Burr (2009), S. 169 ff.
[366] Vgl. Burr (2009), S. 165.
[367] Vgl. Moog (2009), S. 19.
[368] Vgl. Burr u.a. (2005), S. 19; Vgl. Burr (2008), S. 186.

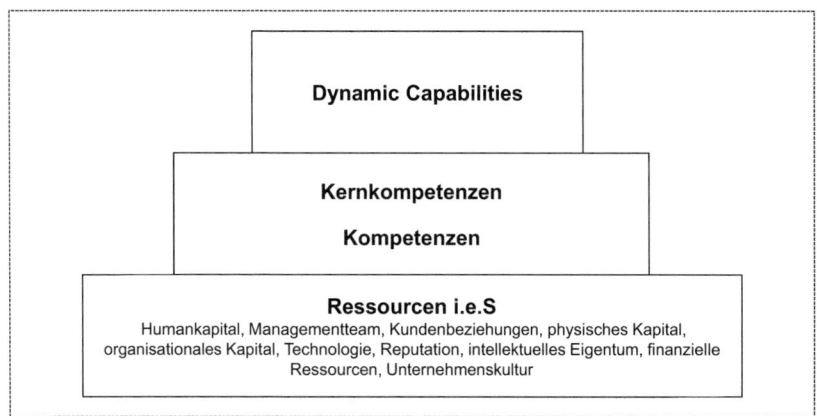

Abbildung 17: Ressourcenkategorien[369]

Unter Ressourcen im engeren Sinne, versteht BURR, großteils analog zu BARNEY[370], physisches Kapital, Humankapital, das Managementteam, organisatorisches Kapital, Technologie, finanzielle Ressourcen, die Reputation, Kundenbeziehungen, intellektuelles Eigentum sowie die Unternehmenskultur.[371]

Die Ressourcenkategorien der Kompetenzen (sowie Kernkompetenzen) und Dynamic Capabilities werden im Folgenden konkretisiert und gegeneinander abgegrenzt.

3.2 Competence-based View (CbV)

Organisationale Fähigkeiten sind bereits im RbV thematisiert. Zu einer eigenständigen Sichtweise kamen sie jedoch erst in den frühen 1990ern durch die anwendungsorientierte Arbeit von PRAHALAD und HAMEL.[372]

Zielsetzung des CbV ist, analog zum RbV, aus dem sich der CbV entwickelt hat,[373] die Erklärung „interorganisationaler Ergebnisunterschiede"[374]. Das relative Leistungsvermögen im Vergleich zu Konkurrenten wird dabei ebenfalls aus der internen Perspektive begründet.[375]

---

[369] Vgl. Burr u.a. (2005), S. 19; Vgl. Burr (2008), S. 186; Burr (2009), S. 161.
[370] Vgl. Barney (2007), S. 133 f.
[371] Vgl. Burr u.a. (2005), S. 19; Vgl. Burr (2008), S. 186; Barney (2007), S. 133 f.; Burr (2009), S. 161.
[372] Vgl. Prahalad/Hamel (1990); Freiling (2001), S. 34.
[373] Vgl. Zahn (2000), S. 53.
[374] Vgl. Freiling u.a. (2008), S. 5.
[375] Vgl. Freiling u.a. (2009), S. 15.

Die Bedeutung der Kompetenzenkategorie zeigt sich dadurch, dass Ressourcen i.e.S. allein genommen nur bedingt strategisch relevant sind. Die strategische Relevanz erhält erst durch die zielgerichtete, effiziente und effektive Nutzung bzw. die Kompetenz zur Nutzung Gewicht.[376]

Großenteils stellt der CbV eine „Theorie des Wettbewerbsvorteils"[377] dar. Daneben gibt es aber auch Versuche auf Basis des CbV eine „Theorie der Unternehmung zu entwickeln"[378]. Auf diese wird im Folgenden nicht weiter eingegangen.

Der Terminus ‚Kompetenz' ist, analog zum Ressourcenbegriff, mit einer Vielzahl von inhaltlich unterschiedlichen Interpretationen (Tabelle 7) belegt.[379] Diese Vielfalt führt (analog zum RbV) zu einer „beträchtlichen terminologischen Verwirrung"[380]. Zur Ableitung einer geeigneten Arbeitsdefinition, werden im Folgenden ausgesuchte Definitionen diskutiert. Darüber hinaus ist das Begriffsverständnis im CbV vom Begriff der Kompetenz in der Organisationslehre zu differenzieren, wo unter einer Kompetenz die Aufgabenzuweisung verstanden wird.[381]

---

[376] Vgl. Sanchez u.a. (1996), S. 27.
[377] Vgl. Freiling u.a. (2008), S. 5; Freiling u.a. (2009), S. 15.
[378] Vgl. Freiling u.a. (2008), S. 5; Freiling u.a. (2009), S. 15.
[379] Vgl. Zahn (1995), S. 359; Moog (2009), S. 21.
[380] Vgl. Freiling (2001), S. 24.
[381] Vgl. Freiling (2001), S. 24.

Definition	Autor(en)
„**competence** is a measure of a firm's ability to solve both technical and organizational problems"[382]	Dosi u.a. (1992), S. 198
„**Kompetenzen** stellen wiederholbare, wissensbasierte, regelgeleitete und somit nicht zufällig wirkende Handlungspotenziale einer Unternehmung dar. Sie ermöglichen zielgerichtete Aktivitäten in den Bereichen Marktzufuhr und Marktprozess und schaffen darüber eine Leistungsbereitschaft. Überdies dienen sie dem Erhalt der als notwendig erachteten Wettbewerbsfähigkeit. Kompetenzen wirken grundsätzlich auf verschiedenen Ebenen."[383]	Freiling u.a. (2009), S. 20
„Unter **Kompetenzen** werden die individual- und organisational-basierten Fähigkeiten eines Unternehmens verstanden, welche verfügbare Ressourcen im Rahmen von wiederholbaren und nicht auf Zufälligkeiten beruhenden Leistungsprozessen auf ein avisiertes Leistungsergebnis hin aktivieren und hierdurch ein Wettbewerbsvorteil geschaffen wird."[384]	Moog (2009), S. 19
„**Competence** is an ability to sustain the coordinated deployment of assets in a way that helps a firm to achieve its goals. Here we use the word ability in the ordinary language meaning of a power to do something."[385]	Sanchez u.a. (1996), S. 8
„**Kompetenzen** beziehen sich auf Technik- und Marktwissen, individuelle gruppenbezogene Fähigkeiten, weiche Assets (z.B. Markenimage) sowie Organisations- und Führungswissen und -fähigkeiten."	Zahn (1995), S. 3

Tabelle 7: Ausgesuchte Definitionen des Begriffes „Kompetenz"[386]

SANCHEZ, HEENE und THOMAS definieren Kompetenzen als (umgangssprachliche) Fähigkeit, etwas zu tun.[387] Analog hierzu wird im Folgenden auf eine Unterscheidung zwischen Kompetenzen und Fähigkeiten verzichtet.

MOOG stellt mit seiner Definition klar, dass es sich bei Kompetenzen nicht ausschließlich um individuelle Fähigkeiten, sondern ebenfalls um organisationale handelt.[388] In dieselbe Richtung geht auch die Definition von DOSI,

---

[382] Vgl. Dosi u.a. (1992), S. 198.
[383] Vgl. Freiling u.a. (2009), S. 20.
[384] Vgl. Moog (2009), S. 19.
[385] Vgl. Sanchez u.a. (1996), S. 8.
[386] In Anlehnung an die Vorgehensweise von Freiling (2001), S. 23 ff.
[387] Vgl. Sanchez u.a. (1996), S. 8.
[388] Vgl. Moog (2009), S. 19.

GIANNETTI und TONINELLI[389]. Dies verdeutlicht, dass dem Kompetenzbegriff die Interaktion respektive die Zusammenarbeit von Mitarbeitern der Unternehmung und somit das kollektive Handeln der Mitarbeiter zu Grunde liegt.[390] Darüber hinaus zielt die Definition auf eine zielgerichtete Kombination und Aktivierung der Inputgüter, der Ressourcen, ab, um dadurch ein zuvor definiertes Leistungsergebnis zu erreichen.[391]

FREILING, GERSCH und GOEKE betonen in ihrer Definition die Wiederholbarkeit, der mit den Kompetenzen verbundenen Handlungen.[392] Dadurch wird deutlich, dass das Handeln durch Kompetenz nicht auf Zufall, sondern auf Wissen basiert.[393] Das Wissen stellt dabei eine „kollektive Unternehmenseigenschaft"[394] dar.[395] Dies zeigt sich in der Praxis daran, dass Unternehmen ihre Kompetenzen über Jahre oder Jahrzehnte, trotz einer beachtlichen Fluktuation an Mitarbeitern, beibehalten können.[396]

ZAHN bezieht Kompetenzen auf den Einsatz von Technik- und Marktwissen, individuelle gruppenbezogene Fähigkeiten, aber auch auf den Einsatz weicher Assets sowie Organisations- und Führungswissen und -fähigkeiten.[397]

Darauf aufbauend ergibt sich folgende Arbeitsdefinition:

Unter Kompetenzen werden die organisationalen Fähigkeiten, die verfügbaren Ressourcen zielorientiert einzusetzen, verstanden. Diese Fähigkeiten sind wiederholbar und basieren nicht auf Zufall, sondern auf Wissen.

Abzugrenzen sind Kompetenzen speziell gegenüber den Konstrukten ‚Kernkompetenzen' und ‚Dynamic Capabilities'.

Kernkompetenzen sind tatsächlich überlegene, häufig gebündelte bzw. integrierte Kompetenzen.[398] Sie sind von besonderer strategischer Relevanz im Wettbewerb[399] und verdienen sich den Zusatz ‚Kern' mit der Realisierung von Wettbewerbsvorteilen.

---

389 Vgl. Dosi u.a. (1992), S. 198.
390 Vgl. Freiling (2001), S. 24.
391 Vgl. Moog (2009), S. 19; Freiling (2001), S. 24 f.; Sanchez u.a. (1996), S. 8.
392 Vgl. Freiling u.a. (2009), S. 20.
393 Vgl. Moog (2009), S. 19; Freiling u.a. (2009), S. 20; Freiling (2001), S. 25.
394 Vgl. Burr u.a. (2005), S. 21.
395 Vgl. Freiling (2001), S. 25; Burr u.a. (2005), S. 21.
396 Vgl. Burr u.a. (2005), S. 21.
397 Vgl. Zahn (1995), S. 3.
398 Vgl. Freiling (2001), S. 27; Burr u.a. (2005), S. 19 ff.; Burr (2009), S. 161 ff.; Burr (2008), S. 186 ff.
399 Vgl. Zahn (1995), S. 359; Freiling (2001), S. 27; Burr u.a. (2005), S. 22.

Für das Verfahren zur Identifikation von erforderlichen Kompetenzen wird die Unterscheidung zwischen Kompetenzen und Kernkompetenzen nicht aufgegriffen. Zielsetzung dieses Verfahrens ist das Ableiten erforderlicher Kompetenzen für das Angebot eines speziellen HLB.

Dynamic Capabilities unterscheiden sich von der Kategorie ,Kompetenzen' durch ihren dynamischen Charakter.[400] So definieren TEECE, PISANO und SHUEN Dynamic Capabilities als „the firm's ability to integrate, build, and reconfigure internal and external competences to address rapidly changing environments"[401]. Dynamic Capabilities sind somit die Fähigkeiten des Unternehmens die vorhandenen oder potenziellen Ressourcen bzw. Kompetenzen den sich permanent verändernden Umweltbedingungen anzupassen.[402]

Für das vorgestellte Verfahren ist die Unterscheidung zwischen Kompetenzen und Dynamic Capabilities weniger relevant, geht es doch vornehmlich um das Aufzeigen erforderlicher Kompetenzen für das Angebot eines bestimmten hybriden Leistungsbündels. Natürlich sind erforderliche Kompetenzen in der Praxis keine statischen Gebilde, deren dynamische Beschreibung zum Zweck der Rekombination, Rekonfiguration und Weiterentwicklung sind jedoch nicht Bestandteil des entwickelten Verfahrens.

Der Zusammenhang zwischen den verschiedenen Ressourcenkategorien ist in Abbildung 18 zusammenfassend dargestellt.

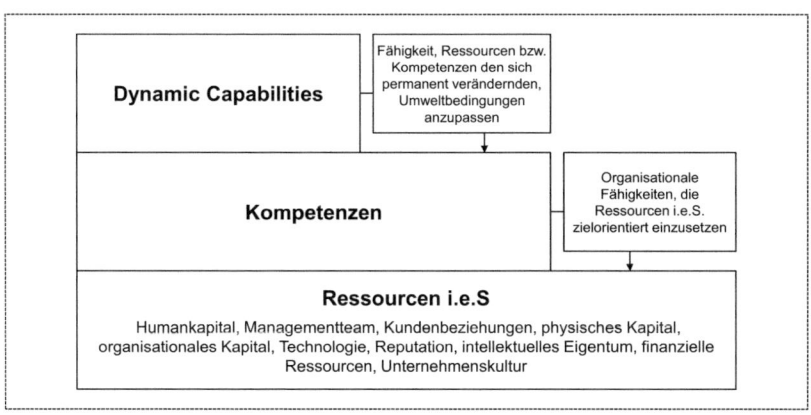

Abbildung 18: Interdependenzen zwischen den Ressourcenkategorien

---

[400] Vgl. Moog (2009), S. 24.
[401] Vgl. Teece u.a. (1997), S. 516.
[402] Vgl. Burr u.a. (2005), S. 27.

Generell lassen sich im RbV und im CbV zwei Denkschulen nach ihren Argumentationsmustern unterscheiden.[403] SCHULZE differenziert in diesem Zusammenhang zwischen der „structural school"[404] und der „process school"[405]. Beiträge der ‚structural school' konzentrieren sich auf die Merkmale, die Ressourcen das Potenzial für nachhaltige Wettbewerbsvorteile verleihen. Beiträge der ‚process school' fokussieren neben den Wettbewerbsvorteil implizierenden Merkmalen den Prozess der Ressourcennutzung und die damit verbundenen Probleme.[406] FREILING ergänzt die beiden Denkschulen um eine dritte, die „strategy school"[407], der auch die vorliegende Forschungsarbeit folgt (Abbildung 19).

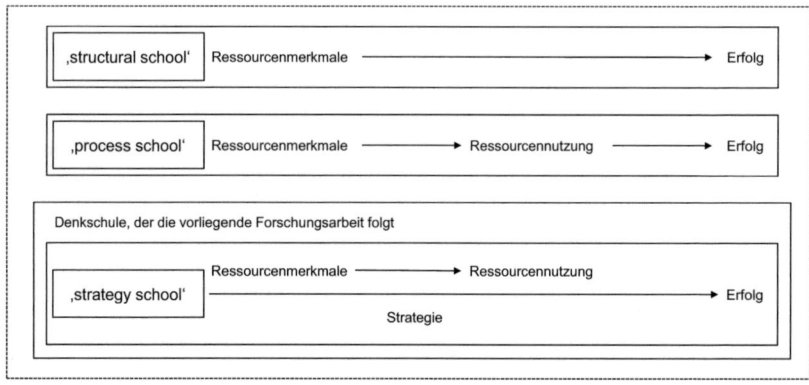

Abbildung 19: Denkschulen ressourcentheoretischer Forschung[408]

Die ‚strategy school' erklärt unternehmerischen Erfolg neben der Bereitstellung von Ressourcen und deren Nutzung durch die Abstimmung des Ressourcen-Managements mit der strategischen Ausrichtung des Unternehmens. Diese Denkschule resultiert nicht zuletzt aus dem Ansatz des ‚Competence-based Strategic Management', der seit dem Jahr 1996 immer mehr an Bedeutung innerhalb des RbV gewinnt und Wettbewerbsvorteile nach der ‚strategy school' erklärt.[409]

---

[403] Vgl. Freiling (2001), S. 39.
[404] Vgl. Schulze (1994), S. 127.
[405] Vgl. Schulze (1994), S. 127
[406] Vgl. Freiling (2001), S. 39 f.; Schulze (1994), S. 127.
[407] Vgl. Freiling (2001), S. 40.
[408] Vgl. Freiling (2001), S. 40.
[409] Vgl. Freiling (2001), S. 37 ff.

Der ‚strategy school' wird gefolgt, da die Identifikation von erforderlichen Kompetenzen eine wichtige Information zur Beantwortung der strategischen Frage ist, ob und unter welchen Bedingungen ein Unternehmen des produzierenden Gewerbes die Transformation hin zum Lösungsanbieter, respektive Anbieter von hybriden Leistungsbündeln vollziehen sollte. Die Antwort ist in diesem Denkansatz mit dem Prozess der Strategiefindung gekoppelt.

Da die Identifikation von erforderlichen Kompetenzen auf die Kompetenzen abzielt, die zu den Kompetenzen für das Angebot der bestehenden Sachleistung hinzukommen, orientieren sich die zu untersuchenden Kompetenzen primär an der Dienstleistungskomponente des hybriden Leistungsbündels bzw. an deren Interdependenzen mit der Sachleistung sowie der Bündelung in das Gesamtkonstrukt ‚hybrides Leistungsbündel'. Die Besonderheiten der erforderlichen Kompetenzen bzw. Dienstleistungskompetenzen ergeben sich somit aus der Leistungskomponente ‚Dienstleistung'. Im Folgenden werden daher das Untersuchungsobjekt der hybriden Leistungsbündel sowie die darin integrierten Dienstleistungen aus der Sicht des CbV diskutiert.

3.3 Hybride Leistungsbündel (HLB) aus Sicht des Competence-based View (CbV)

In der Praxis unterscheiden sich HLB-Angebote von Unternehmen derselben Branche häufig signifikant hinsichtlich Qualität, Effektivität, Effizienz und Flexibilität bei der Erbringung und Erstellung der Dienstleistungskomponenten. Diese Diversitäten lassen sich auf unterschiedlich ausgeprägte Dienstleistungskompetenzen zurückführen.[410]

Zur Rekapitulation: Eine Dienstleistung ist eine Leistung, die durch die Fähigkeit und Bereitschaft zur Dienstleistungserbringung entstanden ist (Potenzialdimension). In den Leistungserstellungsprozess von Dienstleistungen sind externe Faktoren involviert (Prozessdimension). Das Leistungsergebnis manifestiert sich in Form von überwiegend immateriellen Wirkungen an den externen Faktoren, respektive dem Kunden (Ergebnisdimension).

Aus der Erstellungs- bzw. Angebotsperspektive lassen sich Dienstleistungen in Form von ‚Ressourcenkonzepten', ‚Prozessmodellen' und ‚Produktmodellen' beschreiben. Zur Beschreibung der Marktseite kommt zudem noch eine Marktdimension bzw. das entsprechende ‚Marketingkonzept' hinzu.[411]

---

[410] Vgl. Burr (2009), S. 173; Burr (2008). S. 187.
[411] Vgl. Zahn u.a. (2004), S. 220; Bullinger (1999), S. 56.

Anhand der oben genannten Definitionsdimensionen bzw. des daraus resultierenden Vier-Dimensionen-Modells lassen sich zudem die Dienstleistungskompetenzen (und daraus resultierend die hinzukommenden, erforderlichen Kompetenzen für das Angebot von hybriden Leistungsbündeln) kategorisieren (Abbildung 20).[412]

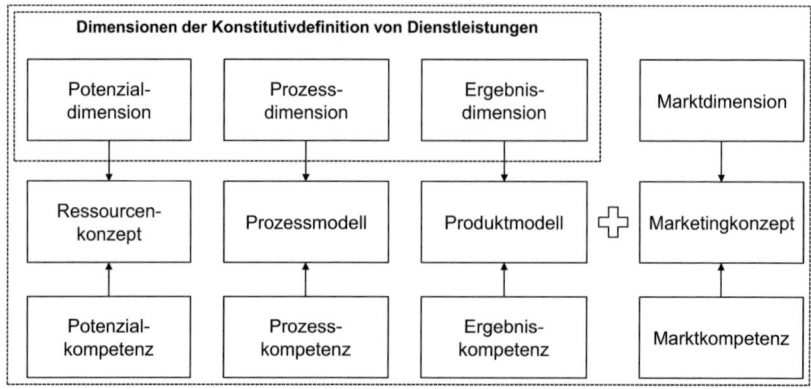

Abbildung 20: Dienstleistungskompetenzen[413]

Unter Potenzialkompetenzen werden die Dienstleistungskompetenzen zusammengefasst, die ein Unternehmen befähigen, eine Dienstleistungstätigkeit auszuüben. Ein Beispiel hierfür ist die Kompetenz zum Aufbau einer qualifizierten Personalabteilung, die das Potenzial für eine bestimmte Dienstleistung gewährleistet.

Unter Prozesskompetenzen sind Kompetenzen zu verstehen, die einem Unternehmen die Fähigkeit zum Prozess der Leistungserstellung von Dienstleistungen verleihen. Da für den Leistungserstellungsprozess die Integration des externen Faktors ‚Kunde' unabdingbar ist, kann als Beispiel für eine Prozesskompetenz die Fähigkeit zur effektiven und effizienten Integration des Kunden in die Leistungserstellung herangezogen werden.

Ergebniskompetenzen fassen die Kompetenzen zusammen, die ein für die Marktanforderung adäquates Ergebnis des Leistungserstellungsprozesses gewährleisten. Ein Beispiel hierfür ist die Fähigkeit kundenindividuelle HLB zusammenzustellen.

---

412 Vgl. Zahn u.a. (2004), S. 221.
413 Vgl. Zahn u.a. (2004), S. 221.

Marktkompetenzen beziehen sich auf die Fähigkeit zur erfolgreichen Vermarktung von Dienstleistungen bzw. hybriden Leistungsbündeln. Ein Beispiel für eine solche Kompetenz ist die Fähigkeit, ein erfolgreiches Marketingkonzept für Dienstleistungen bzw. HLB zu implementieren. Eine effiziente, effektive und erfolgreiche Vermarktung von Dienstleistungen bzw. hybriden Leistungsbündeln setzt stets eine Kombination aller Kompetenzkategorien voraus.[414]

---

[414] Vgl. Zahn u.a. (2004), S. 222.

4. Konzeption und Entwicklung eines Verfahrens zur Identifikation der erforderlichen Kompetenzen für das Angebot eines hybriden Leistungsbündels

> *„Kompetenzen lassen sich nur schwer exakt definieren, analysieren und operationalisieren. Sie sind mit einer Offenheit oder Interpretationsfähigkeit verbunden, die leicht in Unverbindlichkeit oder Vagheit münden kann."*[415]

Im Anschluss an die Erarbeitung der Grundlagen und des Stands der Forschung erfolgt in Kapitel 4 die Konzeption und Entwicklung des Verfahrens zur Identifikation der erforderlichen Kompetenzen für das Angebot von hybriden Leistungsbündeln.

In einem ersten Schritt werden hierfür die Anforderungen für das Verfahren, resultierend aus der Zielsetzung aus Kapitel 1 sowie aus der unternehmerischen Praxis, erörtert. Damit einhergehend wird das Verfahren hinsichtlich der Kompetenzbegrifflichkeit sowie des Kompetenzmessverfahren eingeordnet.

Danach wird die Umsetzung der Kompetenzoperationalisierung, eine der größten Herausforderungen im Bereich der Kompetenzforschung,[416] konkretisiert.

Darauf folgend werden mögliche Anwendungsszenarien für das Verfahren und die darin beinhaltete Umsetzung der Kompetenzoperationalisierung eröffnet.

Im Anschluss werden die Funktionenanalyse sowie deren Erweiterung zum Einsatz für das Verfahren erörtert. Dabei werden die für das Verfahren relevanten Funktionen der Funktionenanalyse beschrieben. Darüber hinaus wird der optimale Abstraktionsgrad der Funktionenanalyse für das Verfahren festgelegt.

4.1 Anforderungen an das Verfahren

Im Folgenden werden die Anforderungen an das Verfahren, aufbauend auf der Zielsetzung definiert. Abbildung 21 zeigt die einzelnen Anforderungen sowie deren Zusammenhang zur Zielsetzung und den (theoretischen) Grundlagen dieser Arbeit.

---

[415] Vgl. Wunderer/Bruch, (2000) S. 22.
[416] Vgl. Wunderer/Bruch, (2000) S. 22.

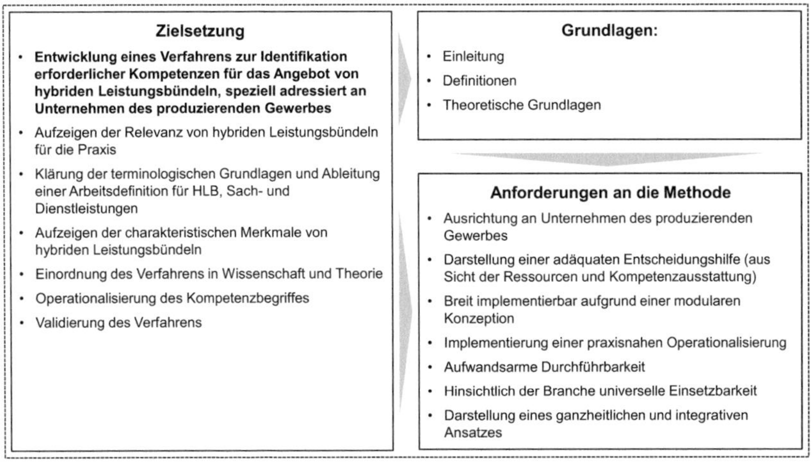

Zielsetzung	Grundlagen:
• **Entwicklung eines Verfahrens zur Identifikation erforderlicher Kompetenzen für das Angebot von hybriden Leistungsbündeln, speziell adressiert an Unternehmen des produzierenden Gewerbes** • Aufzeigen der Relevanz von hybriden Leistungsbündeln für die Praxis • Klärung der terminologischen Grundlagen und Ableitung einer Arbeitsdefinition für HLB, Sach- und Dienstleistungen • Aufzeigen der charakteristischen Merkmale von hybriden Leistungsbündeln • Einordnung des Verfahrens in Wissenschaft und Theorie • Operationalisierung des Kompetenzbegriffes • Validierung des Verfahrens	• Einleitung • Definitionen • Theoretische Grundlagen **Anforderungen an die Methode** • Ausrichtung an Unternehmen des produzierenden Gewerbes • Darstellung einer adäquaten Entscheidungshilfe (aus Sicht der Ressourcen und Kompetenzausstattung) • Breit implementierbar aufgrund einer modularen Konzeption • Implementierung einer praxisnahen Operationalisierung • Aufwandsarme Durchführbarkeit • Hinsichtlich der Branche universelle Einsetzbarkeit • Darstellung eines ganzheitlichen und integrativen Ansatzes

Abbildung 21: Zusammenhang von Zielsetzung und Anforderungen an das Verfahren

Die zentralen Anforderungen lauten wie folgt:

- **Die Ausrichtung an Unternehmen des produzierenden Gewerbes:** Allgemein impliziert dieser Fokus eine praxisnahe Ausrichtung des Verfahrens. Praxisnähe erfordert Nachvollziehbarkeit der Vorteilhaftigkeit sowie des Erkenntnisgewinns der Anwendung. Darüber hinaus ist ein überschaubarer Komplexitätsgrad erforderlich.

  Daneben muss das Verfahren die besondere Ressourcen- und Kompetenzenausstattung von Unternehmen des produzierenden Gewerbes berücksichtigen.

- **Die Darstellung einer adäquaten Entscheidungshilfe (aus Sicht der Ressourcen und Kompetenzausstattung):** Um eine in der Praxis relevante Entscheidungshilfe für die Frage der strategischen Vorteilhaftigkeit einer potenziellen HLB-Implementierung darzustellen, muss das Verfahren eine hohe Akzeptanz im Unternehmen erzielen. Das Verfahren muss reproduzierbar und für Praktiker leicht anwendbar sein. Hierfür muss die Herleitung der Ergebnisse des Verfahrens transparent, plausibel und nachvollziehbar sein. Aus den Ergebnissen des Verfahrens bzw. deren Aufarbeitung müssen sich konkrete Handlungsempfehlungen ableiten lassen.

- **Die breite Implementierbarkeit aufgrund einer modularen Konzeption:** Das Verfahren muss für die mögliche Integration in bestehende Planungs- und Entwicklungsprozesse (und -verfahren) modular aufgebaut sein.

- **Die Implementierung einer praxisnahen Operationalisierung:** „Kompetenzen lassen sich nur schwer [...] operationalisieren. Sie sind mit einer Offenheit oder Interpretationsfähigkeit verbunden, die leicht in Unverbindlichkeit oder Vagheit münden kann."[417] Daher lässt sich das wirtschaftswissenschaftliche Theoriekonstrukt der Begrifflichkeit ‚Kompetenz' oftmals nur schwer und vage in die Praxis übertragen. Das Verfahren muss daher eine praxistaugliche und nachvollziehbare Systematik zur Operationalisierung beinhalten, durch die sich Kompetenzen konkretisieren lassen. Nur so lassen sich verwertbare Aussagen über die, aus Ressourcen- und Kompetenzsicht, Sinnhaftigkeit einer HLB-Implementierung ableiten.

- **Die aufwandsarme Durchführbarkeit:** Für die Anwendung in der betrieblichen Praxis muss das Verfahren mit vergleichsweise wenig Aufwand durchführbar sein. Hierfür muss das Verfahren effizient und effektiv gestaltet sein, d.h. es muss die Möglichkeit bieten einen effektiv nutzbaren Output über eine effiziente Vorgehensweise zu produzieren.

- **Die hinsichtlich der Branche universelle Einsetzbarkeit:** In dem Verfahren muss die Kompetenz- und Ressourcenidentifikation für den jeweiligen Einzelfall individuell durchführbar sein. Nur so ist die universelle Einsetzbarkeit über Branchengrenzen hinweg möglich.

- **Die Darstellung eines ganzheitlichen und integrativen Ansatzes:** Das Verfahren muss alle kompetenz- bzw. ressourcenrelevante Bereiche des jeweiligen Unternehmens integrativ und ganzheitlich abbilden können. Die Ergebnisse müssen entsprechend der Zuordnung zu den jeweiligen Bereichen aufgearbeitet werden.

4.2 Charakterisierung und Einordnung des Verfahrens

Grundsätzlich muss bei der Erarbeitung eines Verfahrens zur Identifikation erforderlicher Kompetenzen zwischen „objektiven Kompetenzmessverfahren"[418] und „subjektiven Kompetenzeinschätzungs- und beschreibungsverfahren"[419] unterschieden werden.

‚Objektive Kompetenzmessverfahren' behandeln Kompetenzen wie naturwissenschaftliche Größen ‚von außen' mit statistischen also quantitativen

---

[417] Vgl. Wunderer/Bruch (2000), S. 22.
[418] Vgl. Erpenbeck/von Rosenstiel (2007), S. XXVII.
[419] Vgl. Erpenbeck/von Rosenstiel (2007), S. XXVII.

Messmethoden. Selbsteinschätzungen des hinsichtlich Kompetenzen zu evaluierenden Objektes spielen bestenfalls eine untergeordnete Rolle.[420]

‚Subjektive Kompetenzeinschätzungs- und Kompetenzbeschreibungsverfahren' hingegen, messen der Selbsteinschätzung ‚von innen' große Bedeutung bei. Kompetenzen sind demnach, zumindest nicht allein, über naturwissenschaftliche Größen ähnlicher, objektiver Maßeinheiten abbildbar. Besonders geeignet in diesem Umfeld sind qualitative Forschungsmethoden (wie der Aktionsforschungsansatz). In der unternehmerischen Praxis haben sich primär die subjektiven Verfahren durchgesetzt.[421] Darauf aufbauend ist auch das entwickelte Verfahren im Bereich der ‚Subjektive Kompetenzeinschätzungs- und Kompetenzbeschreibungsverfahren' anzusiedeln. Das Verfahren dient u.a. auch zur kritischen Auseinandersetzung der jeweiligen Unternehmen mit dem Thema erforderlicher Kompetenzen für das Angebot von hybriden Leistungsbündeln. Hierfür ist eine interaktive Erarbeitung der erforderlichen Kompetenzen zielführender, als eine Zusammenstellung derer aus vorgefertigten Definitionen, die in der Logik der Objektiven Kompetenzmessverfahren erstellt wurden.

Die Systematik von subjektiven Kompetenzeinschätzungs- und Kompetenzbeschreibungsverfahren ist in ihrer Logik deckungsgleich mit dem Aktionsforschungsansatz. Sowohl der Aktionsforschung als auch den subjektiven Kompetenzeinschätzungs- und Kompetenzbeschreibungsverfahren ist die (Inter-)Aktion bzw. aktive Beteiligung der Teilnehmer systemimmanent. Der Aktionsforschungsansatz ist folgerichtig eine geeignete und zielorientierte Forschungsmethode in diesem Anwendungsfall.

Darüber hinaus muss für die Einordnung des Verfahrens zwischen individuellen und organisationalen Kompetenzen unterschieden werden.

Zur Rekapitulation: Für das entwickelte Verfahren wird unter Kompetenzen die organisationale Fähigkeit die verfügbaren Ressourcen zielorientiert einzusetzen, verstanden. Diese Fähigkeit ist dabei wiederholbar und basiert nicht auf Zufall, sondern auf Wissen. Somit evaluiert das entwickelte Verfahren organisationale Kompetenzen.

„Die spezifische Leistung und Essenz Organisationaler Kompetenz wird in der **gekonnten Verarbeitung** oder **Nutzung** dieser – in ihren Merkmalen sehr unterschiedlichen – Ressourcen zu einer organisationalen Handlung gesehen."[422] Die organisationale Kompetenz stellt somit, im Gegensatz zur in-

---

[420] Vgl. Erpenbeck/von Rosenstiel (2007), S. XXVII.
[421] Vgl. Erpenbeck/von Rosenstiel (2007), S. XXVII ff.
[422] Vgl. Schreyögg/Kliesch (2003), S. 34.

dividuellen Kompetenz nicht nur eine Fähigkeit zur Ressourcennutzung dar, sondern auch eine Verknüpfung der Fähigkeiten zur Nutzung verschiedener Ressourcen. Dies gewährleistet einen zielorientierten Einsatz der Ressourcen als Ganzes.[423] Die Organisationale Kompetenzen sind somit mehr als die Summe der einzelnen individuellen Kompetenzen.[424]

SCHREYÖGG und KLIESCH definieren dieses ‚Mehr' und die Differenzierung gegenüber individuellen Kompetenzen folgendermaßen:[425]

Dimensionen individueller Kompetenz	Dimensionen Organisationaler Kompetenz
Technische Kompetenz: • Managementwissen • Fähigkeit Wissen und Methoden anzuwenden	Organisationales Verknüpfungs-Knowhow: • Know-how in Bezug auf die Verknüpfungsleistung selbst, also wie Anschlüsse hergestellt werden
Soziale Kompetenz: • Kommunikations- und Kooperationsfähigkeit • Empathie • Interkulturelles Verstehen	Organisationales Kooperationsvermögen: • Fähigkeit der effektiven Nutzung von Beziehungen bzw. Netzwerken • Emotionales Vermögen • Internationale Anschlussfähigkeit
Konzeptionelle Kompetenz: • Fähigkeit komplexe Problemfelder zu strukturieren (erfolgreiche Bewältigung von Unsicherheit ->Beurteilungsvermögen) • Verständnis über Kausalzusammenhänge • Denken in verschiedenen (widersprüchlichen) Kategorien	Organisationales Interpretationsvermögen: • Fähigkeit komplexe (interne und externe) Umwelt zu strukturieren • Beurteilungsvermögen der Probleme (Chancen und Risiken) und entsprechende Selektion

Tabelle 8: Dimensionen individueller und Organisationaler Kompetenz[426]

Die individuellen Kompetenzdimensionen sind in obiger Unterteilung aus den Kompetenzdimensionen für Managementleistung nach KATZ[427] abge-

---

[423] Vgl. Cron u.a. (2010), S. 15.
[424] Vgl. Zahn (2001), S. 6.
[425] Vgl. Schreyögg/Kliesch (2003), S. 40.
[426] Vgl. Schreyögg/Kliesch (2003), S. 40.
[427] Vgl. Katz (1974).

leitet. Die organisationalen Kompetenzen wiederum sind eine Übertragung der individuellen Kompetenzen in die organisationale Ebene.[428]

Auf die drei Dimensionen organisationaler Kompetenzen, welche als Art Metakompetenzen anzusehen sind, wird im Folgenden weiter eingegangen:

- **Organisationales Verknüpfungs-Knowhow:** Aus der individuellen Dimension ‚technische Kompetenz' lässt sich für die organisationale Ebene die Notwendigkeit des organisationalen Verknüpfungs-Knowhows ableiten. Verknüpfungs-Knowhow bezieht sich dabei auf die Kompetenz der Ressourcenverknüpfung. Die Ressourcenverknüpfung geht über den reinen Einsatz einzelner Ressourcen hinaus. Sie beinhaltet deren Interaktion und Interdependenz.[429] Die Verknüpfung unterschiedlicher Ressourcen als übergeordnete Fähigkeit von Organisationen ergibt neue Potenziale.[430]

- **Organisationales Kooperationsvermögen:** Aus der individuellen Dimension ‚soziale Kompetenz' lässt sich für die organisationale Ebene die Notwendigkeit des organisationalen Kooperationsvermögens ableiten. Das organisationale Kooperationsvermögen ist dabei als eine Metakompetenz zu verstehen, welche die Fähigkeiten zur Kooperation und zum Aufbau von Netzwerken zusammenfasst.[431]

- **Organisationales Interpretationsvermögen:** Aus der individuellen Dimension ‚konzeptionelle Kompetenz' lässt sich für die organisationale Ebene die Notwendigkeit des organisationalen Interpretationsvermögens ableiten. Organisationales Interpretationsvermögen umfasst die Metakompetenz zur zielgerichteten Informationsverarbeitung, Problemlösung und Verständnisbildung.[432]

Der organisationale Verknüpfungsprozess ist komplex. Daher ist er weder vollständig versteh- noch erfassbar. Als Konsequenz lässt sich die organisationale Kompetenz in ihrer Komplexität nicht vollständig messen, steuern oder planen[433] (daher auch der Fokus auf subjektive Kompetenzeinschätzungs- und beschreibungsverfahren).

Organisationale Kompetenzen begegnen in der unternehmerischen Praxis einem turbulenten und dynamischen Marktumfeld. Um in diesem Umfeld

---

[428] Vgl. Schreyögg/Kliesch (2003), S. 36 ff.
[429] Vgl. Mattes (2010), S. 86; Schreyögg/Kliesch (2003), S. 45 f.
[430] Vgl. Wolfsteiner (1995), S. 81.
[431] Vgl. Mattes (2010), S. 86; Schreyögg/Kliesch (2003), S. 44 f.
[432] Vgl. Schreyögg/Kliesch (2003), S. 41 ff.
[433] Vgl. Schreyögg/Kliesch (2003), S. 35.

konkurrenzfähig zu sein bzw. zu bleiben, dürfen organisationale Kompetenzen nicht als statische Größen verstanden werden. Die organisationale
Kompetenz ist im Hinblick auf deren Weiterentwicklung und Anpassung in
einem Rahmen des organisationalem Lernens, der Unternehmenskultur und
der Unternehmensstruktur angesiedelt (Abbildung 22).[434]

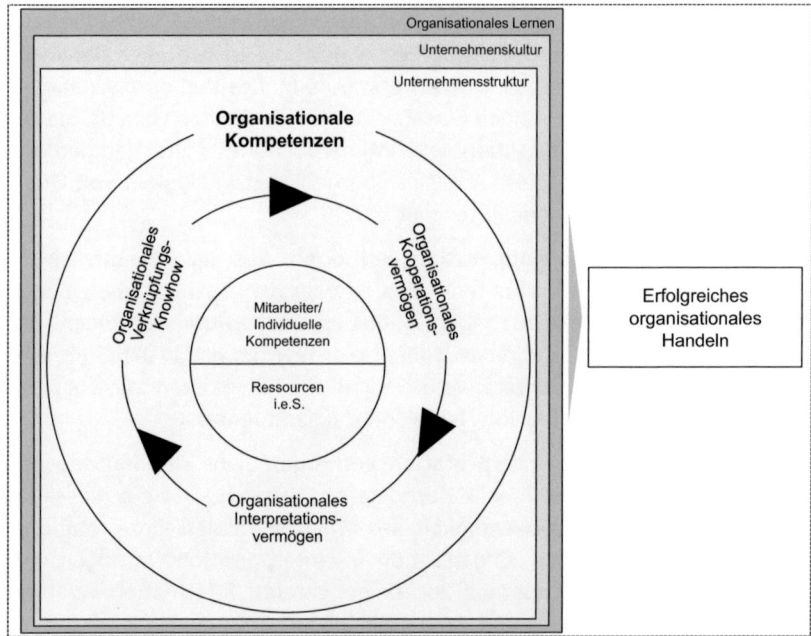

Abbildung 22: Organisationale Kompetenz – Bestandteile, Rahmenbedingungen und Output[435]

Organisationales Lernen ist die wichtigste Rahmenbedingung für organisationale Kompetenzen. Erfolgreiches organisationales Lernen gewährleistet
die kontinuierliche Anpassung der organisationalen Kompetenzen im dynamischen Unternehmensumfeld.[436] FIOL und LYLES definieren organisationales Lernen folgendermaßen: „Organizational learning means the process of
improving actions through better knowledge and understanding."[437] Folglich
stellt organisationales Lernen analog zum individuellen Lernen den Erwerb
von Kompetenzen und Wissen im Zeitablauf dar, bezogen auf Organisatio-

---

[434] Vgl. Schreyögg/Kliesch (2003), S. 35.
[435] In Anlehnung an Cron u.a. (2010), S. 15 und Schreyögg/Kliesch (2003), S. 46 ff.
[436] Vgl. Schreyögg/Kliesch (2003), S. 52.
[437] Vgl. Fiol/Lyles (1985), S. 803.

nen und nicht (ausschließlich) auf Individuen.[438] Der Begriff des organisationalen Lernens ist dabei eng mit dem der ‚Dynamic Capabilities' nach TEECE, PISANO und SHUEN[439] verbunden.[440]

Unternehmenskultur, als „sinn- und orientierungsstiftende Kraft",[441] ist von maßgeblicher Bedeutung für organisationales Handeln und organisatorische Kompetenz respektive deren Weiterentwicklung und Anpassung. Somit stellt Unternehmenskultur die zweite zentrale Rahmenbedingung für organisationale Kompetenzen dar.[442]

Unternehmensstruktur, also die Gestaltung der „strukturellen und organisatorischen Ausrichtung"[443] von Unternehmen, hat ebenfalls Auswirkungen auf die Selektions- und Verknüpfungsleistung und ist somit die dritte Rahmenbedingung für organisationale Kompetenz.[444]

Für das entwickelte Verfahren spielen die Rahmenbedingungen organisationaler Kompetenz nur eine untergeordnete Rolle. Das Verfahren fokussiert sich auf die Identifikation erforderlicher (organisationaler) Kompetenzen. Somit kann sie als Grundlage für strategische Fragestellungen genutzt werden (beispielsweise, ob HLB angeboten werden sollen, bzw. wenn ja, was dafür getan werden muss, Abbildung 16). Die Notwendigkeit einer dynamischen Charakteristik der Kompetenzen spielt dabei eine untergeordnete Rolle und ist (im Falle eines HLB-Angebotes) in einem weiteren, nachgelagerten Schritt (außerhalb des entwickelten Verfahrens) zu konkretisieren. Gleichwohl finden die Rahmenbedingungen teilweise Einzug in die Dissertation über die Betrachtung der Ressourcen i.e.S.

Somit bleibt festzuhalten: Das entwickelte Verfahren evaluiert erforderliche organisationale Kompetenzen. Dabei wird der subjektiven Kompetenzeinschätzungs- und Beschreibungsverfahrenslogik gefolgt. Organisationale Kompetenzen beinhalten Selektions-, Anwendungs- und Verknüpfungsfunktionen der Ressourcen i.e.S. (Abbildung 22).

4.3 Operationalisierung des Kompetenzbegriffes

Eines der Hauptprobleme bei der Identifikation erforderlicher Kompetenzen für das Angebot von hybriden Leistungsbündeln ist die Operationalisierung

---

[438] Vgl. Schüerhoff (2006), S. 66 ff.
[439] Vgl. Teece u.a. (1997), S. 516.
[440] Vgl. Schreyögg/Kliesch (2003), S. 50.
[441] Vgl. Schreyögg/Kliesch (2003), S. 56.
[442] Vgl. Schreyögg/Kliesch (2003), S. 56 f.
[443] Vgl. Kampker u.a. (2011), S. 133.
[444] Vgl. Schreyögg/Kliesch (2003), S. 75.

des Kompetenzbegriffes. Die Operationalisierung von Kompetenzen stellt allgemein eine der elementaren Herausforderungen der Kompetenzforschung dar.[445]

Das entwickelte Verfahren ist auf erforderliche Kompetenzen fokussiert, die für Unternehmen des produzierenden Gewerbes für das Angebot von hybriden Leistungsbündeln zum Kompetenzbedarf für bestehende Sachleistungen hinzukommen. Somit ergibt sich der zusätzliche Kompetenzbedarf aus den Anforderungen, die durch die Dienstleistungskomponente bzw. deren Interdependenz mit der Sachleistungskomponente entstehen. Die erforderlichen Kompetenzen für ein potenzielles HLB-Angebot sind somit eng mit den charakteristischen Merkmalen von hybriden Leistungsbündeln verbunden.[446]

Hier setzt das entwickelte Verfahren an. Die Operationalisierung erfolgt von Seiten einer konkreten Produktidee für ein zukünftiges hybrides Leistungsbündel. Dabei wird analog zur Denklogik der Funktionenanalyse(FA) nach europäischer Norm EN 1325-1[447] vorgegangen.[448] Die FA analysiert Objekte (Sachleistungen, Dienstleistungen, HLB, Prozesse, Kompetenzen usw.) hinsichtlich ihrer Wirkungen.[449] Unter Funktionen versteht man dabei die Wirkungen des Objektes.[450]

Die FA unterscheidet dabei zwischen sogenannten ‚nutzerbezogenen Funktionen' und ‚produktbezogenen Funktionen'. Nutzerbezogene Funktionen beschreiben die „Erwartete oder erbrachte Wirkung eines Produktes, um einen Teil des Bedürfnisses eines bestimmten Nutzers zu erfüllen"[451]. Somit beziehen sich nutzerbezogene Funktionen auf den Markt respektive den Kunden und formulieren die Kundenbedürfnisse bezogen auf ein bestimmtes Produkt.[452]

---

[445] Vgl. Wunderer/Bruch, (2000), S. 22.
[446] Vgl. Baureis u.a. (2011), S. 1 ff.
[447] Vgl. EN 1325-1 (1996), S. 4.
[448] Breite Anwendung im Bereich hybrider Wertschöpfung findet die Funktionenanalyse in der Arbeit von Sadek (2009), in der mit Hilfe der Funktionenanalyse ein modellorientierter Ansatz zur Konzeptentwicklung industrieller Produkt-Service Systeme entwickelt wurde.
[449] Vgl. VDI-Richtlinie 2803 (1996), S. 2.
[450] Vgl. EN 1325-1 (1996), S. 4.
[451] Vgl. EN 1325-1 (1996), S. 4.
[452] Vgl. EN 1325-1 (1996), S. 4; Heubach (2009), S. 43.

Die produktbezogenen Funktionen beschreiben wiederum die Wirkung des Produktes (oder dessen Bestandteile bzw. der Interaktion mehrerer Bestandteile) „zum Zweck der Erfüllung der nutzerbezogenen Funktion".[453]

Somit bildet Funktion A (die nutzerbezogene) die Grundlage für Funktion B (die produktbezogene). Funktion A definiert das ‚Was', das Funktion B erfüllen muss. Funktion B bildet das erforderliche ‚Wie' zur Erfüllung des ‚Was' ab. Dieser Denklogik folgt das entwickelte Verfahren (Abbildung 23).

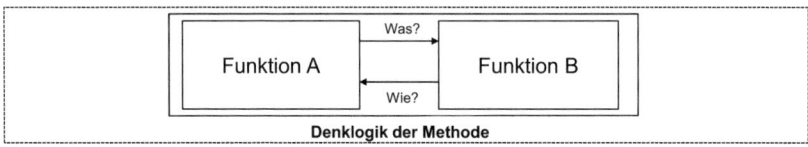

Abbildung 23: Denklogik des Verfahrens

Die Denklogik des Verfahrens respektive die Operationalisierung der Kompetenzen setzt auf Seiten des Marktes mit den nutzerbezogenen Funktionen an. Darauf aufbauend wird über die produktbezogenen Funktionen definiert, zu welchen Leistungen das Produkt im Stande sein muss, um die nutzerbezogene Funktionen zu gewährleisten. Die Wirkungen, die das Unternehmen erreichen muss, um die produktbezogenen Funktionen zu erfüllen, werden in Form von Anforderungen, verursacht durch das HLB-Angebot, im Verfahren durch die sogenannten ‚unternehmensbezogenen Funktionen' ausgedrückt. Die Gewährleistung der unternehmensbezogenen Funktionen werden durch die nächste Funktionsstufe, die ‚kompetenzbezogenen Funktionen' gewährleistet. Die kompetenzbezogenen Funktionen beschreiben dabei die Kompetenzen, die für Erfüllung der unternehmensbezogenen Funktionen notwendig sind (Abbildung 24).

---

[453] Vgl. EN 1325-1 (1996), S. 4.

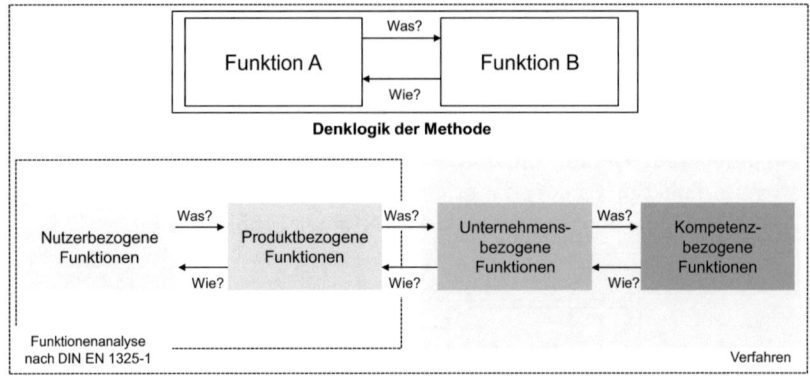

Abbildung 24: Denklogik des Verfahrens im Detail

Die Beziehung zwischen unternehmensbezogenen und kompetenzbezogenen Funktionen ist daher analog zu der Beziehung zwischen nutzerbezogenen und produktbezogenen Funktionen (Abbildung 24). Die Schnittstelle zwischen der FA und der entwickelten Methode ist die Beziehung zwischen produktbezogenen und unternehmensbezogenen Funktionen. Diese ist in ihrer Gestaltung analog zur Beziehung zwischen nutzerbezogenen und produktbezogenen Funktionen (bzw. zwischen unternehmensbezogenen und kompetenzbezogenen Funktionen).

Bei der Entwicklung neuer Produktideen folgt die Denklogik des entwickelten Verfahrens der Marktorientierung[454] – und zwar aus zwei Gründen: Zum einen erfordern HLB eine Integration des externen Faktors ‚Kunde' und zum anderen ist, speziell im deutschen unternehmerischen Umfeld, der Prozess der Produktentstehung nach wie vor stark durch das Produkt sowie dessen technologische Eigenschaften getrieben. Die negative Konsequenz findet sich oftmals in Form von ‚Overengineering' in Produktneuerungen wieder. Unter Overengineering versteht man die Überfrachtung neuer Produkte mit Leistungsmerkmalen bzw. Qualitätsmerkmalen, die der Kunde überhaupt nicht benötigt und somit auch keine Zahlungsbereitschaft ihnen gegenüber mitbringt, was in einem Konflikt mit dem ausgelösten höheren Preis steht.[455]

Somit bleibt festzuhalten: Im Zuge dieser Abhandlung wird die Begrifflichkeit der Kompetenz über das Produkt, sprich HLB, operationalisiert. Maßgeblich sind hierfür die charakteristischen Merkmale der hybriden Leistungsbündel allgemein und die spezifischen Charakteristika des jeweiligen hybriden Leistungsbündels im Speziellen. Die Operationalisierung folgt hierbei

---

[454] Vgl. hierzu Spath u.a. (2001a); Spath u.a. (2001).
[455] Vgl. Spath u.a. (2001)a, S. 32 f.

der Denklogik der FA nach europäischer Norm EN 1325-1.[456] Anforderungen für das produzierende Unternehmen werden aus den charakteristischen Merkmalen und den spezifischen Charakteristika der hybriden Leistungsbündel abgeleitet. Darauf aufbauend werden die erforderlichen Kompetenzen zu deren Gewährleistung identifiziert.

Im Folgenden werden die FA sowie die für das Verfahren indirekt oder direkt relevanten Funktionen konkretisiert.

4.4 Funktionenanalyse und deren Erweiterung

Mit Hilfe der FA lassen sich Funktionen, also die Wirkungen von Objekten (Sachleistungen, Dienstleistungen, HLB, Prozesse, Kompetenzen usw.) analysieren.[457]

Zielsetzung der FA ist die Identifikation und Strukturierung von Lösungsalternativen durch eine abstrahierte Sicht auf das zu analysierende Objekt.[458]

Funktionen werden dabei über ein Substantiv und ein Verb im Infinitiv beschrieben, so z.B. die Funktion einer Waschmaschine ‚Wäsche waschen'. Wichtig ist dabei der Fokus auf Verben mit aktivistischer Bedeutung wie im Beispiel ‚Wäsche waschen'. Diese Verben beschreiben das direkte Geschehen und nicht ‚nur' das Potenzial hierzu (z.B. ‚Wäschewaschen ermöglichen'). Das objektbeschreibende Substantiv sollte wiederum nach Möglichkeit quantifizierbar sein.[459]

In der Praxis findet die FA breite Anwendung. So z.B. in der Konstruktion bzw. Produktentwicklung[460], der Wertanalyse oder der QFD- oder FMEA-Methodik.[461]

In der Anwendung werden die Funktionen im Rahmen der FA abstrahiert, um so „eine lösungsnahe Beschreibung des Produktes und eine Erweiterung des Suchfeldes für neue technische Lösungsmöglichkeiten"[462] zu erhalten. Funktionen können nach europäischer Norm EN 1325-1 in die Funktionentypen ‚nutzerbezogene' und ‚produktbezogene Funktion' differenziert werden.[463].

---

[456] Vgl. EN 1325-1 (1996), S. 4.
[457] Vgl. EN 1325-1 (1996), S. 4; VDI-Richtlinie 2803 (1996), S. 2.
[458] Vgl. Spielberg (2002), S. 66.
[459] Vgl. VDI-Richtlinie 2803 (1996), S. 2 ff.
[460] Vgl. Ehrlenspiel u.a. (2003), S. 55; Conrad (2010), S. 115 ff.; Pahl u.a. (2007), S. 44 ff.; Ulrich/Eppinger (2008), S. 112 ff.; Ehrlenspiel (2003), S. 368 ff.
[461] Vgl. VDI-Richtlinie 2803 (1996), S. 2; Spielberg (2002), S. 66.
[462] Vgl. Heubach (2009), S. 72.
[463] Vgl. EN 1325-1 (1996), S. 4.

Nutzerbezogene Funktionen können ihrerseits in zwei verschiedene Funktionenarten und zwar Gebrauchsfunktionen und Geltungsfunktionen unterteilt werden.[464]

Beide Funktionentypen könne darüber hinaus in sechs verschiedene Funktionsklassen (Hauptfunktionen, Nebenfunktionen, Gesamtfunktionen, Teilfunktionen, Elementarfunktionen und unerwünschte Funktionen) unterschieden werden (Abbildung 25).[465]

[464] Vgl. VDI-Richtlinie 2803 (1996), S. 3.
[465] Vgl. VDI-Richtlinie 2803 (1996), S. 3.

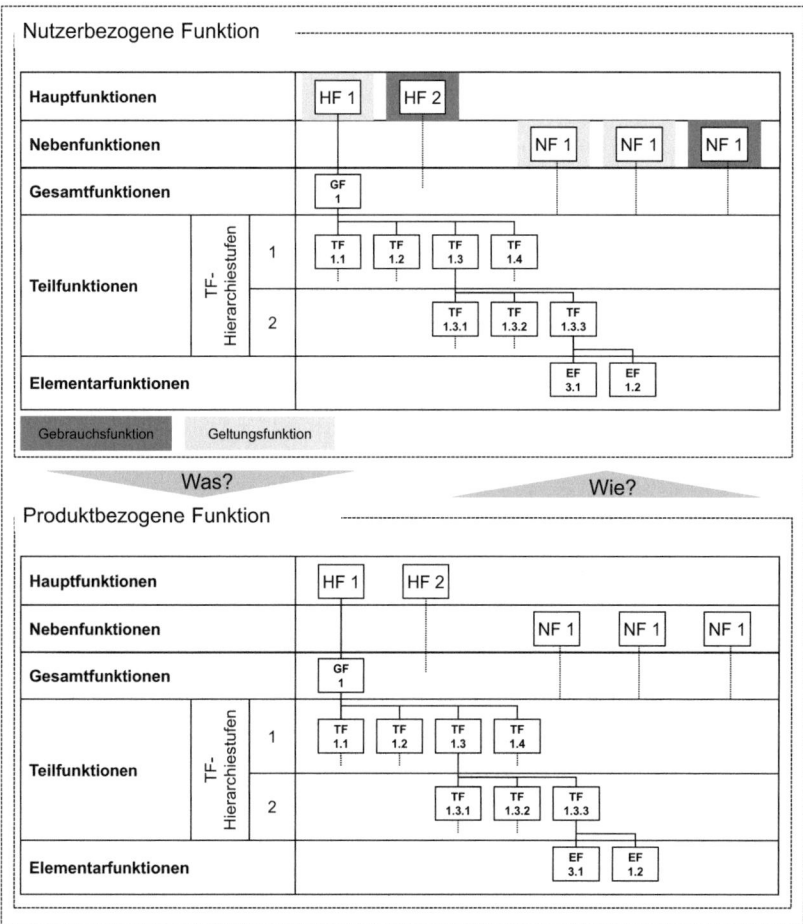

Nutzerbezogene Funktion

Hauptfunktionen	HF 1 HF 2
Nebenfunktionen	NF 1 NF 1 NF 1
Gesamtfunktionen	GF 1

Teilfunktionen — TF-Hierarchiestufen

1: TF 1.1 | TF 1.2 | TF 1.3 | TF 1.4
2: TF 1.3.1 | TF 1.3.2 | TF 1.3.3

Elementarfunktionen: EF 3.1 | EF 1.2

Gebrauchsfunktion Geltungsfunktion

Was? Wie?

Produktbezogene Funktion

Hauptfunktionen	HF 1 HF 2
Nebenfunktionen	NF 1 NF 1 NF 1
Gesamtfunktionen	GF 1

Teilfunktionen — TF-Hierarchiestufen

1: TF 1.1 | TF 1.2 | TF 1.3 | TF 1.4
2: TF 1.3.1 | TF 1.3.2 | TF 1.3.3

Elementarfunktionen: EF 3.1 | EF 1.2

Abbildung 25: Funktionsarten, Funktionstypen und Funktionsklassen nach VDI-2803 und DIN EN 1325-1[466]

Die Funktionsarten unterscheiden sich hinsichtlich des Nutzungsbereichs der zu analysierenden Objekte. **Gebrauchsfunktionen** beschreiben die objektiv quantifizierbaren Wirkungen des zu analysierenden Objektes, die der sachlichen Nutzung dienen. **Geltungsfunktionen** beschreiben hingegen die subjektiv personenbezogenen Wirkungen der Objekte. Als konkretes Beispiel: Das Objekt ist ein Auto; somit wäre eine Gebrauchsfunktion ,Mobilität be-

---

[466] In Anlehnung an VDI-Richtlinie 2803, S. 3 und EN 1325-1 (1996), S. 4.

reitstellen' und eine Geltungsfunktion ‚Prestige erzeugen' nötig. Beide Funktionsarten beschreiben Kunden- bzw. Marktanforderungen.[467]

Funktionsklassen dienen der Einordnung der Funktionen in verschiedene Funktionshierarchien, eingeteilt nach unterschiedlichen Gesichtspunkten. Die Differenzierung zwischen **Haupt- und Nebenfunktionen** bezieht sich auf die Wichtigkeit der Funktion für den Nutzer bzw. Kunden. Die Hauptfunktion bezieht sich auf den Hauptnutzen des Objektes. Für das Beispiel Auto wäre das z.B. ‚Mobilität bereitstellen'. Nebenfunktionen beschreiben den untergeordneten ‚Nebennutzen' des Objektes, so z.B. ‚Fahrsicherheit schaffen'. Das Beispiel macht deutlich, dass die Unterteilung in Haupt- und Nebenfunktion subjektiv und vom jeweiligen Analysten respektive der durchgeführten Analyse und deren Ziel abhängig ist. Objekte haben immer mindestens eine Hauptfunktion. Darüber hinaus kann ein Objekt auch (mehrere) Haupt- und Nebenfunktionen haben.[468]

Gesamtfunktionen bilden die Gesamtwirkung einzelner Unterfunktionen, sogenannter **Teilfunktionen**, ab. Gesamtfunktionen sind somit das Zusammenwirken der einzelnen untergeordneten Teilfunktionen. Teilfunktionen können ihrerseits in verschiedene Hierarchiestufen unterteilt werden. Kann eine Teilfunktion nicht weiter unterteilt werden, spricht man von einer **Elementarfunktion**, sie stellt die unterste Hierarchiestufe der Funktionenstruktur dar (Abbildung 25).[469]

Eine **unerwünschte Funktion** ist eine Funktion, welche die (vermeidbare oder unvermeidbare) unerwünschte Wirkung eines Objektes beschreibt.[470] Eine unerwünschte Funktion für das Beispielobjekt ‚Auto' ist z.B. ‚CO_2 ausstoßen'. Die Frage, ob der CO_2-Ausstoß vermieden werden kann, ist abhängig von der Frage der Perspektive bzw. der Antriebsart des Autos. Bezieht man die Frage der CO_2-Vermeidbarkeit auf Autos mit Verbrennungsmotor ist die CO_2-Emission (zumindest mit aktuell verfügbarer Technologie) nicht vermeidbar. Elektroautos, deren Strom durch regenerative, CO_2-Emissionfreie Energieformen geliefert wird, können hingegen theoretisch CO_2-frei betrieben werden. Folglich ist die unerwünschte Funktion ‚CO_2 ausstoßen' im Falle des Elektroautos vermeidbar.

Für das entwickelte Verfahren, lassen sich die Funktionen analog zu denen der FA (Abbildung 25) abstrahieren und unterteilen.

---

[467] Vgl. VDI-Richtlinie 2803 (1996), S. 3.
[468] Vgl. VDI-Richtlinie 2803 (1996), S. 3.
[469] Vgl. VDI-Richtlinie 2803 (1996), S. 3.
[470] Vgl. VDI-Richtlinie 2803 (1996), S. 3.

Das entwickelte Verfahren fokussiert sich auf organisationale Kompetenzen. Organisationale Kompetenzen beinhalten die Verknüpfung individueller Kompetenzen und somit deren Summe.[471] Organisationale Kompetenzen sind somit hohe Abstrahierungsstufen, wohingegen die Summe der individuellen Kompetenzen deren Untergliederung in die unteren Abstrahierungsebenen entspricht. In Funktionenarten ausgedrückt sind organisationale Kompetenzen daher Haupt- oder Neben- bzw. Gesamtfunktionen sowie Teilfunktionen der oberen Hierarchiestufen. Individuelle Kompetenzen sind die entsprechende Unterteilung in die niederen Hierarchiestufen der Teilfunktionen sowie die Elementarfunktionen.

Aufgrund des Fokus auf organisationalen Kompetenzen ist das entwickelte Verfahren eher auf Ebene der Haupt- oder Neben- bzw. Gesamtfunktionen durchzuführen. Dies gilt sowohl für unternehmensbezogene als auch für kompetenzbezogene Funktionen.

Die relevanten Funktionentypen des Verfahrens werden im Folgenden im Zusammenhang mit deren Anwendung in dem Verfahren weiter ausgeführt.

4.5 Relevante Funktionentypen für das Verfahren

Relevant sind indirekt die markt- und produktbezogenen Funktionen nach europäischer Norm EN 1325-1[472] sowie direkt deren Erweiterungen die unternehmens- und kompetenzbezogenen Funktionen.

4.5.1 Nutzerbezogene Funktionen

Die nutzerbezogenen Funktionen definieren das ‚Was' der Denklogik. Sie legen fest, was die produktbezogenen Funktionen im Idealfall gewährleisten sollten. Sie liefern somit einen Output für die produktbezogenen Funktionen (Abbildung 26).

---

[471] Vgl. Cron u.a. (2010), S. 15.
[472] Vgl. EN 1325-1 (1996), S. 4.

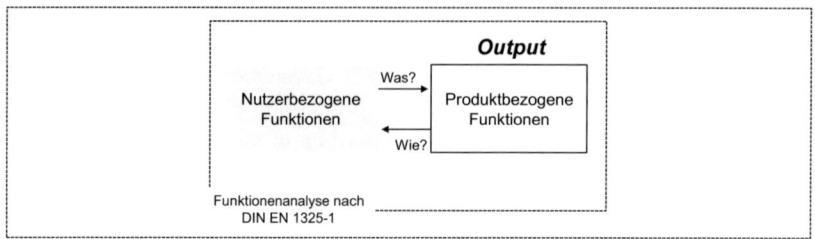

Abbildung 26: Einordnung der nutzerbezogenen Funktionen in die Denklogik

Nutzerbezogene Funktionen beschreiben die Markt- und Kundenanforderungen durch die erwarteten oder erbrachten Wirkungen des zu analysierenden Objektes (bzw. Produktes). Nutzerbezogene Funktionen beinhalten sowohl Gebrauchs- als auch Geltungsfunktionen. Somit werden neben den objektiven quantifizierbaren Markt- und Kundenanforderungen auch die personenabhängigen subjektiven beschrieben.[473]

Nutzerbezogene Funktionen werden auch ‚Servicefunktionen' oder ‚externe Funktionen' genannt.[474]

Die nutzerbezogenen Funktionen finden keinen direkten Einzug in das Verfahren. Da sie die Grundlage für die produktbezogenen und somit auch die unternehmens- und kompetenzbezogenen Funktionen sind, haben sie jedoch indirekt Relevanz.

4.5.2 Produktbezogene Funktionen

Produktbezogene Funktionen beantworten die Fragestellung des ‚Was' also die Frage, was der Kunde bzw. Markt fordert (Input), ausgedrückt durch die nutzerbezogenen Funktionen im Sinne der Wirkung eines Produktes (also dem ‚Wie', Abbildung 27).[475] Darüber hinaus liefern sie einen in die unternehmensbezogenen Funktion einfließenden Output (und zwar das ‚Was').

---

[473] Vgl. EN 1325-1 (1996), S. 4; VDI-Richtlinie 2803 (1996), S. 3; Heubach (2009), S. 43.
[474] Vgl. EN 12973 (2002), S. 39.
[475] Vgl. EN 1325-1 (1996), S. 4; VDI-Richtlinie 2803 (1996), S. 3; Heubach (2009), S. 43.

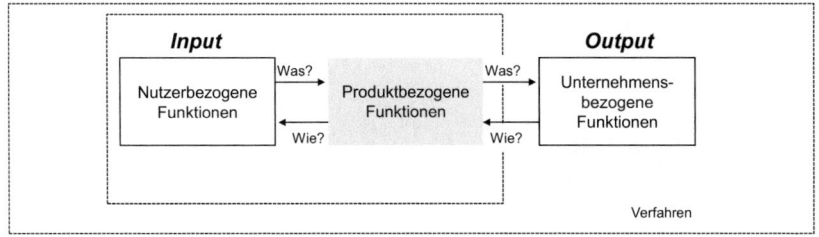

Abbildung 27: Einordnung der produktbezogenen Funktionen in die Denklogik

Die Wirkung des Produktes kann durch einen speziellen Bestandteil des Produktes oder durch das Zusammenwirken mehrerer Bestandteile erfolgen. Ziel der Wirkung ist die Erfüllung der nutzerbezogenen Funktionen. Darüber hinaus können produktbezogene Funktionen „in Beziehung zur verfügbaren Technologie gebracht werden".[476]

Produktbezogene Funktionen werden auch ‚technische Funktionen‘ oder ‚interne Funktionen‘ genannt.[477]

Produktbezogene Funktionen fließen indirekt als Input für die unternehmensbezogenen Funktionen (als das ‚Was‘ der Denklogik) in das Verfahren ein. Indirekt insofern, da im Verfahren die produktbezogenen Funktionen in Form der Produktidee über ein potenzielles hybrides Leistungsbündel zur Ableitung der unternehmensbezogenen Funktionen verwendet werden.

4.5.3 Unternehmensbezogene Funktionen

Mit den unternehmensbezogenen Funktionen bzw. deren Ermittlung startet das eigentliche Verfahren zur Identifikation erforderlicher Kompetenzen für das Angebot eines hybriden Leistungsbündels. Die unternehmensbezogenen Funktionen konkretisieren ‚wie‘ das Unternehmen agieren muss, um die produktbezogenen Funktionen gewährleisten zu können. Von der Output-Seite stellen die unternehmensbezogenen Funktionen wiederum die Fragestellung des ‚Was‘ (also das Äquivalent von der Beziehung zwischen den produkt- zu den unternehmensbezogenen Funktionen) für die kompetenzbezogenen Funktionen dar (Abbildung 28).

---

[476] Vgl. EN 1325-1 (1996), S. 4.
[477] Vgl. EN 12973 (2002), S. 39.

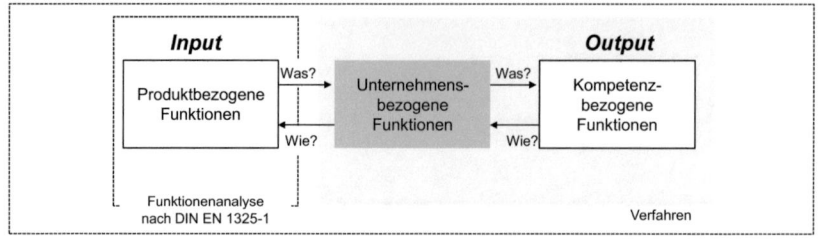

Abbildung 28: Einordnung der unternehmensbezogenen Funktionen in die Denklogik

Die unternehmensbezogenen Funktionen formulieren die Anforderungen, die durch das Angebot von hybriden Leistungsbündeln an das entsprechende Unternehmen resultieren. Im Fall der hybriden Leistungsbündel sind die Anforderungen an das produzierende Unternehmen eng mit den speziellen charakteristischen Merkmalen von hybriden Leistungsbündeln verbunden.[478]

4.5.4 Kompetenzbezogene Funktionen

Die kompetenzbezogenen Funktionen formulieren, welche Fähigkeiten für das Unternehmen zur Gewährleistung der Anforderungen (unternehmensbezogenen Funktionen) erforderlich sind. Input für die kompetenzbezogenen Funktionen sind somit die unternehmensbezogenen Funktionen (Abbildung 29).

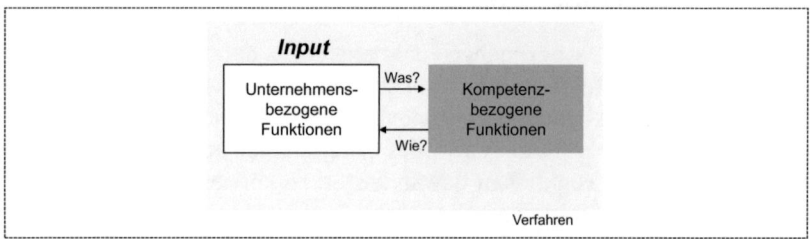

Abbildung 29: Einordnung der kompetenzbezogenen Funktionen in die Denklogik

Die kompetenzbezogenen Funktionen bilden die erforderlichen Kompetenzen, also die organisationalen Fähigkeiten ab, um die verfügbaren Ressourcen (als Inputgrößen) zielorientiert, in diesem Fall für das HLB-Angebot, einzusetzen.

---

[478] Vgl. Zellner (2008), S. 190 f.; Baureis u.a. (2011), S. 2 ff.

Im Folgenden werden zur Verdeutlichung die einzelnen (direkt und indirekt) relevanten Funktionstypen sowie deren Interdependenzen für ein Beispiel durchgespielt. Dabei wird jeder Funktionstyp durch eine Beispielfunktion repräsentiert. In der Praxis ergibt sich für die vier Funktionstypen eine Vielzahl von Funktionen. Auf eine Auflistung aller Funktionen (innerhalb der Funktionsart) für die einzelnen Funktionsarten wird aufgrund mangelnden Erkenntnisgewinns für das folgende Beispiel verzichtet.

Das Beispiel hat als Ausgangspunkt die Kunden – bzw. Marktanforderung nach Mobilität. In eine entsprechende nutzerbezogene Funktion formuliert kann die Anforderung nach Mobilität ‚Mobilität beziehen' lauten.

Der Marktanforderung nach Mobilität bzw. der daraus resultierenden nutzerbezogenen Funktion ‚Mobilität beziehen' kann seitens eines produzierenden Unternehmens durch eine Vielzahl von Produkten bzw. Produktkonfigurationen entsprochen werden. Für das Beispiel wird die Produktkonfiguration eines hybriden Leistungsbündels in Form eines Car-Sharing-Modells (ergebnisorientiertes Geschäftsmodell) gewählt. Die produktbezogene Funktion kann somit ‚Car-Sharing bereitstellen' lauten.

Das Angebot des hybriden Leistungsbündels ‚Car-Sharing' respektive der daraus resultierenden Funktion ‚Car-Sharing bereitstellen' resultiert nicht zuletzt aufgrund der charakteristischen Merkmale im Allgemeinen und der Attribute der Car-Sharing-Lösung im Speziellen in einer Vielzahl von (im Vergleich zur reinen Sachleistung oftmals neuen) Anforderungen für das produzierende Unternehmen. Für das vorliegende Beispiel sei als unternehmensbezogene Funktion die Anforderung ‚Wartungsdienstleistung bereitstellen' ausgewählt. Obliegt die Wartung bei einem klassischen PKW-Kauf dem Kunden, so ist deren Ansetzung und Durchführung beim ‚Car-Sharing' Aufgabe des HLB-Anbieters.

Die kompetenzbezogenen Funktionen bilden die Funktionen ab, welche die (unternehmerischen) Fähigkeiten darstellen, die von Nöten sind, um den Anforderungen der unternehmensbezogenen Funktionen zu entsprechen. Für die Anforderung ‚Wartungsdienstleistungen bereitstellen' kann das beispielsweise die Funktion ‚Servicemitarbeiter koordinieren' sein.

4.6 Optimaler Abstraktionsgrad

Die Festlegung der Tiefe der FA ist eines der Hauptprobleme für die Praxisanwendung. Unter der Tiefe der FA versteht man den Abstraktionsgrad der

Funktionsformulierung und den Detaillierungsgrad also die Hierarchiestu-
fenanzahl der Funktionenstruktur.[479]

Bei der Wahl des optimalen Abstraktionsgrades kann für Funktionen zwischen dem realen, dem ikonischem und dem symbolischen Bereich unterschieden werden (Abbildung 30).[480]

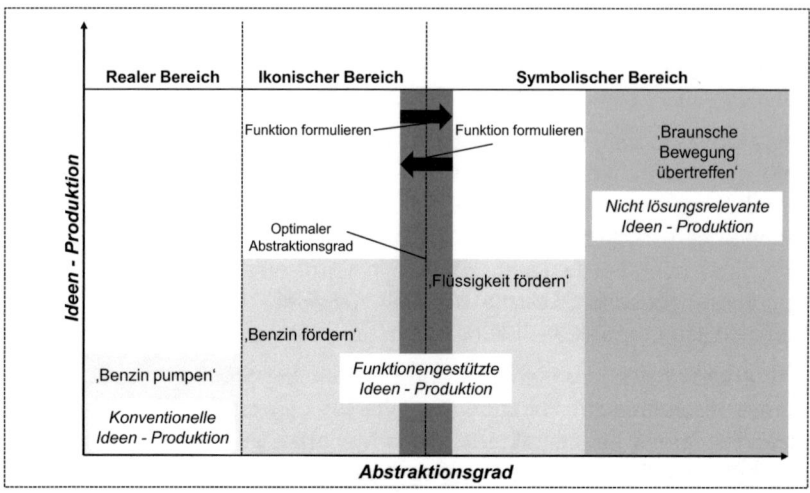

Abbildung 30: Ideenproduktion über den Abstraktionsgrad[481]

Im realen Bereich werden Darstellungen völlig konkret und ohne Abstraktion
formuliert. Ein Beispiel für eine Funktion im realen Bereich ist ‚Benzin pumpen' für die Anwendung einer Benzinpumpe.[482]

Im ikonischen Bereich werden Funktionen bildlich dargestellt. Der ikonische
Bereich ist bereits deutlich abstrakter als der konkrete, reale Bereich. Für das
Beispiel einer Benzinpumpe wäre eine ikonische Formulierung der Anwen-
dung z.B. ‚Benzin fördern'. Die Aufgabe wird nicht mehr über ein konkretes
Verb (pumpen) sondern durch ein allgemeineres Verb (fördern) umschrie-
ben.[483]

---

[479] Vgl. VDI-Richtlinie 2803 (1996), S. 9.
[480] Vgl. VDI-Richtlinie 2803 (1996), S. 10.
[481] In Anlehnung an VDI-Richtlinie 2803 (1996), S. 5.
[482] Vgl. VDI-Richtlinie 2803 (1996), S. 5 ff.
[483] Vgl. VDI-Richtlinie 2803 (1996), S. 5 ff.

Im symbolischen Bereich werden Funktionen verbal abstrakt dargestellt. Der symbolische Bereich ist dabei noch einmal deutlich abstrakter, als der ikonische Bereich. So wird das konkrete Substantiv ‚Benzin' für den symbolischen Bereich in ein abstrakteres Substantiv ‚Flüssigkeit' transferiert und führt so zu der Beispielfunktion ‚Flüssigkeit fördern'.[484]

Die Funktionenformulierung im Zuge einer FA sollte keinesfalls realer Natur sein. Eine Formulierung im realen Bereich wäre eine verbale, konkrete Darstellung der Realität und somit keine Funktion im Sinne der FA. Sie ist daher für die FA ungeeignet.[485]

Der optimale Abstraktionsgrad für eine FA befindet sich an der Grenzen zwischen ikonischem und symbolischen Bereich (Abbildung 30). Nur in diesem Bereich werden Kurzbeschreibungen von Wirkungen des jeweiligen Objektes (Funktionen) für die FA optimal darstellbar. In diesem Bereich sind zum einen Funktionen optimal formulierbar (rechts weisender Pfeil in Abbildung 30). Zum anderen lassen sich Ideen im Falle einer bereits formulierten Funktion kreativ generieren, indem der betreffenden Funktion ein Funktionsträger durch ikonische Darstellung abstrahiert zugeordnet werden kann (links weisender Pfeil in Abbildung 30).[486]

Eine Funktionenformulierung zu weit im symbolischen Bereich wäre zu abstrakt und würde daher anwendbare, konkrete Ideen der FA verhindern.[487]

4.7 Anwendungsszenarien

Für die Praxisanwendung ergeben sich aus der Denklogik des Verfahrens folgende zwei Anwendungsszenarien:

- **Szenario 1:** Ein Unternehmen des produzierenden Gewerbes hat bereits eine Produktidee für ein potenzielles hybrides Leistungsbündel. Für dessen Angebot sollen die erforderlichen Kompetenzen identifiziert werden.

  Für diesen Fall liefert das Verfahren eine Systematik, mit der aus der bestehenden Produktidee erforderliche Kompetenzen abgeleitet werden können.

  Aus der vorhandenen Produktidee werden in einem ersten Schritt, die unternehmensbezogenen Funktionen, also die Anforderungen resul-

---

[484] Vgl. VDI-Richtlinie 2803 (1996), S. 5 ff.
[485] Vgl. VDI-Richtlinie 2803 (1996), S. 5.
[486] Vgl. VDI-Richtlinie 2803 (1996), S. 12.
[487] Vgl. VDI-Richtlinie 2803 (1996), S. 5.

tierend aus der neuen Produktidee abgeleitet. In einem zweiten Schritt werden darauf aufbauend die erforderlichen Kompetenzen in Form der kompetenzbezogenen Funktionen identifiziert.

- **Szenario 2:** Ein Unternehmen des produzierenden Gewerbes hat noch keine konkrete Produktidee für ein potenzielles hybrides Leistungsbündel.

Für diesen Fall kann das Verfahren zur Identifikation der erforderlichen Kompetenzen in den Ideenfindungsprozess übernommen bzw. auf diesen aufgesetzt werden. Das Vorgehen entspricht dabei Szenario 1. In einem ersten Schritt werden die Anforderungen für das Angebot der zuvor entwickelten Produktidee abgeleitet. In einem zweiten Schritt werden auf die Anforderungen aufbauend die erforderlichen Kompetenzen für das Unternehmen identifiziert.

Das Verfahren kann als modulares System verstanden werden, das entweder auf bestehende Produktentwicklungs- bzw. Ideenfindungsprozesse aufgesetzt werden kann oder in einem neuen, im Idealfall auf der FA basierenden, Prozess integriert werden kann.

Der optimale Zeitpunkt für die Anwendung des Verfahrens sind die frühen Phasen der Produktentwicklung. Die frühen Phasen der Produktentwicklung fassen alle Aktivitäten zusammen, die vor der Finalisierung des Produktkonzeptes anfallen.[488] Die frühen Phasen der Produktentwicklung sind von besonderer strategischer Bedeutung, da gleichwohl die kumulierten Kosten der Produktentwicklung noch sehr niedrig sind, die Beeinflussbarkeit der Kosten für den gesamten Lebenszyklus der Produktidee in den frühen Phasen sehr hoch ist.[489]

---

[488] Verworn (2005), S. 14; Jetter (2005), S. 3.
[489] Verganti 1997, S. 381; Bürgel und Zeller 1997, S. 218; Vahs und Burmester 2005, S. 67.

5. Umsetzung eines Verfahrens zur Identifikation der erforderlichen Kompetenzen für das Angebot eines hybriden Leistungsbündels

> *„Auf dem Weg zum Problemlöser winken für sich fortschreitend transformierende Unternehmen nicht nur zunehmend Vorteile; es entstehen auch weitere Herausforderungen, die vor allem aus der zunehmenden Komplexität der Angebote erwachsen."*[490]

Nach der Konzeption des Verfahrens in Kapitel 4, folgt in Kapitel 5 die Beschreibung der Umsetzung.

Mit Kapitel 5 startet aus Sicht des Aktionsforschungsansatzes die Phase der eigentlichen ‚Aktion'. Diese stellt den kollaborativen, interaktiven Teil dar. Kapitel 5 beschreibt die Umsetzung des Verfahrens bzw. der ‚Aktion'.

Hierbei wird zuerst auf den Aufbau des Verfahrens eingegangen.

Danach werden die Adressaten des Verfahrens genannt, denen durch dessen Anwendung ein Werkzeug für die Entscheidungsfindung hinsichtlich einer potenziellen HLB–Implementierung offeriert werden soll.

Anschließend wird die Vorgehensweise des Verfahrens konkretisiert. Die Vorgehensweise manifestiert sich in vier Phasen. Phase 1 definiert den erforderlichen Input für die Durchführung des Verfahrens. Phase 2, der Start des eigentlichen Verfahrens, erarbeitet Anforderungen, die durch das Angebot eines hybriden Leistungsbündels entstehen. In Phase 3 werden die Kompetenzen identifiziert, die aufgrund der zuvor definierten Anforderungen notwendig sind. Die letzte Phase und der Abschluss des Kapitels, Phase 4, wertet die Ergebnisse des Verfahrens aus. Zielsetzung ist dabei eine zielorientierte Ausarbeitung der Ergebnisse, die eine Weiterverarbeitung vereinfacht.

5.1 Aufbau des Verfahrens

Das entwickelte Verfahren zur Identifikation der erforderlichen Kompetenzen für ein potenzielles Angebot von hybriden Leistungsbündeln stellt aufgrund seiner Charakteristika eine Methode dar. „Eine Methode ist ein intersubjektiv nachvollziehbares und systematisch beschriebenes Verfahren, das zur Lösung von Problemen oder zur Erreichung von Zielen dient."[491]

---

[490] Vgl. Zahn, (2010), S. 30.
[491] Vgl. Zelewski (2008), S. 31.

Methoden zeichnen sich somit durch drei Merkmale aus:

1. Eine Methode muss ein zweckorientiertes Verfahren sein, durch dessen Anwendung ein zuvor definiertes Problem gelöst werden kann oder alternativ ein zuvor definiertes Ziel erreicht werden kann.[492]

2. Eine Methode muss intersubjektiv nachvollziehbar sein.[493]

3. Eine Methode muss systematisch beschrieben sein.[494]

Spezifiziert auf den vorliegenden Zusammenhang der Methode zur Identifikation erforderlicher Kompetenzen für ein potenzielles HLB–Angebot ergeben die allgemeinen folgende spezielle Merkmale:

1. Das zuvor definierte Problem ist in diesem Fall, dass erforderliche Kompetenzen für eine potenzielle HLB-Implementierung unbekannt sind. Das zuvor definierte Ziel ist die Identifikation von erforderlichen Kompetenzen für ein HLB-Angebot.

2. Die Intersubjektivität wird durch die zuvor beschriebene auf der Funktionenanalyse aufbauende Denklogik erzielt.

3. Die systematische Beschreibung manifestiert sich für die Methode zur Identifikation erforderlicher Kompetenzen in einer vier phasigen Systematik.

Die im Zuge dieser Arbeit entwickelte Methode trägt den Namen ,Inno-Comp',[495] ein Akronym bestehend aus den englischen Wörtern Innovation (dt.: Innovation) und Competence (dt.: Kompetenz). Innovation symbolisiert die Neuerung, die eine HLB-Implementierung für die Adressaten von Inno-Comp (Unternehmen des produzierenden Gewerbes) darstellt. Competence bezieht sich auf den fachlichen Inhalt der Analyse.

---

[492] Vgl. Zelewski (2008), S. 31.

[493] Vgl. Zelewski (2008), S. 31.

[494] Vgl. Zelewski (2008), S. 31.

[495] InnoComp wurde im Rahmen des interdisziplinären Forschungsprojektes ,InnoFunc' entwickelt. InnoFunc ist ein Akronym bestehend aus den englischen Wörtern Innovation (deu.: Innovation) und Function (deu.: Funktion). Zielsetzung war die Entwicklung einer Systematik zur Produktideenfindung eines hybriden Leistungsbündels sowie die Identifikation der notwendigen (organisationaler) Kompetenzen für das Angebot des hybriden Leistungsbündels. Praktische Anwendung findet die Systematik in eigens konzipierten Workshops. Grundlage für das Forschungsprojekt ,InnoFunc' ist die Funktionenanalyse. InnoFunc besteht aus den zwei Modulen ,InnoCube', dem Modul zur Generierung von neuen Produktideen für HLB und ,InnoComp', dem Modul zur Identifikation notwendiger (organisationaler) Kompetenzen für das Angebot der zuvor entwickelten Produktidee für ein hybrides Leistungsbündel. InnoFunc fokussiert sich auf die frühen Phasen der Produktentwicklung.

5.2 Adressaten der Methode InnoComp

Die Methode ‚InnoComp' richtet sich speziell an Unternehmen des produzierenden Gewerbes. Diesen Unternehmen entstehen bei der Transformation vom Sachleistungs- zum Lösungsanbieter neue Herausforderungen. Auslöser hierzu ist die zunehmende Komplexität der (HLB-)Angebote.[496]

Erschwerend kommt hinzu, dass sich viele Unternehmen des produzierenden Gewerbes auf ihre Kernkompetenzen konzentrieren und nicht direkt wertschöpfende Organisationseinheiten, z.b. im Bereich der Dienstleistungen, über Outsourcing ausgelagert haben.[497]

Die Methode ‚InnoComp' liefert Unternehmen des produzierenden Gewerbes eine Hilfestellung zur Beantwortung der Frage, ob ein HLB-Angebot aus Sicht der Ressourcen- und Kompetenzausstattung eine zielorientierte strategische Option darstellt. Darüber hinaus bietet sie eine gute Grundlage für die Suche nach geeigneten Kooperationspartnern für ein HLB-Angebot, falls dieses über eine Netzwerkkonfiguration z.b. mit einem Dienstleistungsanbieter realisiert werden soll.

5.3 Vorgehensweise

Das Konstrukt ‚Kompetenz' lässt sich für die Praxis nur schwer operationalisieren. Folglich stellt die Kompetenzanalyse eine große Herausforderung für die unternehmerische Praxis dar.[498]

Um nicht in einer Kompetenzen oft anhängenden „Unverbindlichkeit oder Vagheit"[499] zu münden, muss die Methode InnoComp Kompetenzen ganzheitlich und hinsichtlich der Dienst- und Sachleistungskompetenzen integrativ betrachten. Hierzu bedarf es einer Strukturierung bzw. Kategorisierung der Fülle der erforderlichen Kompetenzen für das Angebot von hybriden Leistungsbündeln.

Die zu evaluierenden erforderlichen Kompetenzen bzw. Kompetenzkategorien für das Angebot von hybriden Leistungsbündeln lassen sich, analog zu den „Teildimensionen von Dienstleistungskompetenzen"[500] nach BURR, aus drei Perspektiven betrachten: aus der Perspektive der Ressourcenausstat-

---

[496] Vgl. Zahn (2010), S. 30 f.
[497] Vgl. Luczak (2004), S. 99.
[498] Vgl. Wunderer/Bruch (2000), S. 22.
[499] Vgl. Wunderer/Bruch (2000), S. 22.
[500] Vgl. Burr (2009), S. 177.

tung, der Perspektive der funktionalen Bereiche und der Perspektive des Dienstleistungsportfolios des Unternehmens.[501]

Die Perspektive der Ressourcenausstattung ist die, für eine Kategorisierung der Methode InnoComp, am besten geeignete Perspektive. Sie ist seitens der Kompetenzkategorien die umfangreichste und bietet für die Analyse die konkreteste Basis, da sie im Vergleich zu den anderen Perspektiven Kompetenzen am weitesten herunter bricht.

Die Perspektiven der funktionalen Bereiche und des Dienstleistungsportfolios fließen in die Methode ‚InnoComp' über die Phase der Auswertung und Bewertung (Kapitel 5.7) ein.

Die Perspektive der Ressourcenausstattung wird im Folgenden einschließlich der einzelnen Kompetenzkategorien detailliert, in Bezug auf die hybride Wertschöpfung, dargestellt.

Für die Perspektive der Ressourcenausstattung lassen sich nach BURR[502], der diese vor dem Hintergrund von Dienstleistungskompetenzen diskutiert, aus den zehn genannten Ressourcen i.e.S. (Abbildung 14) potenziell erforderliche Kompetenzkategorien ableiten. Diese werden im Folgenden vor dem Hintergrund hybrider Wertschöpfung durch Unternehmen des produzierenden Gewerbes diskutiert. Hierbei werden für die Kompetenzkategorien allgemeine Kompetenzen genannt, die durch die Methode InnoComp für ein konkretes hybrides Leistungsbündel spezifiziert werden:

- **Humankapital:** Um leistungsadäquates Humankapital zu gewährleisten, bedarf es der Kompetenz des „Humanressourcen-Lebenszyklus"[503]-Managements. Dies beinhaltet die Einstellung, den Einsatz sowie die Entwicklung und Freisetzung von Mitarbeitern.[504] Dies ist Aufgabe der Personalwirtschaft. Die Personalwirtschaft hat in den letzten Jahren zunehmend an Bedeutung gewonnen. Hatte die Personalwirtschaft traditionell eher administrative Aufgaben, gewinnt diese immer mehr strategische Relevanz.[505] Unter strategischen Gesichtspunkten steht dabei die Absicherung einer vorteilhaften Wettbewerbssituation durch adäquates Humankapital im Vordergrund.[506]

---

[501] Vgl. Burr (2009), S. 173 ff.; Burr (2008), S. 187 ff.
[502] Vgl. Burr (2009), S. 174.
[503] Vgl. Burr (2009), S. 174.
[504] Vgl. Burr (2009), S. 174.
[505] Vgl. Weber/Kabst (2006), S. 227.
[506] Vgl. Drumm (2005) S. 553.

Der Aufbau sowie der Erhalt von geeignetem Humankapital sind für das Angebot von hybriden Leistungsbündeln essentiell,[507] speziell für Unternehmen des produzierenden Gewerbes, für deren Mitarbeiterstruktur neue Anforderungen im Vergleich zum reinen Sachmittelangebot, entstehen. So bedarf beispielsweise eine effiziente Entwicklung von hybriden Leistungsbündeln einer determinierten Planung, durchgeführt durch interdisziplinäre und eigenständige Entwicklungsteams.[508] Die Tatsache, dass die zu einem hybriden Leistungsbündel gehörenden Dienstleistungskomponenten in der Praxis oftmals wenig systematisch, ad hoc, entwickelt werden,[509] zeigen den Mangel an adäquaten Entwicklungsteams respektive die Notwendigkeit für die Kompetenz zum Humankapital-Management bzw. eine an den Anforderungen der hybriden Wertschöpfung ausgerichteten Personalwirtschaft. Konkret bedeutet das, dass Unternehmen den qualitativen und quantitativen Personalbedarf[510] vor dem Hintergrund der hybriden Wertschöpfung einschätzen und ermitteln können müssen.

- **Managementteam:** Um ein geeignetes Management und Führungssystem für hybride Leistungsbündel zu installieren, bedarf es der Kompetenz „das richtige Managementteam zu rekrutieren, zu entwickeln und ggf. zu entlassen."[511] Dieses Managementteam hat die Aufgabe, ein mit der hybriden Wertschöpfung konformes Führungssystem zu erarbeiten und im unternehmerischen Alltag zu implementieren. Zielsetzung eines solchen ist die Sicherstellung eines an den Zielen des Unternehmens ausgerichteten Handelns aller Unternehmensmitglieder.[512]

Spezielle Ziele der hybriden Wertschöpfung sind zum Beispiel die Differenzierung gegenüber Konkurrenten, das Eröffnen neuer Umsatzfelder, die Erhöhung der Kundenzufriedenheit und damit einhergehend eine hohe Intensität der Kundenbindung, der Ausgleich von Nachfrageschwankungen sowie die verbesserte Kapazitätsauslastung.[513] Generell ist für das Angebot von hybriden Leistungsbündeln

---

[507] Vgl. Baines u.a. (2007), S. 1549.
[508] Vgl. Zahn u.a. (2004), S. 211.
[509] Vgl. Kindström/Kowalkowski (2009), S. 157 f.; Baureis u.a. (2010), S. 151.
[510] Vgl. Reiss (1999), S. 228; Burr u.a. (2004), S. 199.
[511] Vgl. Burr (2009), S. 174.
[512] Vgl. Weber/Kabst (2006), S. 248; Burr u.a. (2004), S. 202; Reiss (1999), S. 213.
[513] Vgl. PAS1094 (2009), S. 22.

eine Veränderung der Denkmuster in der Führung von Nöten.[514] Zur Etablierung dieses ,Paradigmenwechsels' ist ein adäquates Managementteam notwendig, folglich ist die Kompetenz, ein geeignetes Managementteam einzusetzen bzw. zu entwickeln ebenfalls essentiell.

- **Kundenbeziehungen:** Aus der Ressource i.e.s. ,Kundenbeziehung' lässt sich die erforderliche Kompetenz „stabile und ertragreiche Kundenbeziehungen aufzubauen, zu pflegen und weiter zu entwickeln"[515] ableiten. Generell sind dauerhafte Kundenbeziehungen eine der elementaren Ressourcen für ein erfolgreiches Bestehen von Unternehmen. Somit ist die Kompetenz zu deren Aufbau und Pflege essentiell für nachhaltigen Erfolg.[516]

  Dies gilt für Unternehmen allgemein, bekommt in Bezug auf die hybride Wertschöpfung aufgrund der notwendigen Integration des externen Faktors ,Kunden' in die Leistungserstellung (sowie die Produktentwicklung)[517] jedoch zusätzliche Bedeutung. Die Integration des Kunden und der daraus resultierende kundenindividuelle Charakter von hybriden Leistungsbündeln sind systemimmanente Bestandteile von hybrider Wertschöpfung. Die Intension dahinter ist der Aufbau enger Kunden-Anbieterbeziehungen. Diese können eine wertvolle Grundlage für langfristige Wettbewerbsvorteile und eine Quelle zur Differenzierung gegenüber Wettbewerbern sein.[518] Somit sind Kompetenzen für den Aufbau oder Erhalt von erfolgreichen Kundenbeziehungen substantiell für das Angebot von hybriden Leistungsbündeln.

- **Physisches Kapital:** Die Kompetenz „zum Treffen richtiger Investitions- und Desinvestitionsentscheidungen bezüglich der Sachanlagen des Unternehmens"[519] sind für Unternehmen im Allgemeinen und Anbieter von hybriden Leistungsbündeln im Speziellen unabkömmlich. Unter Investitionsentscheidungen bzw. Desinvestitionsentscheidungen versteht man Entscheidungen über die potenzielle Anschaffung bzw. den potenziellen Verkauf von Wirtschaftsgütern, die langfristig genutzt werden bzw. wurden.[520] Richtige Investitions- und Desinvestitionsentscheidungen sind dabei eng an die Frage der Finanzierung

[514] Vgl. Mont (2002), S. 242; Baines u.a. (2007), S. 1549; Kindström/Kowalkowski (2009), S. 157; Oliva/Kallenberg (2003), S. 161.
[515] Vgl. Burr (2009), S. 174.
[516] Vgl. Padberg (2010), S. 163.
[517] Vgl. Spath/Demuss (2006), S. 472 f.; Rese u.a. (2007), S. 533.
[518] Vgl. PAS1094 (2009), S. 22.
[519] Vgl. Burr (2009), S. 174.
[520] Vgl. Grob (1999), S. 895.

(und somit mit der Ressource i.e.S. ‚finanzielle Ressourcen') gekoppelt. Unter Finanzierung versteht man dabei die Beschaffung von Geld und geldwerten Gütern[521], die für eine Investition benötigt werden. Dienstleistungen erfordern bei Weitem nicht so viele Anfangsinvestitionen wie Sachleistungen (z.B. physische Prototypen).[522] Die Implementierung neuer Organisationsstrukturen und -prinzipien sowie die Gestaltung neuer Geschäftsprozesse, notwendig für das Angebot von hybriden Leistungsbündeln, verschlingen gleichwohl viel Kapital. Dies führt zwangsläufig zu partiellem Abzug finanzieller Ressourcen und Management-Ressourcen für den Sachmittelbereich (z.B. die Produktentwicklung), der ursprünglichen Quelle von Wettbewerbsvorteilen.[523] Dies zeigt die Bedeutung der Kompetenz zum Treffen richtiger Investitionsentscheidungen. Gerade die Transformation vom Produkthersteller zum Lösungsanbieter (durch HLB) erfordert finanzielle Ressourcen. Das Unternehmen benötigt die Fähigkeit abschätzen zu können, ob andere Bereiche (z.B. die Produktentwicklung der Sachleistungen) mit einer Reduzierung finanzieller Mittel strategisch adäquat aufgestellt bleiben.

- **Organisationales Kapital:** Zur Gewährleistung einer adäquaten organisationalen Struktur, bedarf es der Kompetenz „eine zu den Aufgaben und der Strategie des Unternehmens passende effiziente und/ oder flexible Organisationsstruktur aufzubauen, zu pflegen und weiter zu entwickeln".[524]

Innerhalb dieser Organisationsstruktur ist eine den hybriden Leistungsbündeln adäquate Unternehmenskultur unabdingbar. Unternehmenskultur ist eine wesentliche Voraussetzung für Unternehmenserfolg.[525] Unter Unternehmenskultur versteht man „die Gesamtheit der Grundannahmen, Werte, Normen, Einstellungen und Überzeugungen einer Unternehmung, die sich in einer Vielzahl von Verhaltensweisen und Artefakten ausdrückt und sich als Antwort auf die vielfältigen Anforderungen, die an diese Unternehmung gestellt werden, im Laufe der Zeit herausgebildet hat."[526]

---

[521] Vgl. Becker (2008), S. 103.
[522] Vgl. Kindström/Kowalkowski (2009), S. 157.
[523] Vgl. Oliva/Kallenberg (2003), S. 161; Sturm u.a. (2009), S. 520 f.
[524] Vgl. Burr (2009), S. 174.
[525] Vgl. Fichtner (2008), S. 1 ff.
[526] Vgl. Kutschker/Schmid, S. 678.

Die Relevanz dieser Kompetenz im Umfeld der Implementierung von hybriden Leistungsbündeln wird deutlich, wenn man sich die organisationalen Konsequenzen solch einer Implementierung vor Augen hält. So fordert das Angebot von hybriden Leistungsbündeln geänderte organisationale Strukturen im Vergleich zum reinen Sachleistungsgeschäft.[527] Es bedarf Strukturen und einer Unternehmenskultur, die den Fokus von traditionell transaktionalen Strukturen von Unternehmen des produzierenden Gewerbes zu relationalen Organisationsstrukturen und Geschäftsmodellen lenken,[528] durch welche die „zwingend notwendige Integration des externen Faktors"[529] Kunden zu gewährleisten ist. Daneben muss die Organisationsstruktur und -kultur „eine integrierte und sich gegenseitig determinierende Planung, Entwicklung, Erbringung und Nutzung von Sach- und Dienstleistungsanteilen"[530] möglich machen. Die besonderen Anforderungen an die Organisationsstrukturen von Unternehmen, die HLB anbieten (wollen), zeigt die Notwendigkeit für die Kompetenz zum Aufbau einer adäquaten Organisationsstruktur.

- **Technologie:** Aus der Ressource ‚Technologie' ergibt sich die erforderliche Kompetenz „Technologien [...] zu beschaffen oder selbst zu entwickeln und über den Lebenszyklus effizient einzusetzen."[531] Hierbei wird explizit zwischen Technologiebeschaffung und -entwicklung unterschieden. Technologie, vom griechischen Wort „technikos" abstammend,[532] beschreibt nach traditionellem Begriffsverständnis wissenschaftliche Erkenntnisse über Ziel-/Mittelbeziehungen zur Problemlösung.[533] Somit stellt die Technologie die Ausgangsbasis zur Entwicklung von Produkten dar.[534] Produkte sind neben Sachleistungen auch Dienstleistungen. Die historisch gewachsenen Strukturen von Unternehmen des produzierenden Gewerbes beinhalten primär die (Kern-)Kompetenz zur Entwicklung von Sachleistungen und (eventuell) des Wissens um sinnvolle Dienstleistungen rund um die Sachleis-

---

[527] Vgl. Oliva/Kallenberg (2003), S. 161; Kindström/Kowalkowski (2009), S. 157; Mannweiler (2010), S. 3; Mont (2002), S. 243, Baines u.a. (2007), S. 1549; Sturm u.a. (2009), S. 519.
[528] Vgl. Oliva/Kallenberg (2003), S. 161.
[529] Vgl. Spath/Demuss (2006), S. 472; Sturm u.a. (2009), S. 519.
[530] Vgl. Meier u.a. (2006), S. 26.
[531] Vgl. Burr (2009), S. 174.
[532] Vgl. Schuh u.a. (2011), S. 33; Wolfrum (1991), S. 3.
[533] Vgl. Specht/Möhrle (2002), S. 330; Gerpott (2005), S. 17 f.; Schuh u.a. (2011), S. 33; Heubach u.a. (2008), S. 29.
[534] Vgl. Schuh u.a. (2011), S. 33.

tung.[535] Daher bieten sich für Unternehmen des produzierenden Gewerbes Wertschöpfungsnetzwerke mit anderen Unternehmen an, über welche Dienstleistungen in das hybride Leistungsbündel integriert werden bzw. von denen diese beschafft werden.[536] Zur Bildung der Wertschöpfungsnetzwerke bzw. daraus resultierend zum Erwerb der Dienstleistung, bedarf es spezieller Fähigkeiten.[537]

Entscheidet sich das produzierende Unternehmen HLB selbst zu entwickeln, benötigt es die Kompetenz zur Technologieentwicklung. Im Falle der Produktentwicklung von hybriden Leistungsbündeln sind dabei essentiell, die Leistungskomponenten ‚Sach- und Dienstleistung' als integrativer Verbund und sich gegenseitig determinierend zu (planen und zu) entwickeln.[538] In der Praxis geschieht die Dienstleistungsentwicklung jedoch häufig unsystematisch und ad hoc, nachdem die Sachleistung bereits auf dem Markt ist.[539] Dies zeigt deutlich die Notwendigkeit der Kompetenz zur determinierenden Produktentwicklung für HLB.

Für die entwickelte Methode wird dabei nur auf die erforderlichen Anforderungen bzw. Kompetenzen für die eigenständige Produktentwicklung eingegangen. Die Fähigkeit, geeignete Technologie respektive Produkte einzukaufen ist, erst in nachgelagerten Schritten zu klären, falls die Kompetenz zur Eigenentwicklung nicht vorhanden ist bzw. der Zukauf preiswerter oder strategisch günstiger ist.

- **Reputation:** Für die Ressource ‚Reputation' bedarf es der Kompetenz „eine Reputation [...] aufzubauen, zu pflegen und weiter zu entwickeln."[540] Unter einer Unternehmensreputation versteht man nach GOTSI und WILSON „a stakeholder's overall evaluation of a company overtime. This evaluation is based on the stakeholder's direct experiences with the company, any other form of communication and symbolism that provides information about the firm's actions and/or a comparison with the actions of other leading rivals."[541]

Unternehmensreputationen haben für potenzielle Anbieter von hybriden Leistungsbündeln, im Vergleich zu Sachleistungsanbietern be-

---

[535] Vgl. Zellner (2008), S. 191.
[536] Vgl. Burianek u.a. (2007), S. 6.
[537] Vgl. Zellner (2008), S. 191 ff.
[538] Vgl. Meier u.a. (2007), S. 510; Meier u.a. (2006), S. 25; Schenk u.a. (2006), S. 56.
[539] Vgl. Kindström/Kowalkowski (2009), S. 157 f.; Baureis u.a. (2010), S. 151
[540] Vgl. Burr (2009), S. 174.
[541] Vgl. Gotsi/Wilson (2001), S. 27 f.

sondere Bedeutung, da Dienstleistungen bzw. die Dienstleistungs-komponente(n) eines hybriden Leistungsbündels hinsichtlich des Themas ‚Zahlungsbereitschaft des Kunden' äußerst kritisch sind: So tun sich Unternehmen des produzierenden Gewerbes nach wie vor schwer, bei ihren Kunden eine Zahlungsbereitschaft für die die Sach-leistung ergänzende Dienstleistung zu erzielen. Die Dienstleistung wird infolgedessen oftmals als absatzfördernde Maßnahme ‚ver-schenkt'.[542] Eine Möglichkeit, dieser Problematik entgegenzuwirken, ist die Kompetenz „eine Reputation [...] aufzubauen, zu pflegen und weiter zu entwickeln."[543] Dabei ist es besonders wichtig den Mehrwert der Dienstleistung herauszuarbeiten und hierfür eine besondere Repu-tation zu erarbeiten, die seitens des Kunden eine (höhere) Zahlungs-bereitschaft verursacht.

- **Intellektuelles Eigentum:** Eine weitere wichtige Kompetenz für das Angebot hybrider Leistungsbündel ist die Kompetenz, „intellektuelle Eigentumsrechte [...] zu begründen, ihren Wert zu steigern und sie strategisch zur Erreichung der Unternehmensziele einzusetzen."[544]

Hybride Wertschöpfung erfolgt oftmals in Wertschöpfungsnetzwer-ken.[545] Unternehmen des produzierenden Gewerbes kooperieren hier-bei aufgrund der Ressourcen- bzw. Kompetenzausstattung klassisch mit Dienstleistungsunternehmen (Kompetenz zur Ressource i.e.S. ‚Technologie'). Die involvierten Dienstleistungsunternehmen über-nehmen aufgrund des charakteristischen Merkmales der Notwendig-keit von Produktion simultan mit dem Konsum von Dienstleistungen ‚front-office'-Aktivitäten, also Aktivitäten, welche die Einbindung des Kunden erfordern. Somit sind Dienstleistungsunternehmen in der Pra-xis oftmals das ‚Gesicht' des Wertschöpfungsnetzwerkes. Aufgrund dieser Konstellation entsteht für produzierende Unternehmen die Ge-fahr, dass der Dienstleistungsanbieter die Führerschaft über das hy-bride Leistungsbündel übernimmt und die Sachleistung von anderer Stelle zukauft. Somit ist die Kompetenz ‚intellektuelles Eigentum zu schützen' für Anbieter von hybriden Leistungsbündel, speziell im Falle von produzierenden Unternehmen, die das Angebot in einem Wert-schöpfungsnetzwerk gemeinsam mit einem Dienstleistungsanbieter konfigurieren, von großer Bedeutung.

---

[542] Vgl. Spath/Demuss (2006), S. 464; Sturm u.a. (2009), S. 518.
[543] Vgl. Burr (2009), S. 174.
[544] Vgl. Burr (2009), S. 174.
[545] Vgl. Burianek u.a. (2007), S. 6.

Das Angebot von hybriden Leistungsbündeln in Netzwerken wird in der Methode ‚InnoComp' nicht explizit behandelt. Die Kompetenz(en) für die Ressource ‚intellektuelles Eigentum' werden daher unabhängig von der jeweiligen Organisations- bzw. Kooperationsform identifiziert.

- **Finanzielle Ressourcen:** Die Ressource i.e.S. ‚finanzielle Ressourcen' führt zu der erforderlichen Kompetenz, finanzielle Mittel „zu planen, zu beschaffen, effizient einzusetzen und ggf. frei zu setzen und an die Unternehmenseigner auszuschütten"[546] Dies ist Aufgabe der Finanzierung bzw. der damit verbundenen Instanzen. Finanzierungsaufgaben beinhalten die Entscheidungen, ob potenzielle Investitionen (daher eine enge Koppelung zu Investitionsentscheidungen bzw. der Ressource i.e.S. ‚physisches Kapital') in Form von Eigen- oder Fremdfinanzierungen bzw. Innen- oder Außenfinanzierungen getätigt werden sollen.[547] Diese Kompetenz ist eine sehr allgemeine, deren Relevanz sowohl auf Anbieter von hybriden Leistungsbündeln als auch auf alle anderen Firmen bzw. Investitionsentscheidungen, zutrifft. Mit der Implementierung von hybriden Leistungsbündeln geht ein erhöhter Bedarf an finanziellen Ressourcen einher (Kompetenz ‚zum Treffen richtiger Investitions- und Desinvestitionsentscheidungen'). Folglich ist die Kompetenz finanzielle Mittel auf adäquate Weise zu planen und zu beschaffen vorausgesetzt.

- **Unternehmenskultur:** Der Unternehmensressource i.e.S. ‚Unternehmenskultur' bzw., daraus resultierend, der erforderlichen Kompetenz eine, „den Aufgaben und Zielsetzungen [...] passende Unternehmenskultur zu begründen, zu pflegen und weiter zu entwickeln" kommt im Zuge einer Implementierung von hybriden Leistungsbündeln respektive bei deren Angebot, große Bedeutung zu. Die Unternehmenskultur manifestiert sich in der Praxis durch die Art und Weise, also an den Mustern und Regeln, wie ein Unternehmen Prozesse organisiert und Herausforderungen bewältigt.[548] Sie ist dabei ein Teil des Wertesystems von Unternehmen.[549] Die Wichtigkeit einer hybriden Leistungsbündeln adäquaten Kultur zeigt sich zum einen dadurch, dass die Mehrheit der Autoren, die notwendige Kulturveränderung als die größte Barriere für eine Implementierung von hybriden Leistungsbündeln ansieht.[550] Dies bedarf einer Kulturveränderung aus zweierlei Per-

---

[546] Vgl. Burr (2009), S. 174.
[547] Vgl. Grob (1999), S. 897 f.
[548] Vgl. Ellebracht u.a. (2009), S. 307.
[549] Vgl. Fischer (2008), S. 295.
[550] Vgl. Baines u.a. (2007), S. 1549.

spektiven. Der Fokus des Kunden wandert (bei einer erfolgreichen Vermarktung von hybriden Leistungsbündeln) vom physischen Produkt zum Nutzen, den er mit dem Produkt verbindet.[551] Dies muss aufgrund intrinsischer Motivation geschehen. Diese Veränderung ist speziell in Konsumgütermärkten erfolgsabhängig für eine Implementierung von hybriden Leistungsbündeln. Märkte bzw. Gesellschaften, die besonders offen für die HLB-Kultur sind, sind nach BAINES u.a. die Schweiz, die Niederlande und die skandinavischen Länder.[552]

Zum anderen bedarf es einer Veränderung der Kultur auf Seiten der Unternehmen.[553] Diese Veränderung, die sich in einer geänderten Organisationsstruktur widerspiegeln muss (siehe Kompetenz zur Ressource i.e.s. ‚Organisationales Kapital‘), ist nicht nur dem Faktum geschuldet, dass sich der Produktnutzen seitens des Kunden verändert. Sie beruht auch auf der daraus resultierenden Besonderheit der hybriden Wertschöpfung, dass der Kunde/Konsument in die Wertschöpfungsprozesse des HLB-Anbieters integriert werden muss.[554] Unternehmen müssen den Kunden als gleichwertigen Akteur in der Wertschöpfung (und nicht nur als Outputempfänger) wahrnehmen. Nur so lassen sich HLB als kundenindividuelle Problemlösungen darstellen, über die ein Potenzial zur Differenzierung gegenüber Konkurrenten entsteht.

Die zuvor beschriebenen Kategorien von erforderlichen Kompetenzen bilden das Gerüst für die funktionengestützte Vorgehensweise von ‚InnoComp‘ (Abbildung 31).

---

[551] Vgl. Zahn (2010), S. 28; Manzini/Vezolli (2003), S. 851; Baines u.a. (2007), S. 1549; Tan u.a. (2010), S. 90.
[552] Vgl. Baines u.a. (2007), S. 1549.
[553] Vgl. Kindström/Kowalkowski (2009), S. 157.
[554] Vgl. Spath/Demuss (2006), S. 472; Kersten u.a. (2006), S. 194; Böhmann/Krcmar (2007), S. 244; Burianek u.a. (2007), S. 17; Meier u.a. (2007), S. 510; Meier u.a. (2006), S. 26.

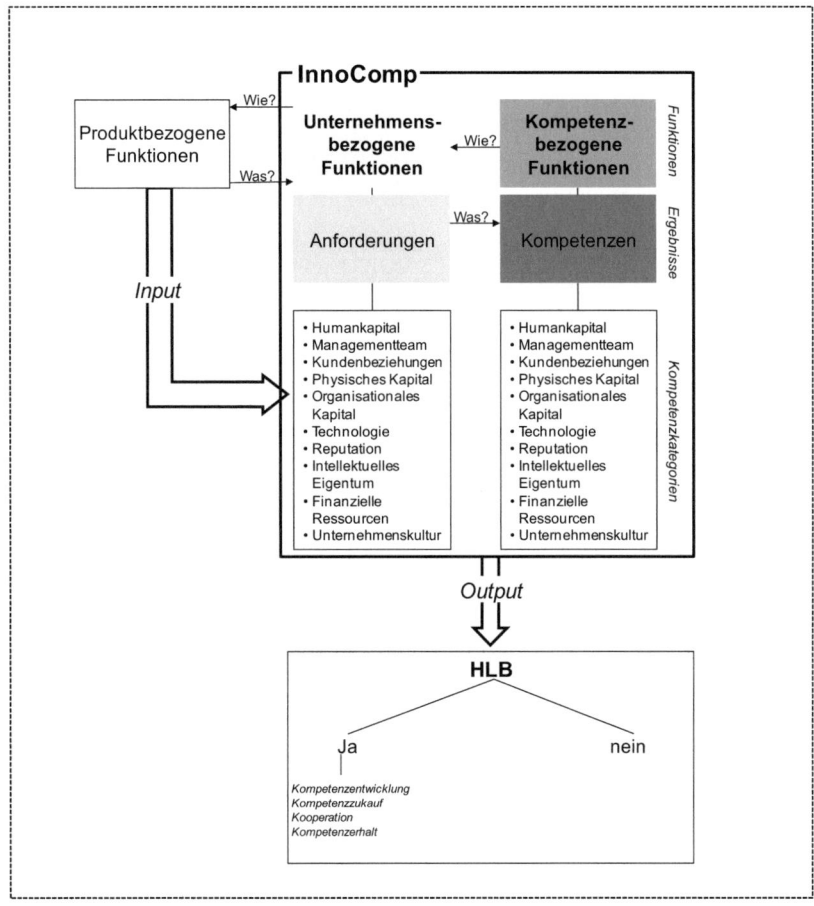

Abbildung 31: Vorgehensweise der Methode InnoComp

Die Funktionen der unternehmensbezogenen und kompetenzbezogenen Funktionen werden für die einzelnen Kompetenzkategorien ermittelt. Als erstes werden die aus einem potenziellen HLB-Angebot resultierenden Anforderungen erarbeitetet. Diese werden interaktiv anhand der einzelnen Kategorien identifiziert.

Danach werden darauf aufbauend die, für die Erfüllung der zuvor definierten Anforderungen, erforderlichen Kompetenzen identifiziert.

Für die praktische Anwendung der Methode ‚InnoComp' ist diese in vier chronologische Phasen unterteilt, welche die zuvor diskutierte Vorgehensweise einbetten:

- **Phase 1 – Vorbereitung:** Notwendiger Input für die Methode ‚Inno-Comp' (Kapitel 5.4);
- **Phase 2:** Ableitung der unternehmensbezogenen Funktionen (Kapitel 5.5);
- **Phase 3:** Identifikation der kompetenzbezogenen Funktionen (Kapitel 5.6);
- **Phase 4:** Auswertung der Ergebnisse (Kapitel 5.7).

Die vier Phasen sowie deren weitere Unterteilung werden im Folgenden näher erläutert.

5.4 Phase 1: Vorbereitung: Input für die Methode InnoComp

‚Inputfunktionen' für die Methode ‚InnoComp' sind die produktbezogenen Funktionen. Diese stellen sicher, dass das Produkt „funktioniert und letztlich die nutzerbezogenen Funktionen (welche die Kunden- bzw. Marktanforderungen abbilden) erfüllt."[555]

Die produktbezogenen Funktionen manifestieren sich in einem speziellen hybriden Leistungsbündel, für welches die Methode InnoComp angewendet wird.

Die Methode ‚InnoComp' ist in ihrer Anwendung modular nutzbar. Sie kann auf einen bestehenden Produktideenfindungsprozess nachträglich aufgesetzt werden oder im Rahmen dessen integrativ durchgeführt werden. Die Inputfunktion ist in beiden Fällen eine ‚fertige' Produktidee z.B. das Angebot eines Car-Sharing-Modells seitens eines PKW-Herstellers. Dieses Angebot in der Sprache der FA ausgedrückt hieße beispielsweise ‚Car-Sharing anbieten'.

Produktideenfindungen erfolgen nach dem Konzept des Problemlösungsmodells zuerst über divergentes Denken offen und breit mit dem Resultat vieler Lösungsansätze und Ideen (Abbildung 32).[556]

---

[555] Vgl. EN 12973 (2002), S. 39.
[556] Vgl. Geschka (2006), S. 219 ff.

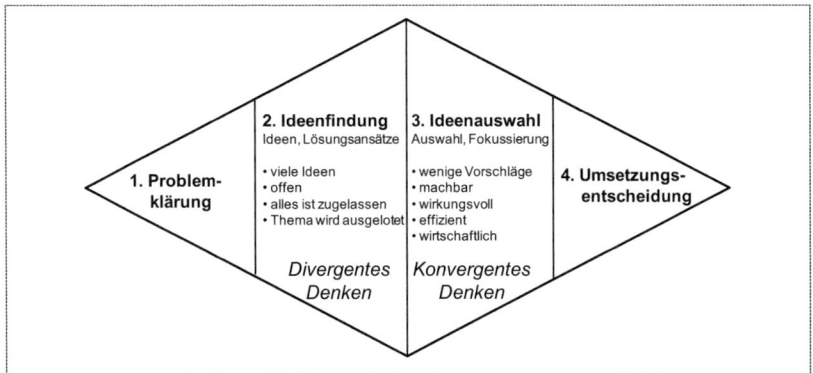

Abbildung 32: Konzept des Problemlösungsmodells[557]

Anschließend wird über konvergentes Denken eine Auswahl, aufbauend auf Bewertungen, in Form von Produktideen getroffen und über deren Umsetzung entschieden. Der Prozess geht somit mit vielen Ideen ‚in die Breite', um dann über eine Bewertung und Auswahl in eine oder wenige Produktidee(n) zu münden.[558]

Überträgt man eine im Rahmen der Produktideenfindung durchgeführte FA in das offene Problemlösungsmodell, ergibt sich genau das zuvor beschriebene Bild. Zuerst werden über die nutzerbezogenen Funktionen die Markt- und Kundenanforderungen abgebildet. Deren ‚technische' Erfüllung seitens des Produktes wird über die produktbezogenen Funktionen dargestellt. Dann werden diese Funktionen abstrahiert, um den Horizont aufgrund der Abstraktion für neue Produktideen zu öffnen.

Der Produktideenfindungsprozess mündet in einer oder mehreren Produktideen. Für den Fall der vorliegenden Arbeit in Ideen für ein potenzielles HLB-Angebot, der Inputfunktion für InnoComp z.B. ‚Car-Sharing ableiten'. Durch die Implementierung der Methode InnoComp wird der Prozess erneut ‚breit gemacht' (Abbildung 33).

---

[557] Vgl. Geschka (2006), S. 220.
[558] Vgl. Geschka (2006), S. 219 ff.

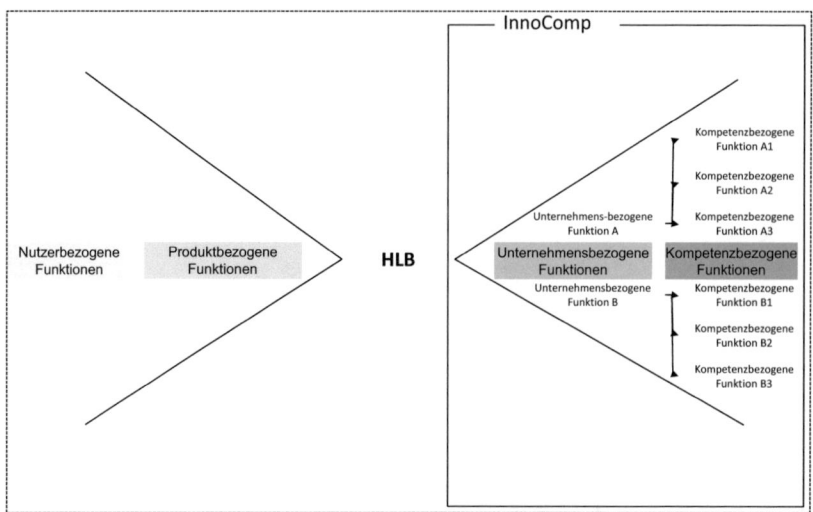

Abbildung 33: Prozesserweiterung durch InnoComp

Stellt ein Produktideenfindungsprozess, z.B. mit Hilfe der FA, ein abge-schlossenes Problemlösungsmodell dar (Abbildung 32), ist die Erweiterung durch die Methode InnoComp als erneuter Durchlauf durch das Problemlö-sungsmodell zu verstehen.

Die Methode InnoComp stellt dabei die divergente Hälfte des Modells dar. Durch die Identifikation erforderlicher Kompetenzen für ein HLB–Angebot wird eine neue Dimension für die Ideenauswahl (Abbildung 32) bzw. die Fra-ge der Implementierung des hybriden Leistungsbündels eröffnet.

5.5 Phase 2: Ableitung der unternehmensbezogenen Funktionen

Unternehmensbezogene Funktionen beschreiben die Anforderungen, die einem Unternehmen durch ein potenzielles HLB-Angebot entstehen. Die Analyse unternehmensbezogener Funktionen ist somit eine Anforderungs-analyse. Unter einer Anforderungsanalyse „versteht man die Bestimmung der Eigenschaften und Fähigkeiten [...], die für die erfolgreiche Bewältigung einer Tätigkeit erforderlich sind."[559] Unternehmensbezogene Funktionen definieren das ‚Was' von InnoComp respektive, zu was Unternehmen für ein potenzielles HLB-Angebot fähig sein müssen.

---

[559] Vgl. Luczak u.a. (2004), S. 114.

Die aus einem potenziellen HLB-Angebot resultierenden Anforderungen lassen sich zum einen allgemein aus den charakteristischen Merkmalen von hybriden Leistungsbündeln ableiten.[560] Zum anderen lassen sich die Anforderungen anhand der individuellen Charakteristika des jeweiligen hybriden Leistungsbündels im Speziellen konkretisieren.

Die Anforderungen werden innerhalb der Methode InnoComp für die einzelnen Ressourcen i.e.S. erarbeitet. Sie lassen sich somit in einer Matrix darstellen. Die Spalten entsprechen den (charakteristischen) Merkmalen von hybriden Leistungsbündeln und die Zeilen den Ressourcen i.e.S. (Abbildung 34).

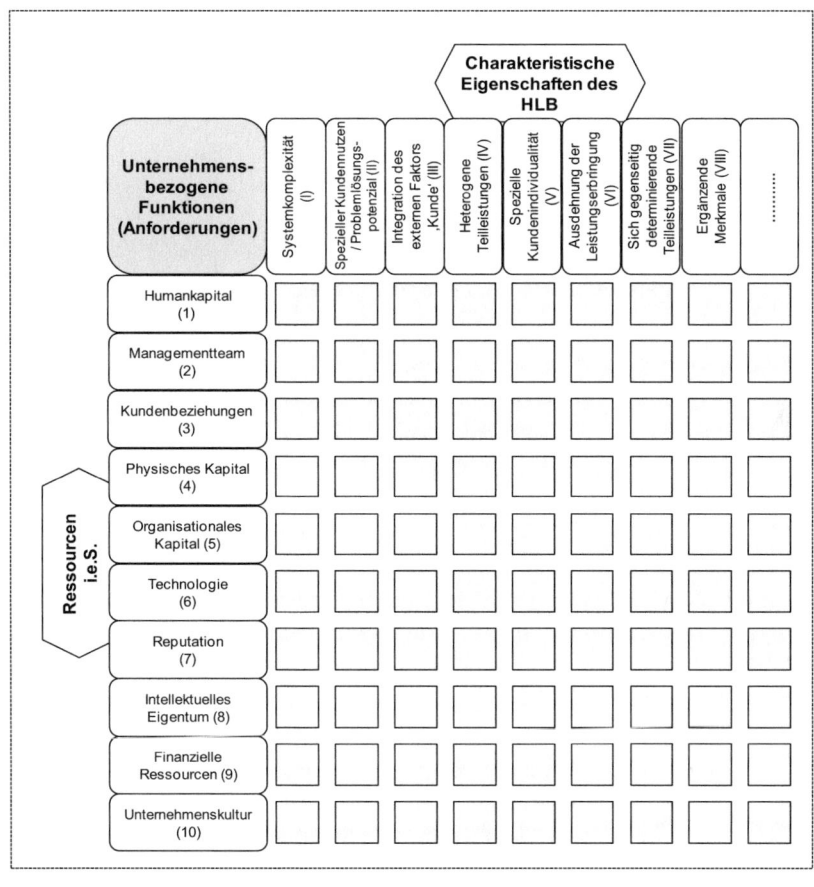

Abbildung 34: Anforderungsmatrix

---

[560] Vgl. Zellner (2008), S. 190; Baureis u.a. (2011), S. 2 ff.

Das Vorgehen der Phase 2 ist in zwei Unterphasen unterteilt, Phase 2.1 ‚Konkretisierung der (charakteristischen) Merkmale' und Phase 2.2 ‚Ableiten der Anforderungen'. Die zwei Unterphasen werden im Folgenden konkretisiert.

5.5.1 Phase 2.1: Konkretisierung der (charakteristischen) Merkmale

In Phase 2.1 der Methode ‚InnoComp' werden die (charakteristischen) Merkmale konkretisiert. Zur Rekapitulation: Bei den charakteristischen Merkmalen von hybriden Leistungsbündeln handelt es sich um folgende sieben Merkmale:

1. Höhere Systemkomplexität;

2. Spezieller Kundennutzen/Problemlösungspotenzial;

3. Integration des externen Faktors ‚Kunde';

4. Heterogene Teilleistungen;

5. Kundenindividualität;

6. Ausdehnung der Leistungserbringung;

7. Sich gegenseitig determinierende Teilleistungen.

Konkretisierung bedeutet in diesem Fall, dass die einzelnen allgemeinen Merkmale hinsichtlich der individuellen Charakteristika des der Analyse zu Grunde liegenden hybriden Leistungsbündels spezifiziert werden.

Diese Konkretisierung wird im Folgenden in aller Kürze für das Beispiel eines Betreibermodells durchgeführt. Dafür sei angenommen, dass der Anbieter des Betreibermodells ein Werkzeugmaschinenhersteller ist, der über das Betreibermodell eine Fräsmaschine vertreibt. Dabei ist der Werkzeugmaschinenhersteller in den Produktionsprozess des Kunden integriert. Der Kunde zahlt lediglich für den fehlerfreien Output der Fräsmaschine. Die Bearbeitung der Werkstücke erfolgt durch Mitarbeiter des Werkzeugmaschinenherstellers:

1. **Höhere Systemkomplexität:** Das Merkmal der höheren Systemkomplexität bezieht sich im vorliegenden Beispiel auf die höhere Komplexität des Leistungsangebots des Betreibermodells im Vergleich zum Angebot der reinen Sachleistung (der Fräsmaschine).[561] Die Vernetzung der beiden Systemelemente Sach- und Dienstleistungen führt zu einer Vielzahl möglicher Rückkopplungen. So hat beispielsweise die

---

[561] Vgl. Zahn (2010), S. 30; Wassermann (2010), S. 36; Baureis u.a. (2010), S. 151; Burianek u.a. (2007), S. 10 ff.

Funktion der Sachleistung Auswirkungen auf notwendige Dienstleistungen, so z.B. die Notwendigkeit der Durchführung einer Reparatur im Falle eines Defektes der Fräsmaschine.

2. **Spezieller Kundennutzen/Problemlösungspotenzial:** Konkretisiert für das Beispiel des Betreibermodells eines Werkzeugmaschinenherstellers ergibt das Merkmal des speziellen Kundennutzens ein Problemlösungspotenzial in Form eines ergebnisorientierten Geschäftsmodells respektive Kundennutzens. Der Werkzeugmaschinenhersteller ist in diesem Fall für den Betrieb sowie die Wartung der Werkzeugmaschine verantwortlich. Er ist in die Leistungserstellung des Kunden integriert. Das hohe Ausmaß an Integration in die Wertschöpfungsdomäne des Kunden ist eng mit dem charakteristischen Merkmal der ‚höheren Systemkomplexität verbunden. So steigt die Komplexität mit der Integration in die Wertschöpfungsdomäne des Kunden.[562] Der Kunde bezahlt lediglich für die fehlerfreie Produktionsleistung der Werkzeugmaschine.

3. **Integration des externen Faktors ‚Kunde':** Die Integration des externen Faktors ‚Kunde', eines der zentralen Merkmale der hybriden Wertschöpfung,[563] zeigt sich für das vorliegende Beispiel durch die Integration des Kunden in die Leistungserstellung des Werkzeugmaschinenherstellers innerhalb des Betreibermodells.

   Kernleistung von Betreibermodellen sind „überwiegend materielle Ergebniskomponenten".[564] Diese sind Resultate durch die Endkombination externer und interner Faktoren.[565] Interne Faktoren sind für den Fall des Betreibermodells des Werkzeugmaschinenherstellers beispielsweise die Kompetenzen seiner Mitarbeiter, die für den Betrieb der Fräsmaschine verantwortlich sind. Externe Faktoren wiederum sind z.B. die besonderen Anforderungen des Kunden an den Output der Leistungserstellung.

4. **Heterogene Teilleistungen:** Die Heterogenität der Teilleistungen bezieht sich für das Beispiel auf die Unterschiedlichkeit der involvierten Sach- (der Fräsmaschine) und Dienstleistungen (z.B. Betrieb, Wartung, Reinigung der Fräsmaschine). So ist die Fräsmaschine materiell und lagerfähig. Darüber hinaus sind deren Gebrauch durch den Kunden und deren Produktion, die grundsätzlich kundenunabhängig ver-

---

[562] Vgl. Burianek u.a. (2007), S. 18.
[563] Vgl. Spath/Demuss (2006), S. 472.
[564] Vgl. Spath/Demuss (2006), S. 473.
[565] Vgl. Spath/Demuss (2006), S. 472.

laufen kann, getrennt. Daneben können bei der Fräsmaschine mögliche (Produktions-)Fehler vorab korrigiert werden, ohne dass der Kunde dies überhaupt bemerkt.

Die im Betreibermodell integrierten Dienstleistungen (z.b. Betrieb, Wartung, Reinigung der Fräsmaschine) sind wiederum weder materiell noch lager- oder transportfähig. Ihr Konsum verläuft im Gegensatz zur Fräsmaschine simultan mit ihrer Produktion. Ihre Produktion ist individuell auf die Fräsmaschine abgestimmt. Darüber hinaus treten Fehler direkt im Interaktionsprozess mit dem Dienstleistungsempfänger (in diesem Fall die Fräsmaschine) auf.

5. **Kundenindividualität:** Das Merkmal der Kundenindividualität zeigt sich für das Beispiel an der notwendigen Anpassung der Leistungserstellung an den jeweiligen Kunden. Kann die Erstellung von Sachleistungen kundenunabhängig (z.b. bei ‚convenience goods') erfolgen,[566] so ist diese bei hybriden Leistungsbündeln immer kundenabhängig. Im Falle des betrachteten Betreibermodells muss der Betrieb der Fräsmaschine an die jeweiligen Voraussetzungen und Anforderungen der Kunden angepasst werden. Der Betrieb der Fräsmaschine muss in den bestehenden Produktionsprozess des Kunden integriert und somit individualisiert werden. Das angebotene Betreibermodell variiert somit in Gestaltung und Ausführung von Kunde zu Kunde.

6. **Ausdehnung der Leistungserbringung:** Betreibermodelle sind klassische Beispiele für das Ausdehnungspotenzial, das HLB hinsichtlich der Leistungserbringung im Vergleich zu einem reinen Sachleistungsangebot generieren. Bei Betreibermodellen endet die Umsatzmöglichkeit nicht mit dem Verkauf, in diesem Fall der Fräsmaschine. Betreibermodelle generieren Umsätze über den gesamten Produktlebenszyklus. Der Kunde bezahlt für das fehlerfreie Produktionsergebnis (der Fräsmaschine).[567] Im Preis hierfür sind die Kosten für das Leasing der Fräsmaschine, für den Betrieb, für die den Betrieb durchführenden Mitarbeiter, für die Wartung und für die Entwicklung des Betreibermodells anteilig enthalten.

7. **Sich gegenseitig determinierende Teilleistungen:** Das Beispiel des Betreibermodells des Werkzeugmaschinenherstellers bringt eine starke Determinierung der Sach- und Dienstleistungskomponenten des hybriden Leistungsbündels mit sich. So determiniert die Phase des Betriebes der Werkzeugmaschine die Nutzung der Sach- und Dienstleis-

---

[566] Vgl. Oliva/Kallenberg (2003), S. 160; Baureis u.a. (2010), S. 1; Peschl (2010), S.10.
[567] Vgl. Meier u.a. (2005), S. 531; Meier u.a. (2007), S. 511 f.; Burianek u.a. (2007), S. 12 f.

tungsanteile. Beispielsweise fallen Reparaturdienstleistungen nur in Abhängigkeit von der Sachleistung bzw. deren Zustand respektive eines Defektes an. Die Determinierung der Sach- und Dienstleistungskomponente ist aber nicht nur auf den Betrieb des hybriden Leistungsbündels bezogen. Für eine optimale Nutzung, bedarf es ebenso einer determinierenden Planung und Entwicklung.[568] Für das Beispiel müssen u.a. geeignete Mitarbeiter eingestellt werden (Planung), die für den Betrieb der Fräsmaschine verantwortlich sind. Darüber hinaus sollte die spezielle Nutzung in Form des Betreibermodelles in die Entwicklung mit einfließen, um somit die Sach- und Dienstleistungskomponenten bestmöglich aufeinander abzustimmen.

Die starke Determinierung der Sach- und Dienstleistungskomponenten geht einher mit einer starken Integration in die Wertschöpfungsdomäne des Kunden.[569] So findet der Betrieb der Fräsmaschine im Rahmen des Produktionsprozesses des Kunden statt.

Darüber zeigt sich die starke Determinierung der Teilleistungen auch in einer hohen technischen Integration[570] der Sach- und Dienstleistungsanteile.

Ergebnis von Phase 2.1 sind konkretisierte (charakteristische) Merkmale des jeweiligen hybriden Leistungsbündels. Neben den charakteristischen Merkmalen, können auch allgemeine Merkmale (Abbildung 34) für das HLB aufgenommen werden, die für die Identifikation der erforderlichen Kompetenzen relevant, aber nicht durch die charakteristischen Merkmale abgebildet sind.

Die spezifizierten Merkmale, charakteristische und allgemeine, finden im Folgenden als Input Verwendung in Phase 2.2.

5.5.2 Phase 2.2: Ableiten der Anforderungen

In Phase 2.2 werden aufbauend auf den in Phase 2.1 konkretisierten Merkmalen die Anforderungen, resultierend aus einem potenziellen Angebot von hybriden Leistungsbündeln, abgeleitet.

Die Anforderungen werden dabei für die einzelnen Kombinationen aus den Ressourcen i.e.S. und den (charakteristischen) Merkmalen in der Anforderungsmatrix abgeleitet (Abbildung 34). Somit ergeben sich 80 Felder, in denen Anforderungen für das jeweilige HLB vorhanden sein können. Im Falle

---

[568] Vgl. Meier u.a. (2006), S. 26; Meier u.a. (2005), S. 529.
[569] Vgl. Burianek u.a. (2007), S. 18.
[570] Vgl. Burianek u.a. (2007), S. 16.

der Aufnahme zusätzlicher Merkmale, können gegebenenfalls Felder hinzu-kommen.

Für die einzelnen Ressource-Merkmal-Kombinationen können mehrere Anforderungen auftreten (Abbildung 35).

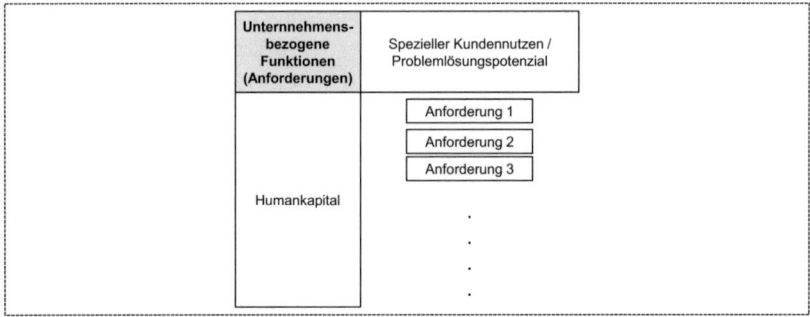

Abbildung 35: Detailansicht der Anforderungsmatrix

In Abbildung 35 ist exemplarisch das Feld 1II dargestellt, das die Ressource-Merkmal Kombinationen ‚Humankapital – Spezieller Kundennutzen/Problemlösungspotenzial' zeigt.

Im Folgenden werden Anforderungen exemplarisch für das Feld 1II, aufbauend auf das Beispiel aus Kapitel 5.5.1, fiktiv abgeleitet.

Um für das potenzielle HLB–Angebot adäquates Humankapital zu gewährleisten, bedarf es der zielorientierten Einstellung, Entwicklung und Freisetzung von Mitarbeitern.[571] Das Merkmal ‚Spezieller Kundennutzen/Problemlösungspotenzial' manifestiert sich für das vorliegende Beispiel des Betreibermodells einer Fräsmaschine, angeboten von einem Werkzeugmaschinenhersteller, in einem ergebnisorientierten Geschäftsmodell. Das Nutzenversprechen des Betreibermodells sind die Bereitstellung und der Betrieb (inkl. Wartung und notwendiger Reparaturen) der Fräsmaschine. Für die Ressource i.e.S. ‚Humankapital' ergeben sich dadurch quantitative und qualitative Personalbedarfe. Neue Mitarbeiter werden beispielsweise für den Betrieb der Fräsmaschine sowie deren Wartung und Reparatur benötigt. Diese haben andere Qualifikationen, als die Mitarbeiter eines Werkzeugmaschinenherstellers, der lediglich eine Sachleistung vertreibt. Somit ergibt sich beispielsweise die Anforderung ‚Fräsmaschinenmitarbeiter bereitstellen'.

---

[571] Vgl. Burr (2009), S. 174.

5.5.3 Ergebnisse Phase 2

Ergebnisse der Phase 2 sind Anforderungen, die aus einem bestimmten potenziellen Angebot eines hybriden Leistungsbündels für ein Unternehmen des produzierenden Unternehmens entstehen. Die Anforderungen sind anhand der Ressource-Merkmal-Kombinationen unterteilt.

Die Anforderungen bilden die Grundlage für die Ableitung erforderlicher Kompetenzen für das potenzielle HLB-Angebot. Die Kompetenzen stellen die organisationalen Fähigkeiten dar, die für die Erfüllung der Anforderungen notwendig sind.

5.6 Phase 3: Identifikation der kompetenzbezogenen Funktionen

Kompetenzen, also die organisationalen Fähigkeiten die verfügbaren Ressourcen zielorientiert einzusetzen, lassen sich anhand zuvor definierten Anforderungen identifizieren.[572]

So dienen auch in der Methode InnoComp die unternehmensbezogenen Funktionen, welche die Anforderungen abbilden, als Inputgröße zur Identifikation der erforderlichen Kompetenzen für das potenzielle HLB-Angebot.

Analog zur Anforderungsmatrix (Abbildung 34) lassen sich auch die kompetenzbezogenen Funktionen in einer Matrix, der Kompetenzmatrix, darstellen.

Die Felder der Matrix gleichen denen der Anforderungsmatrix. Ausgangsbasis für die Identifikation der erforderlichen Kompetenzen sind die in Phase 2 erarbeiteten Anforderungen. Inhalt der einzelnen Felder der Kompetenzmatrix sind nach Beendigung der Analyse somit die Anforderungen und die daraus resultierenden erforderlichen Kompetenzen. Einer Anforderung können dabei mehrere erforderliche Kompetenzen zugeordnet werden. Das Feld 1II ist exemplarisch in Abbildung 36 dargestellt. Es zeigt neben den Anforderungen und den daraus resultierenden erforderlichen Kompetenzen deren Interdependenz. Die Interdependenz lässt sich durch die Frage des ‚Wie' für die Anforderungen und die Frage des ‚Was' für die Kompetenzen beschreiben. Das ‚Was' definiert, was das Unternehmen können muss und das ‚Wie' mit welchen Fähigkeiten bzw. Kompetenzen das Unternehmen das ‚Was' bewerkstelligen kann.

---

[572] Vgl. Baureis (2011), S. 1 ff.; Luczak u.a. (2004), S. 111.

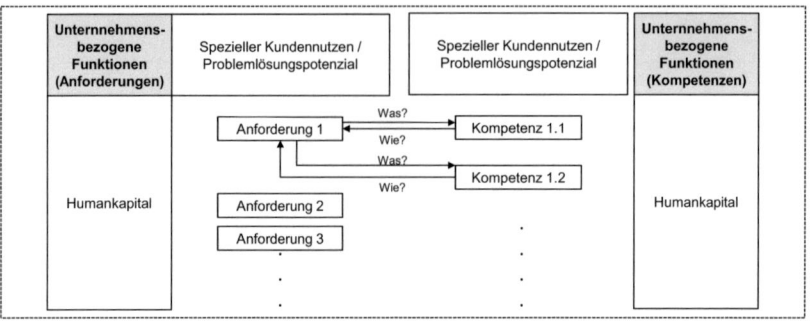

Abbildung 36: Detailansicht der Kompetenzmatrix

Für die in Phase 2 exemplarisch abgeleitete Anforderung ‚Fräsmaschinen-mitarbeiter bereitstellen' gilt es im Folgenden eine erforderliche Kompetenz zu identifizieren: Um die Ressource i.e.S. ‚Humankapital' zielorientiert einsetzen zu können bedarf es der Fähigkeit leistungsadäquate Mitarbeiter zu entwickeln und einzustellen. Relevante erforderliche Kompetenzen sind hierzu beispielsweise (bereits in der Sprache der Funktionenanalyse ausgedrückt) ‚Weiterbildungssystem implementieren' oder ‚Mitarbeiter akquirieren'. Die Anforderung ‚Fräsmaschinenmitarbeiter bereitstellen' definiert, ‚was' das Unternehmen fähig sein muss zu tun. Die Kompetenzen, in diesem Fall ‚Weiterbildungssystem implementieren' und ‚Mitarbeiter akquirieren' beschreiben ‚wie' die Anforderung erfüllt wird.

Beide Beispielfunktionen stellen Gesamtfunktionen dar, die in Teilfunktionen weiter unterteilt werden können. Für den Fall der Funktion ‚Weiterbildungssystem implementieren' kann eine Teilfunktion also eine Art Unterkompetenz ‚Schulungszentrum einrichten' oder ‚Schulungsunterlagen konzipieren' sein. Beispiele für Teilfunktionen bzw. Unterkompetenzen der kompetenzbezogenen Funktion ‚Mitarbeiter akquirieren' sind ‚Recruitingmessen besuchen' oder ‚Zeitungsannoncen schalten'.

Im Anschluss an die Kompetenzindentifikation werden zur besseren Weiterverwendung der Ergebnisse die identifizierten Kompetenzen hinsichtlich ihrer Bedeutung für das potenziell zu implementierende HLB folgendermaßen bewertet:

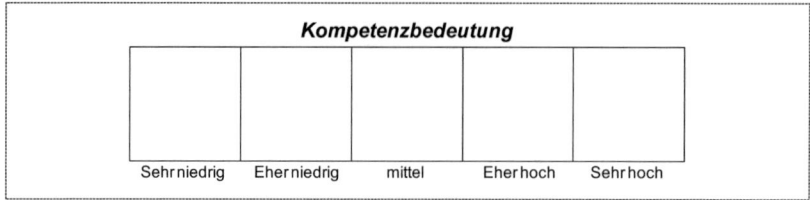

Abbildung 37: Bewertung der Bedeutung der Kompetenz für das HLB

Erfolgreiches Kompetenzmanagement setzt eine klare Vorstellung über vorhandene Ist–Kompetenzen und erforderliche Soll-Kompetenzen voraus.[573]

Folglich wird daher neben der Bewertung der Bedeutung zudem der aktuelle Ist-Entwicklungstand der einzelnen identifizierten Kompetenzen innerhalb der Unternehmung bewertet (Abbildung 38). Der Ist-Zustand gibt an, in welchem Ausmaß die Kompetenz innerhalb des Unternehmens vorhanden ist.

Abbildung 38: Bewertung des Ist-Zustandes bezogen auf die einzelnen identifizierten Kompetenzen

Neben der Bewertung des Ist-Zustandes wird analog eine Bewertung des Soll-Zustands vorgenommen (Abbildung 39):

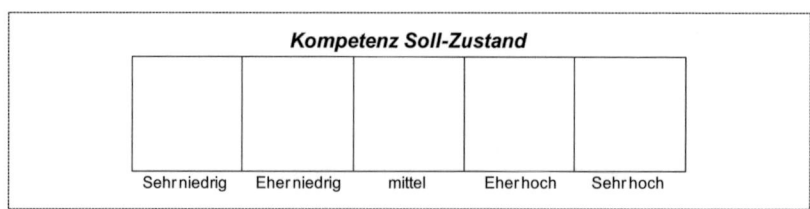

Abbildung 39: Bewertung des Soll-Zustandes bezogen auf die einzelnen identifizierten Kompetenzen

---

[573] Vgl. Zahn (1995), S. 366.

Der Soll-Zustand der einzelnen Kompetenzen gibt an, in welchem Ausmaß die erforderliche Kompetenz für das Angebot der Produktidee respektive des neuen HLB im Unternehmen vorhanden sein muss.

Für die erforderliche Kompetenz ‚Weiterbildungssystem implementieren' sei die Kompetenzbedeutung für das Betreibermodell ‚mittel' (für die Kompetenz ‚Mitarbeiter akquirieren', eher ‚hoch'). Der Ist-Zustand für die Kompetenz ‚Weiterbildungssystem implementieren' sei ‚sehr niedrig' (bzw. für die Kompetenz ‚Mitarbeiter akquirieren' ebenfalls, sehr niedrig') und der Soll-Zustand ‚eher hoch' (bzw. für die Kompetenz ‚Mitarbeiter akquirieren' ‚sehr hoch').

Der optimale Abstraktionsgrad für die kompetenzbezogenen Funktionen liegt auf der Grenze des ikonischen zum symbolischen Bereich. Auf dieser Ebene sind die erforderlichen Kompetenzen noch so konkret, dass deren Darstellung nicht ‚verwässert'. Gleichwohl sind sie so abstrakt, dass auch kreative Lösungen für die niederen Hierarchiestufen möglich sind. Die Ausformulierung in niedere Hierarchiestufen konkretisiert die erforderlichen Kompetenzen und zeigt Möglichkeiten zu deren Entwicklung bzw. der Entwicklungskonzeption auf. Die Ebene zwischen ikonischem und symbolischem Bereich ermöglicht, dass diese Entwicklungsmöglichkeiten kreativ gestaltet werden können.

5.6.1 Ergebnisse Phase 3

Ergebnis der Phase 3 sind Kompetenzen, die für ein potenzielles Angebot eines speziellen hybriden Leistungsbündels erforderlich sind. Diese werden anhand der in Phase 2 erarbeiteten Anforderungen identifiziert. Definieren die erarbeiteten Anforderungen in Form der unternehmensbezogenen Funktionen, ‚was' Unternehmen für das HLB-Angebot tun können müssen, so definieren die kompetenzbezogenen Funktionen, ‚wie' die Anforderungen erfüllt werden.

Die erforderlichen Kompetenzen werden hinsichtlich ihrer Bedeutung für das potenzielle zukünftige HLB und den aktuellen Ist-Zustand sowie den notwendigen zukünftigen Soll-Zustand innerhalb der Unternehmung bewertet.

Die erforderlichen Kompetenzen, als Ergebnis von Phase 3, werden in Phase 4 zur weiteren und besseren Verwendung ausgewertet.

5.7 Phase 4: Auswertung der Ergebnisse

Zielsetzung von Phase 4 ist die Auswertung der Ergebnisse der Methode ‚InnoComp'. Als Endergebnis stehen die identifizierten erforderlichen Kompetenzen im Mittelpunkt der Auswertung.

Als erster Schritt der Auswertung werden die Kompetenzbewertungen evaluiert. In Phase 3 wurden die identifizierten Kompetenzen hinsichtlich ihrer Bedeutung für die Produktidee sowie des aktuellen Ist-Zustands und des zukünftigen Soll-Zustands bewertet. Durch diese Bewertungen zeigt sich ein etwaiges Ungleichgewicht zwischen erforderlichen Soll-Kompetenzen und vorhandenen Ist-Kompetenzen. Im Falle des Vorhandenseins eines solchen Ungleichgewichts ist es Aufgabe der Personal- bzw. Organisationsentwicklung das Ungleichgewicht zu beheben.[574] Das Ungleichgewicht wird in der Methode ‚InnoComp' über die sogenannte ‚Kompetenzlücke' ausgedrückt. Über die Kompetenzlücke in Kombination mit der Bewertung der Kompetenzbedeutung lassen sich mit Hilfe der Bewertungssystematik der Nutzwertanalyse[575] daraus resultierende Handlungsempfehlungen in Form von Aussagen über den Handlungsbedarf ableiten (Abbildung 40).

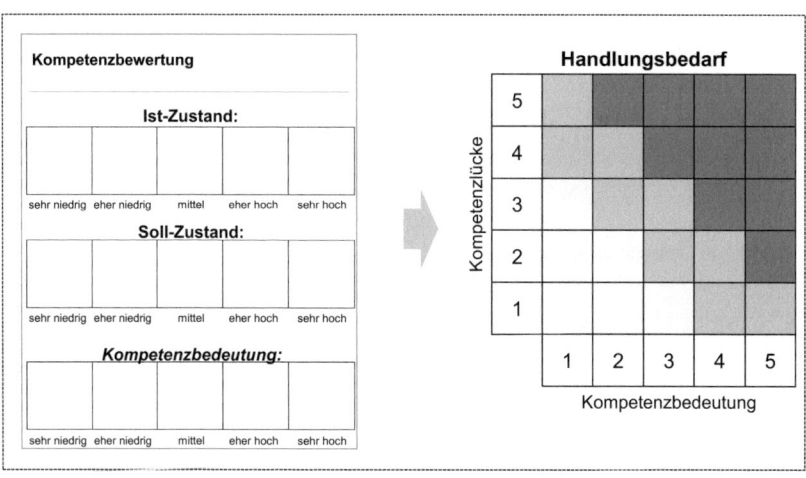

Abbildung 40: Ableitung des Handlungsbedarfs

---

[574] Vgl. Luczak u.a. (2004), S. 111.
[575] Die Nutzwertanalyse ist den semi-quantitativen Verfahren zuzuordnen, da neben den quantitativen auch qualitative Informationen in die Analyse einfließen. Vgl. hierzu Zangemeister (1976).

In die Nutzwertanalyse fließen durch die Bewertung der Kompetenzbedeutung respektive durch die Kompetenzlücke Werte zwischen ‚1' und ‚5'. ‚1' steht dabei für die Bewertung ‚sehr niedrig', ‚2' für die Bewertung ‚eher niedrig', ‚3' für die Bewertung ‚mittel', ‚4' für die Bewertung ‚eher hoch' und ‚5' für die Bewertung ‚sehr hoch'. Die Kompetenzlücke ergibt sich aus der Subtraktion des Wertes der Bewertung des Kompetenz-Soll-Standes minus des Wertes der Bewertung des Kompetenz-Ist-Standes. Aus der Subtraktion ergeben sich Werte zwischen ‚0' und ‚4'. Um diese fünf Werte für die Nutzwertanalyse in die selbe Skala (‚1' bis ‚5') wie die Bewertungen der Kompetenzbedeutung zu bringen, muss das jeweilige Subtraktionsergebnis mit dem Wert ‚1' addiert werden.

Die Nutzwertanalyse ist eine „Analyse einer Menge komplexer Handlungsalternativen mit dem Zweck, die Elemente dieser Menge entsprechend den Präferenzen des Entscheidungsträgers bezüglich eines multidimensionalen Zielsystems zu ordnen. Die Abbildung der Ordnung erfolgt durch die Angabe der Nutzwerte (Gesamtwerte) der Alternativen."[576] Klassisch findet die Nutzwertanalyse Einsatz für die Auswahl unter mehreren Handlungsalternativen. Bei der Anwendung in dieser Arbeit findet keine Auswahlentscheidung statt. Es wird lediglich eine Bewertung, analog zur Nutzwertanalyse, durchgeführt. Bewertet werden keine Handlungsalternativen sondern Kompetenzen. Ziel dieser Bewertung sind die Ableitung von Aussagen über den Handlungsbedarf für die einzelnen Kompetenzen sowie die ‚Abbildung von deren Ordnung' bzw. Reihenfolge hinsichtlich des Grades des Handlungsbedarfs.

Über die Nutzwertanalyse wird innerhalb der Methode ‚InnoComp' Bezug auf die Handlungsnotwendigkeit genommen. Diese wird dabei in drei Kategorien ausgedrückt (‚kein Handlungsbedarf', ‚mittlerer Handlungsbedarf' und hoher ‚Handlungsbedarf', Abbildung 41).

---

[576] Vgl. Zangemeister (1976), S. 45.

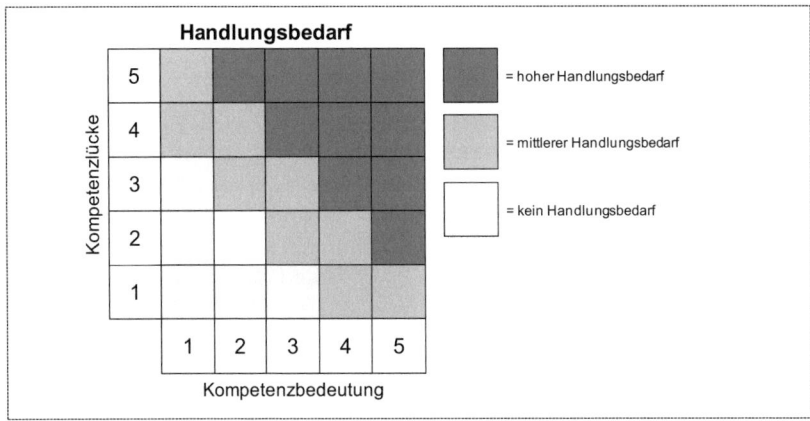

Abbildung 41: Bewertung des Handlungsbedarfs

Kompetenzbedeutung und Kompetenzlevel werden dabei gleich (mit jeweils 0,5) gewichtet (bei Bedarf kann die Gewichtung für den individuellen Anwendungsfall angepasst werden). Die Einteilung in die drei Handlungsbedarfe erfolgt in der Methode ‚InnoComp‘ über die Gesamtwerte errechnet durch die Addition der gewichteten Werte der einzelnen Kompetenzlücken und Kompetenzbedeutungen. Für die Methode ‚InnoComp‘ gilt folgende Einteilung:

Kompetenz-lücke							
	5	3	3,5	4	4,5	5	Hoher Handlungsbedarf
	4	2,5	3	3,5	4	4,5	
	3	2	2,5	3	3,5	4	Mittlerer Handlungsbedarf
	2	1,5	2	2,5	3	3,5	
	1	1	1,5	2	2,5	3	Kein Handlungsbedarf
		1	2	3	4	5	
		Kompetenzbedeutung					

Tabelle 9: Mathematische Zuordnung des Handlungsbedarfs

Für die in Phase 3 beispielhaft identifizierten kompetenzbezogenen Funktionen ‚Weiterbildungssystem implementieren‘ ergibt sich eine Kompetenzlücke mit dem Wert ‚4‘ (4-1+1) und für die Kompetenz ‚Mitarbeiter akquirieren‘ eine Kompetenzlücke mit dem Wert ‚5‘ (5-1+1).

Zur Rekapitulation: Die Bedeutung der Kompetenz ‚Weiterbildungssystem implementieren‘ wurde mit dem Wert ‚3‘ (mittel) bewertet und die Kompetenz ‚Mitarbeiter akquirieren‘ mit dem Wert ‚4‘ (eher hoch).

Somit ergibt sich für die Kompetenz ‚Weiterbildungssystem implementieren‘ (4*0,5+3*0,5=3,5) genauso wie für die Kompetenz ‚Mitarbeiter akquirieren‘ (5*0,5+4*0,5=4,5) ein hoher Handlungsbedarf.

Über die Bewertung der Kompetenzbedeutung lässt sich zudem auswerten, ob es sich bei der kompetenzbezogenen Funktion (respektive der dahinter stehenden Kompetenz) um Haupt- oder Nebenfunktionen handelt. So handelt es sich nach der Methode ‚InnoComp‘ bei kompetenzbezogenen Funktionen deren Bedeutung mit Werten zwischen ‚1‘ und ‚4‘ bewertet wurde um Nebenfunktionen und bei kompetenzbezogenen Funktionen, die mit ‚5‘ bewertet wurden, um Hauptfunktionen (Abbildung 42).

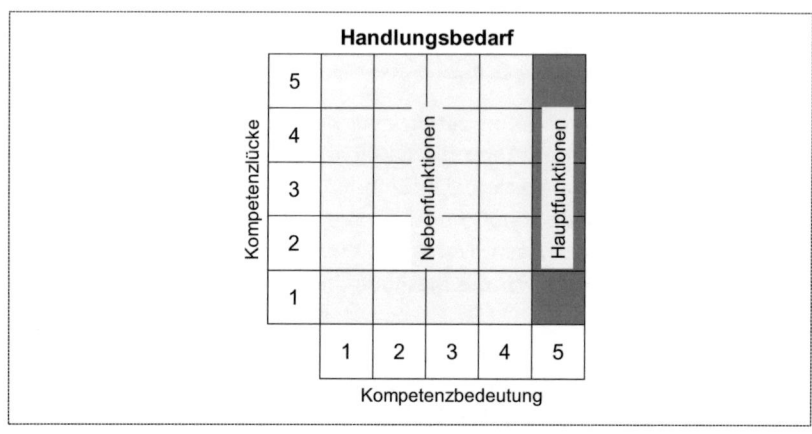

Abbildung 42: Bewertung Haupt-/Nebenfunktion

Somit handelt es sich sowohl bei der erforderlichen Kompetenz ‚Weiterbildungssystem implementieren‘ als auch bei der erforderlichen Kompetenz ‚Mitarbeiter akquirieren‘ um eine Nebenfunktion.

Neben der Auswertung der Kompetenzbewertungen aus Phase 3 erfolgt die Bewertung der Ergebnisse in der Methode ‚InnoComp‘ anhand der Teildimensionen von Dienstleistungen nach BURR[577]. Die Teildimensionen beinhalten die Perspektive der Ressourcenausstattung, die Perspektive der funktionalen Bereiche und die Perspektive des Dienstleistungsportfolios.[578]

Die Bewertung manifestiert sich in einer Einteilung der einzelnen erforderlichen Kompetenzen in die verschiedenen Kategorien der drei Perspektiven.

---

[577] Vgl. Burr (2009), S. 173 ff.; Burr (2008), S. 187 ff.
[578] Vgl. Burr (2008), S. 187 ff.

Die Perspektive der Ressourcenausstattung ist durch die Vorgehensweise bereits in die Analyse mit eingeflossen. So wurden die erforderlichen Kompetenzen anhand der Ressourcen i.e.s. (und der Merkmale des jeweiligen hybriden Leistungsbündels) identifiziert und in diese eingeordnet.

Aus der Perspektive der funktionalen Bereiche lassen sich die erforderlichen Kompetenzen aus Sicht der verschiedenen funktionalen Bereiche des potenziellen HLB-Anbieters bewerten bzw. in diese einordnen. Für die Auswertung innerhalb der Methode ‚InnoComp' wird, analog zu BURR, zwischen den funktionalen Bereichen ‚Entwicklung und Konzeption', ‚Dienstleistungsproduktion' bzw. ‚HLB-Produktion' und ‚Vermarktung' unterschieden. (Auf den funktionalen Bereich ‚Beschaffung von Subdienstleistungen und Vorprodukte' wird aufgrund des Fokus der Methode InnoComp verzichtet).[579]

Im Folgenden werden die einzelnen funktionalen Bereiche aus Sicht der allgemeinen Kompetenzerforderlichkeit für HLB diskutiert:

- **Entwicklung und Konzeption:**[580] Der funktionale Bereich der Entwicklung und Konzeption bedarf für den Fall der HLB-Entwicklung und Konzeption spezieller Kompetenzen. So muss die Produktentwicklung von hybriden Leistungsbündeln determinierend bzgl. der heterogenen Leistungskomponenten ‚Sach- und Dienstleistung' gestaltet sein.[581] In der unternehmerischen Praxis von produzierenden Unternehmen fehlt es jedoch oft an der Kompetenz zur determinierenden Entwicklung und Konzeption. Dienstleistungen werden ad hoc als absatzfördernde Maßnahme für eine bestehende Sachleistung entwickelt.[582]

  Darüber hinaus benötigt der Funktionsbereich ‚Entwicklung und Konzeption' für HLB die Kompetenz zur Integration des externen Faktors ‚Kunden'.[583] Die Integration des externen Faktors impliziert zudem die Fähigkeit HLB als kundenindividuelle Problemlösungen anbieten zu können. Der Kunde erarbeitet die Lösung gemeinsam mit dem HLB-Anbieter.

---

[579] Vgl. Burr (2009), S. 175, Burr (2008), S. 187.

[580] Vgl. Burr (2009), S. 175.

[581] Vgl. Meier u.a. (2007), S. 510; Meier u.a. (2006), S. 25; Meier u.a. (2006), S. 25; Meier u.a. (2006), S. 26; Schenk u.a. (2006), S. 56.

[582] Vgl. Spath/Demuss (2006), S. 464; Rau u.a.(2002), S. 48; Lienhard u.a. (2002), S. 57; Baureis u.a. (2010), S. 151; Kindström/Kowalkowski (2009), S. 157 f.

[583] Vgl. Kersten u.a. (2006), S. 194; Spath/Demuss (2006), S. 472.

- **Dienstleistungsproduktion**[584] **bzw. die Produktion von hybriden Leistungsbündeln:** Die Kompetenz zur Produktion von hybriden Leistungsbündeln wird, neben allgemeinen produktionsbezogenen Kompetenzen, durch die charakteristischen Merkmale von hybriden Leistungsbündeln ,Integration des externen Faktors Kunden' und daraus folgend durch die Merkmale ,spezieller Kundennutzen', ,Kundenindividualität' und ,Ausdehnung der Leistungserbringung' geprägt.

Aufgrund der Dienstleistungskomponente von hybriden Leistungsbündeln, müssen HLB-Anbieter die Kompetenz aufbringen, den externen Faktor ,Kunde' in die Leistungserstellung zu integrieren.[585] Grund hierfür ist, dass Dienstleistungen weder lager- noch transportfähig sind. Sie erfordern eine simultane Produktion und Konsum.

Eng mit der Kompetenz zur Integration des Kunden ist die (ebenfalls erforderliche) Kompetenz, HLB kundenindividuell zu produzieren, verbunden. Die kundenindividuelle Gestaltung von hybriden Leistungsbündeln hat das Potenzial, langfristige und intensive Anbieter-Kundenbeziehungen zu etablieren. Dies bietet eine Möglichkeit zur Differenzierung gegenüber Mitbewerbern.[586]

Daneben müssen HLB-Anbieter die Kompetenz aufbauen, HLB so zu produzieren, dass die Kunden einen speziellen Nutzen durch diese erfahren. Der Kundennutzen muss dabei den Nutzen separater Sach- und Dienstleistungen übersteigen.[587]

- **Vermarktung**[588] **von hybriden Leistungsbündeln:** Der zuvor beschriebene spezielle Kundennutzen muss auch entsprechend vermarktet werden. Hierfür benötigen HLB-Anbieter ebenfalls die entsprechende Kompetenz.

Des Weiteren müssen die HLB-Anbieter über die Kompetenz verfügen, die potenzielle Ausdehnung der Leistungserbringung durch HLB zu vermarkten. Dies ist für Unternehmen des produzierenden Gewerbes oftmals Neuland, da ihre ursprüngliche Kompetenz in der Vermarktung der reinen Sachleistung lag.

---

[584] Vgl. Burr (2009), S. 175.
[585] Vgl. Böhmann/Krcmar (2007), S. 244; Gräßle u.a. (2010), S. 85; Spath/Demuss (2006), S. 472; Kersten u.a. (2006), S. 194; Burianek u.a. (2007), S. 17; Meier u.a. (2006), S. 26.
[586] Vgl. Baureis u.a. (2010), S. 148.
[587] Vgl. Peschl (2010), S. 42.
[588] Vgl. Burr (2009), S. 174.

Eine dritte Perspektive ist die Perspektive des Dienstleistungsportfolios des produzierenden Unternehmens. Die Bewertung aus der Perspektive des Dienstleistungsportfolios insofern, da sich aufbauend auf eine bestimmte Sachleistung durch Addition unterschiedlicher Dienstleistungen verschiedene HLB konfigurieren lassen.

In Abhängigkeit der Dienstleistungskomponente lassen sich aus den Sachleistungen verfügbarkeitsorientierte oder ergebnisorientierte HLB bzw. Geschäftsmodelle oder Kundennutzen konfigurieren.

Im Gegensatz zur Bewertung aus der Perspektive der funktionalen Bereiche (und der Perspektive der Ressourcenausstattung) lassen sich die erforderlichen Kompetenzen nicht einzeln aus der Perspektive des Dienstleistungsportfolios bewerten. Die Bewertung der Dienstleistungsportfolioperspektive bezieht sich auf die Einordnung der Kompetenzen als Summe bzw. auf das jeweilige HLB. Ist das hinsichtlich der Kompetenzen zu analysierende HLB beispielsweise ein Car-Sharing-Modell, so lautet die Einordnung aus Sicht des Dienstleistungsportfolios ‚ergebnisorientiert'. Die erforderlichen Kompetenzen als Summe stellen somit Kompetenzen für ein ergebnisorientiertes Geschäftsmodell hybrider Wertschöpfung dar.

Die Teildimensionen bestehend aus den zuvor beschriebenen drei Perspektiven, in welche die jeweiligen Kompetenzen in der Bewertung eingeordnet werden, sind zusammenfassend in Abbildung 43 dargestellt.

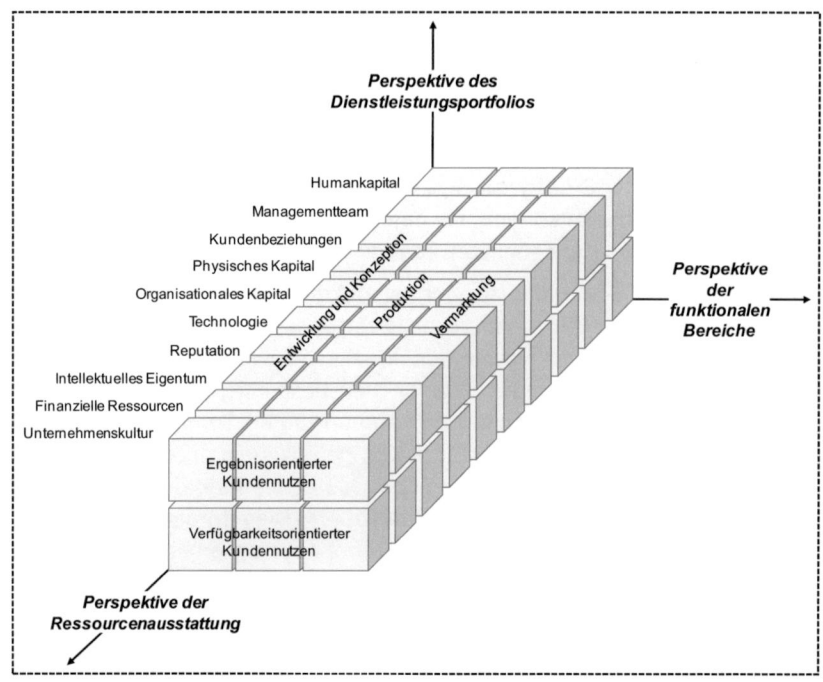

Abbildung 43: Drei Perspektiven der erforderlichen Kompetenzen[589]

Neben der Bewertung nach den Teildimensionen der Dienstleistung werden die erforderlichen Kompetenzen in der Methode ‚InnoComp' anhand des Vier-Dimensionen-Modells bewertet. Das Vier-Dimensionen-Modell unterscheidet ‚Potenzialkompetenzen', ‚Prozesskompetenzen', ‚Ergebniskompetenzen' und ‚Marktkompetenzen'.[590]

Die Bewertungen aus der Perspektive der funktionalen Bereiche und des Dienstleistungsportfolios sowie die Bewertung anhand des Vier-Dimensionen-Modells verläuft im Anschluss an die Identifikation der erforderlichen Kompetenzen.

Die Bewertung anhand der Ressourcenausstattung verläuft simultan mit der Identifikation der erforderlichen Kompetenzen, da die Ressourcen i.e.S. das Gerüst für die Identifikation bilden, anhand dessen die erforderlichen Kompetenzen identifiziert werden.

---

[589] In Anlehnung an Burr (2009), S. 177.
[590] Vgl. Zahn u.a. (2004), S. 220.

Die Bewertung mit Hilfe der Nutzwertanalyse, welche die Bedeutung der jeweiligen Kompetenz für das zu analysierende HLB sowie das Kompetenzlevel des Unternehmens bewertet und woraus sich quantitative Handlungsempfehlungen ergeben, findet ebenfalls im Anschluss an die Bewertung anhand der Ressourcenausstattung für jede einzelne Kompetenz in Phase 4 statt.

Zur Rekapitulation: Die Auswertung der Methode InnoComp erfolgt durch folgende Bewertungen in chronologischer Reihenfolge (in den jeweiligen Klammern ist der Standort der Bewertung innerhalb der Methode aufgeführt):

- Einordnung der einzelnen Kompetenzen aus der Perspektive der Ressourcenausstattung (Phase 3);

- Bewertung der Handlungsnotwendigkeit in Bezug auf die einzelnen Kompetenzen (Phase 4);

- Einordnung der einzelnen Kompetenzen aus der Perspektive der funktionalen Bereiche (Phase 4);

- Einordnung Kompetenzen als Ganzes bzw. Bewertung des hybriden Leistungsbündels aus der Perspektive des Dienstleistungsportfolios (Phase 4);

- Bewertung der einzelnen Kompetenzen anhand des Vier-Dimensionen-Modells der Dienstleistung (Phase 4);

Das zuvor gewählte Beispiel eines Betreibermodells lässt sich folgendermaßen auswerten: Die Auswertung wird exemplarisch für die kompetenzbezogene Funktion ‚Weiterbildungssystem implementieren' durchgeführt. Phase 3 ergab, durch die Identifikation der Kompetenz anhand des Gerüstes der Ressourcen i.e.S., eine Einordnung in die Kategorie ‚Humankapital'. Die Bewertung mit Hilfe der Punktwertmethode, in Phase 4, ergab, dass bzgl. dieser Kompetenz ‚hoher Handlungsbedarf' besteht.

Die Einteilung in eine der Kategorien der Perspektive der funktionalen Bereiche ergibt für das vorliegende Beispiel eine Einteilung in die Kategorie ‚Produktion', da es Aufgabe dieses funktionalen Bereiches ist, den Produktionsfaktor ‚Humankapital' bereitzustellen.

Die Kompetenz ‚Weiterbildungssystem implementieren' stellt darüber hinaus eine Potenzialkompetenz dar. Diese Kompetenz gewährleistet das Potenzial den Betrieb der Fräsmaschine durchführen zu können. Die exemplarische Bewertung für die Kompetenz ‚Weiterbildungssystem implementieren' ist in Abbildung 44 dargestellt.

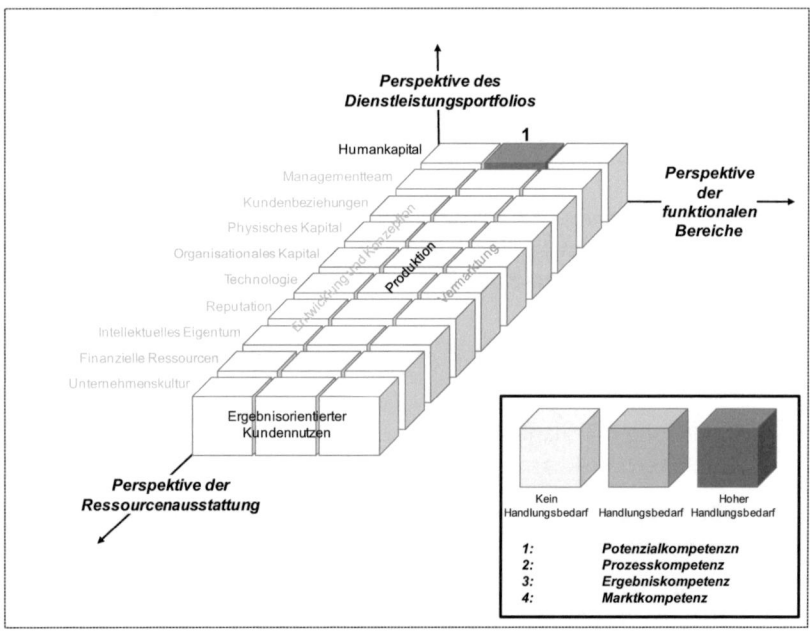

Abbildung 44: Beispielshafte Bewertung

Die Methode InnoComp bzw. die Auswertung von deren Ergebnissen geben Aufschluss über folgende Fragestellungen (zudem sind Art und Stelle der Beantwortung der Fragestellungen durch die Methode ‚InnoComp' sowie der daraus resultierende Nutzen im Anschluss an die jeweilige Frage dargestellt):

- **Welche Kompetenzen sind für ein spezielles hybrides Leistungsbündel notwendig?**

  Die Beantwortung der Frage nach erforderlichen Kompetenzen für das mögliche Angebot eines bestimmten hybriden Leistungsbündels, ist die zentrale Zielsetzung der Methode ‚InnoComp'.

  Die erforderlichen Kompetenzen werden in Phase 3 identifiziert und in kompetenzbezogenen Funktionen abgebildet.

  Das Aufzeigen der (erforderlichen) Kompetenzen hilft Unternehmen des produzierenden Gewerbes, die Sinnhaftigkeit einer überlegten HLB-Implementierung zu evaluieren. Für den Fall der HLB-Implementierung bietet die Methode ‚InnoComp' Informationen für Entscheidungen hinsichtlich der Notwendigkeit der Kompetenzentwicklung, der Akquise oder der Kooperation.

- **Für welche Ressourcen i.e.S. sind die Kompetenzen notwendig?**

Die Einteilung der erforderlichen Kompetenzen in die Ressourcen i.e.S. erfolgt durch die Vorgehensweise der Methode ‚InnoComp'. Die Ressourcen i.e.S. der Perspektive der Ressourcenausstattung bilden (gemeinsam mit den Merkmalen des hinsichtlich erforderlicher Kompetenzen zu analysierende HLB) das Gerüst, nach dem die erforderlichen Kompetenzen identifiziert werden. Jede identifizierte erforderliche Kompetenz ist somit ein aus einem speziellen Merkmal und einer Ressource i.e.S. resultierendes Konstrukt.

Die Identifikation der erforderlichen Kompetenzen aus einer Ressource-Merkmal-Kombination vereinfacht die Adressierung hinsichtlich des Ursprungs und der Notwendigkeit der jeweiligen Kompetenz. Durch eine konkrete Adressierung lassen sich gegebenenfalls gezielte Maßnahmen ableiten.

- **Welche Handlungsnotwendigkeit besteht in Bezug auf die einzelne erforderliche Kompetenz im Falle der HLB-Implementierung?**

Die Handlungsnotwendigkeit wird durch die Methode ‚InnoComp' in Phase 4, im Anschluss an die jeweilige Identifikation der einzelnen erforderlichen Kompetenzen, unter Zuhilfenahme der Logik der Nutzwertanalyse, ermittelt. Die Handlungsnotwendigkeit wird dabei in einer der drei Kategorien ‚kein Handlungsbedarf', ‚Handlungsbedarf' und ‚hoher Handlungsbedarf' ausgesprochen.

Durch die systematische Bewertung der einzelnen erforderlichen Kompetenzen hinsichtlich des Handlungsbedarfs zeigt die Methode ‚InnoComp' etwaige „Kompetenzlücken"[591] zwischen Soll- und den im Unternehmen vorhandenen Ist-Kompetenzen und verdeutlicht, in welchen Bereichen Handlungsbedarf besteht.

- **Für welchen funktionalen Bereich fällt die einzelne erforderliche Kompetenz an?**

Im Rahmen der Bewertung aus der Perspektive der funktionalen Bereiche werden die jeweils erforderlichen Kompetenzen in Phase 4 den funktionalen Bereichen zugeordnet, in denen sie anfallen.

Durch diese Zuordnung zeigt sich, in welchen Bereichen gegebenenfalls Handlungsbedarf besteht.

---

[591] Vgl. Zahn u.a. (2004), S. 222.

- **In welcher Dimension des Vier-Dimensionen-Modells der Dienstleistung befindet sich die einzelne erforderliche (organisationale) Kompetenz?**

In Phase 4 der Methode ‚InnoComp' werden die einzelnen erforderlichen Kompetenzen den Dimensionen, ‚Potenzialdimension', ‚Prozessdimension', ‚Ergebnisdimension' und ‚Marktdimension' des Vier-Dimensionen-Modells,[592] zugeordnet.

Ein erfolgreiches HLB-Angebot erfordert die Kombination von Kompetenzen aller vier Dimensionen.[593] Die Methode ‚InnoComp' hilft beim Aufzeigen etwaiger Lücken diesbezüglich.

- **In welchem Geschäftsmodell manifestiert sich die Umsetzung des analysierten hybriden Leistungsbündels?**

In Phase 4 werden zudem das entsprechende Geschäftsmodell hybrider Wertschöpfung für das jeweilige potenzielle HLB bzw. die erforderlichen Kompetenzen in ihrer Gesamtheit bestimmt. Hierbei wird im Rahmen der Methode InnoComp zwischen verfügbarkeitsorientierten und ergebnisorientierten Geschäftsmodellen unterschieden.

Die Einteilung in ein entsprechendes Geschäftsmodell konkretisiert das potenzielle Angebot und hilft bei dessen hinsichtlich erforderlicher Kompetenzen.

5.7.1 Ergebnisse Phase 4

Ergebnis der Phase 4 ist die Auswertung der Methode ‚InnoComp'. Über die Methode ‚InnoComp' lassen sich durch ein systematisches Vorgehen Kompetenzen für ein potenzielles HLB-Angebot identifizieren. Die Identifikation erfolgt anhand der Merkmale des hinsichtlich der erforderlichen Kompetenzen zu analysierenden hybriden Leistungsbündels für die einzelnen Ressourcen i.e.S. Die einzelnen identifizierten erforderlichen Kompetenzen sind somit in die unterschiedlichen Ressource-Merkmal-Kombinationen unterteilt. Im Anschluss an die Identifikation jeder einzelnen erforderlichen Kompetenz werden diese hinsichtlich ihrer Bedeutung für das potenzielle HLB und hinsichtlich des vorhandenen Kompetenzlevels des evaluierenden Unternehmens bewertet. Unter Zuhilfenahme des Punktwertverfahrens lassen sich, aufbauend auf der Bewertung, Aussagen über den Handlungsbedarf in Bezug auf die einzelnen erforderlichen Kompetenzen treffen. Hierbei werden

---

[592] Vgl. Zahn u.a. (2004), S. 220.
[593] Vgl. Zahn u.a. (2004), S. 222.

die Aussagen über die Handlungsnotwendigkeit in den Kategorien ‚kein Handlungsbedarf‘, ‚Handlungsbedarf‘ und ‚hoher Handlungsbedarf‘ ausgesprochen.

Darüber hinaus werden innerhalb der Methode ‚InnoComp‘ die erforderlichen Kompetenzen den einzelnen funktionalen Bereichen des Unternehmens zugeordnet. Die Zuordnung in die jeweiligen Bereiche in Verbindung mit der Bewertung der Handlungsnotwendigkeit für die einzelnen erforderlichen Kompetenzen ermöglicht eine Adressierung der möglichen notwendigen nächsten Schritte für die Implementierung des potenziellen HLB-Angebots.

Zudem werden die Kompetenzen in ihrer Gesamtheit respektive das hinsichtlich des Kompetenzbedarfes zu analysierende HLB aus der Perspektive des Dienstleistungsportfolios bewertet. Hierbei erfolgt eine Einteilung in verfügbarkeits- oder ergebnisorientierte Geschäftsmodelle.

Daneben werden die erforderlichen (organisationalen) Kompetenzen für deren Konkretisierung in die Dimensionen ‚Potenzialdimension‘, ‚Prozessdimension‘, ‚Ergebnisdimension‘ und ‚Marktdimension‘ des Vier-Dimensionen-Modells der Dienstleistung[594] eingeteilt.

---

[594] Vgl. Zahn u.a. (2004), S. 220.

6. Praktische Anwendung der Methode ‚InnoComp'

„Der Mensch mit seiner Arbeitskraft, mit seinem Konsumverhalten, mit seinen Kompetenzen, Fertigkeiten und Fähigkeiten, mit seinen Bedarfen und seinen Emotionen ist und bleibt zentraler Gegenstand der Dienstleistungsforschung. "[595]

Die Praktische Anwendung der Methode ‚InnoComp' fand, im Zuge dieser Arbeit, in Form von zwei Workshops zur Identifikation der erforderlichen Kompetenzen (für eine zuvor entwickelte Idee für ein hybrides Leistungsbündel) bei den Unternehmen Alpha und Beta statt.[596] Dem in Kapitel 1.3.1 beschriebenen Aktionsforschungsansatz folgend, wurde durch den Workshop bei Unternehmen Alpha eine Pilotfallstudie[597] umgesetzt. Zielsetzung dieser war die exemplarische Überprüfung der Sinnhaftigkeit der Methode ‚InnoComp' sowie der dahinter liegenden Denklogik. Darüber hinaus konnten der Erkenntnisgewinn durch die Methode ‚Innocomp' überprüft werden sowie Ansätze zur Verbesserung des Workshop-Konzepts erarbeitet werden.

Das überarbeitete Workshop-Konzept kam in Anschluss in einem zweiten, größeren Workshop bei Unternehmen Beta zum Einsatz. In diesem konnte der Nutzen der Methode ‚InnoComp' detailliert getestet werden.

Die zwei durchgeführten Workshops bzw. Fallstudien sind somit als zwei getrennte Schleifen der Aktionsforschung (Abbildung 2) zu verstehen. Dem Workshop bzw. der Fallstudie bei Unternehmen Beta ging eine ‚Planung' voraus. Die ‚Aktion' (also der Workshop an sich) ging mit der ‚Beobachtung' einher und wurde im Anschluss kritisch reflektiert. Die Ergebnisse mündeten in einer Überarbeitung und Verbesserung des Workshop-Konzeptes (der ‚Planung' der zweiten Aktionsforschungsschleife), welches darauf folgend bei Unternehmen Beta in einem zweiten Workshop (Phase ‚Aktion' und ‚Beobachtung') getestet wurde. Die Ergebnisse wurden danach erneut kritisch reflektiert.

Die grundsätzlichen Ziele beider Workshops waren primär der Test der Anwendbarkeit der Methode ‚InnoComp' im industriellen Umfeld sowie die Überprüfung des Nutzens für die Unternehmen. Die Ergebnisse der Workshops sind für diese Arbeit nur von sekundärer Bedeutung und werden nur exemplarisch zur Darstellung des Nutzens und der Anwendbarkeit diskutiert.

---

[595] Vgl. Spath u.a. (2010), S. 21.

[596] Die Unternehmen mussten aufgrund zu unterzeichnender Geheimhaltungserklärungen anonymisiert werden.

[597] Vgl. Yin (2009), S. 92 ff.

Die praktische Anwendung der Methode ‚InnoComp' fand innerhalb des interdisziplinären Forschungsprojektes ‚InnoFunc', in Form von Unternehmensworkshops statt. Hierbei wurden in einem ersten Workshop innerhalb des Moduls ‚InnoCube' funktionenbasiert Produktideen für HLB entwickelt und diese mittels einer Nutzwertanalyse bewertet. Unter Zuhilfenahme der Ergebnisse der Nutzwertanalyse wurde eine Produktidee für ein hybrides Leistungsbündel ausgewählt. Das ausgewählte HLB fand Einzug in einen zweiten Workshop, in welchem die Methode ‚InnoComp' zum Einsatz kam und somit die erforderlichen (organisationalen) Kompetenzen identifiziert wurden.

6.1 Die Erkenntnisgewinnung durch Fallstudien

Über Fallstudien werden konkrete Situationen für einen vordefinierten Zeitraum untersucht.[598] Die konkrete Situation ist im vorliegenden Fall der Unternehmensworkshop zum Modul ‚InnoComp' des interdisziplinären Forschungsprojektes ‚InnoFunc'. Der vordefinierte Zeitraum ist die Dauer des Workshops. Zielsetzung der Fallstudien ist der Test der entwickelten Methode ‚InnoComp' innerhalb der zwei Unternehmensworkshops.

Die Auswahl der Unternehmen für die Workshops bzw. Fallstudien wurde primär aufgrund von deren Ausrichtung getroffen. Zielsetzung war die Auswahl von Unternehmen, die ihr traditionelles Kerngeschäft (für den Geschäftsbereich für den bzw. aus dem die Produktidee entstand) in der Produktion und Vermarktung von Sachleistungen sehen und sich mittelfristig zum Lösungsanbieter durch das Angebot hybrider Leistungsbündel entwickeln wollen.

Darüber hinaus sollten die ausgewählten Unternehmen aus dem süddeutschen Raum stammen. Dieses Auswahlkriterium resultiert aus der Verortung dieser Arbeit in der Graduate School of Excellence advanced Manufacturing Engineering (GSaME)[599], deren Zielsetzung u.a. Forschung zur Verbesserung der Wettbewerbssituation lokaler Unternehmen ist.

Die Auswahl fiel auf Unternehmen Alpha und Beta, deren allgemeine Merkmale in Tabelle 10 dargestellt sind.

---

[598] Leedy/Ormrod (2005), S. 135.
[599] www.gsame.uni-stuttgart.de/.

Merkmale	Unternehmen Alpha	Unternehmen Beta
Anzahl Mitarbeiter	100	7500
F. u. E.-Mitarbeiter	9	700
Umsatz	27.000.000 €	1.500.000.000
F. u. E.-Ausgaben	800.000 €	*
D. L.-Anteil am Gesamtumsatz	30%	*
MA im Bereich DL	25	*

* = Zahlen werden vom Unternehmen nicht bekannt gegeben.

Tabelle 10: Merkmale von Unternehmen Alpha und Beta

Im Folgenden werden die Unternehmen Alpha und Beta respektive die im Unternehmen durchgeführten Workshops beschrieben.

6.2 Anwendungsumfeld in Unternehmen Alpha

Unternehmen Alpha ist in der Informationstechnologie und -dienste Branche tätig. Hierbei ist Unternehmen Alpha auf die Planung und den Bau von Rechenzentren spezialisiert. Aktuell stellen Dienstleistungen nach eigener Aussage sowohl ein Differenzierungspotenzial gegenüber Wettbewerbern als auch ein Umsatzsteigerungspotenzial für Unternehmen Alpha dar. Dienstleistungen machen aktuell ca. 30% des Gesamtumsatzes aus. Als Kernkompetenz wurden die Planung, der Bau und das Generalunternehmer-Geschäft von hochsicheren Rechenzentren und Serverräumen identifiziert. Die Strategische Zielsetzung von Unternehmen Alpha ist es national Marktführer im Bereich Planung und Bau von Rechenzentren zu sein und das internationale Geschäft auszubauen.

Unter einem hybriden Leistungsbündel werden bei Unternehmen Alpha die Integration von Sach- und Dienstleistungen zur kundenindividuellen Problemlösung verstanden.

Eine Identifikation erforderlicher Kompetenzen findet in Unternehmen Alpha im Zuge der Produktentwicklung (in den frühen Phasen) bereits statt. Dies erfolgt jedoch unidirektional und wenig strukturiert durch die Einschätzung von Führungskräften statt.[600]

---

[600] Die Informationen stammen aus einem teilstrukturierten Interview mit einem der Gesellschafter von Unternehmen Alpha sowie der Auswertung des Unternehmensfragebogens (Anhang 1) und dem Workshop selbst.

6.2.1 Beschreibung der Anwendung

Die Anwendung der Methode ‚InnoComp' wurde bei Unternehmen Alpha als Pilotfallstudie[601] umgesetzt. Zielsetzung der Pilotfallstudie war die Überprüfung der Sinnhaftigkeit der Methode ‚InnoComp' sowie der dahinter liegenden Denklogik. Die Pilotfallstudie fand in einem frühen Entwicklungsstadium der Methode ‚InnoComp' statt, um etwaige Denkfehler frühzeitig aufzuzeigen und Verbesserungen bei der Vorgehensweise identifizieren zu können.

Zur Ressourcenschonung bei Unternehmen Alpha, wurde der Workshop nur mit einem Teilnehmer aus dem Unternehmen und zwar einem der Gesellschafter (der zudem einer der Gründer von Unternehmen Alpha ist) durchgeführt. Bei der Auswahl von Unternehmen Alpha (bzw. eines Unternehmens für die Pilotfallstudie) wurde bewusst ein Unternehmen gewählt, das unter die Definition für Kleinstunternehmen sowie kleine und mittlere Unternehmen (KMU) der europäischen Kommission fällt.[602] Grund hierfür war die Annahme, dass in einem KMU die Wahrscheinlichkeit höher ist, dass eine einzelne Person über ganzheitliche Prozesskenntnis verfügt und somit adäquaten Input für die Methode ‚InnoComp' geben kann.

Zum Test der Anwendung wurde bei Unternehmen Alpha auf eine anschließende Bewertung der Kompetenzen verzichtet. Zielsetzung war die Identifikation der Kompetenzen für die 10 Ressourcen i.e.S.

Aufgrund der Konzeption als Pilotfallstudie ist die Anwendung bei Unternehmen Alpha[603] im Vergleich zu der bei Unternehmen Beta im Folgenden für die einzelnen Phasen deutlich kürzer beschrieben.

6.2.2 Phase 1: Vorbereitung bei Unternehmen Alpha: Input für die Methode ‚InnoComp'

Produktidee, also der Input für die Methode ‚InnoComp', war die Erweiterung einer bestehenden Sachleistung und zwar einer Rechenzentrum-Monitoringeinheit zu einem Betreibermodell. Unternehmen Alpha bietet die Monitoringeinheit inklusive diverser Dienstleistungen bereits erfolgreich am Markt an. In Zukunft sollen die Dienstleistungen gebündelt und ergänzt in Kombination mit der Sachleistung (der Monitoringeinheit) in Form eines Betreibermodells am Markt angeboten werden. Die Sachleistung muss dabei an die neuen Anforderungen angepasst werden. Nach der neuen Produktidee kann Unternehmen Alpha seinen Kunden (des Betreibermodells) durch

---

[601] Vgl. Yin (2009), S. 92 ff.

[602] Vgl. Europäische Kommission (2006), S. 1.

den Betrieb der Monitoringeinheit kundenindividuelle Informationen über die Energieeffizienz des Rechenzentrums anbieten. Darüber hinaus lassen sich Vorschläge zur Optimierung sowie potenzielle Handlungsempfehlungen in Bezug auf Dienstleistungen (z.B. Wartung usw.) ableiten, die dem Kunden als individuelles Leistungsangebot, speziell auf den jeweiligen Bedarf angepasst, offeriert werden können.[604]

Aktuell besteht für die Monitoringeinheit relativ wenig Wettbewerb. Die zunehmende Relevanz von Energieeffizienz im Bereich von Rechenzentren verspricht zudem ein zunehmend positives Marktumfeld.[605]

6.2.3 Phase 2: Ableitung der unternehmensbezogenen Funktionen

Im Workshop bei Unternehmen Alpha wurden im Anschluss an Phase 1 zuallererst die Systematik der Methode ‚InnoComp' sowie deren relevante Begrifflichkeiten vorgestellt. Darauf aufbauend fand die Ableitung der Anforderungen resultierend aus der Produktidee statt. Die Anforderungen wurden in einer Diskussion zwischen dem Moderatorenteam und dem Gesellschafter erarbeitet. Insgesamt wurden 38 Anforderungen respektive unternehmensbezogene Funktionen für die 10 Ressourcen i.e.S. abgeleitet. Die unternehmensbezogenen Funktionen verteilten sich quantitativ folgendermaßen auf die 10 Ressourcen i.e.S.:

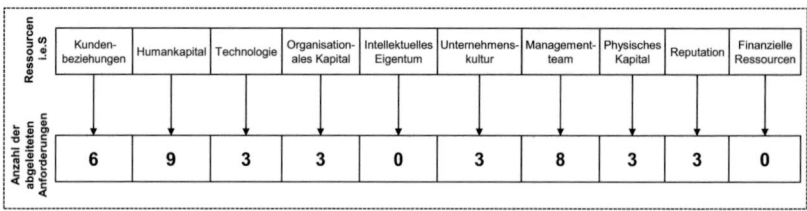

Ressourcen i.e.S	Kunden-beziehungen	Humankapital	Technologie	Organisation-ales Kapital	Intellektuelles Eigentum	Unternehmens-kultur	Management-team	Physisches Kapital	Reputation	Finanzielle Ressourcen
Anzahl der abgeleiteten Anforderungen	6	9	3	3	0	3	8	3	3	0

Abbildung 45: Quantität und Zuordnung der abgeleiteten Ressourcen

Für die Diskussion stand dem Moderatorenteam der vorbereitete Fragenkatalog[606] zur Verfügung, der die charakteristischen Merkmale von hybriden

---

[604] Die Produktidee entstammt dem ‚InnoFunc' Modul ‚InnoCube', dem Modul zur Generierung von neuen Produktideen für HLB.

[605] Die Informationen stammen aus einem teilstrukturierten Interview mit einem der Gesellschafter von Unternehmen Alpha sowie der Auswertung des Unternehmensfragebogens (Anhang 1) und dem Workshop selbst.

Leistungsbündeln angepasst an die Spezifika der Produktidee mit in die Diskussion einbrachte.

Als Ergebnis wurde beispielsweise aus der Perspektive der Ressource i.e.S. ‚Humankapital' die Anforderung aus der Produktidee abgeleitet, dass das Verkaufspersonal von der Mentalität als Unternehmer im Unternehmen auftreten sollte. Diese Anforderung manifestierte sich in der unternehmensbezogenen Funktion ‚Unternehmer (im Unternehmen) erzeugen'. Die Produktidee in Form eines Betreibermodells verlagert im Vergleich zur klassischen sachleistungsorientierten Lösung den Zeitpunkt der Wertschöpfung. So findet im Falle des Betreibermodells bzw. der Produktidee der Großteil der Wertschöpfung im After-Sales Bereich statt. Für den Verkauf der Produktidee muss das Verkaufspersonal daher die langfristige Orientierung im Fokus haben. Dies widerspricht oftmals klassischen Anreizsystemen, die den kurzfristigen Erfolg beispielsweise in Form des Verkaufs einer Sachleistung in den Vordergrund stellen.

Die 38 unternehmensbezogenen Funktionen stellen dar, ‚was' das Unternehmen Alpha für das Angebot des Betreibermodells tun muss. Die unternehmensbezogenen Funktionen stellen den Input für Phase 3 dar, in der die erforderlichen Kompetenzen (kompetenzbezogenen Funktionen) zur Erfüllung der Anforderungen identifiziert werden. Die kompetenzbezogenen Funktionen (also die Kompetenzen) zeigen daher auf, ‚wie' das Unternehmen die Anforderungen erfüllen kann.

6.2.4 Phase 3: Identifikation der kompetenzbezogenen Funktionen

Zur Erfüllung der 38 in Phase 2 abgeleiteten unternehmensbezogenen Funktionen wurden im Workshop bei Unternehmen Alpha 68 erforderliche Kompetenzen bzw. kompetenzbezogene Funktionen identifiziert. Die kompetenzbezogenen Funktionen wurden bei Unternehmen Alpha analog zu den unternehmensbezogenen Funktionen in einer Diskussion mit dem Gesellschafter durch den Gesellschafter identifiziert. Für die unternehmensbezogene Funktion ‚Unternehmer (im Unternehmen) erzeugen' wurde beispielsweise die kompetenzbezogene Funktion ‚(neues) Anreizsystem implementieren' identifiziert. Dieses neue Anreizsystem soll den Fokus des Verkaufspersonals in die langfristige Ebene verschieben und somit die Voraussetzungen für ein optimales Verkaufsklima für das Betreibermodell liefern.

---

[606] Der Fragenkatalog war auf die spezielle Produktidee sowie die jeweilige Ressource i.e.S. angepasst. Die Basis für die angepasste Version war ein allgemeiner Fragebogen, welcher als Anhang 5 angefügt ist.

6.2.5 Phase 4: Auswertung der Ergebnisse

Im Workshop bei Unternehmen Alpha fand aufgrund der Konzeption als Pilotfallstudie sowie der von Unternehmen Alpha eingeräumten Zeit für den Workshop mit der Methode ‚InnoComp' keine Bewertung der identifizierten Kompetenzen statt. Folglich gab es auch keine klassische Auswertung der Bewertungen. Die identifizierten Kompetenzen stellen für Unternehmen Alpha zusätzliche Informationen dar, die für den Umgang mit der Produktidee hilfreich sind (mehr dazu Kapitel 6.2.6). Die Methode ‚InnoComp' zeigte durch die ganzheitliche und systematische Vorgehensweise auf, was das Unternehmen für das Angebot der Produktidee tun müsste. Darüber hinaus wurde über die Kompetenzen bzw. unternehmensbezogenen Funktionen dargestellt ‚wie' Unternehmen Alpha die resultierenden Anforderungen (unternehmensbezogenen Funktionen) erfüllen kann.

Im Folgenden ist der Nutzen der Methode ‚InnoComp' für Unternehmen Alpha detaillierter dargestellt. Untermauert werden die Aussagen zum Nutzen durch die Auswertung des Fragebogens, welcher im Anschluss an die Methode ‚InnoComp' durch den Gesellschafter ausgefüllt wurde.

6.2.6 Nutzen der Methode ‚InnoComp' für Unternehmen Alpha

Gleichwohl es bereits eine Kompetenzidentifikation für Produktneuheiten bei Unternehmen Alpha gibt, stellte die Anwendung der ganzheitlichen Systematik der Methode ‚InnoComp' eine Neuerung für Unternehmen Alpha dar. Die Systematik der Methode ‚InnoComp' wurde durch den am Workshop teilnehmenden Gesellschafter mit der bestmöglichen Bewertung, dem Wert ‚5', bewertet[607] (der Wert ‚1' stellte die schlechteste und ‚5' die bestmögliche Bewertung dar). Diese Bewertung zeigt den Mehrwert der Methode ‚InnoComp' gegenüber einer unstrukturierten und weniger systematischen Vorgehensweise zur Kompetenzidentifikation. Den Nutzen für Unternehmen Alpha bewertete der Gesellschafter ‚eher hoch' mit dem Wert ‚4'. Der Nutzen der Methode ‚InnoComp' für Unternehmen Alpha zeigt sich auch daran, dass der am Workshop teilnehmende Gesellschafter die Frage, ob er sich vorstellen kann, die Methode ‚InnoComp' häufiger in seinem Unternehmen einzusetzen mit ‚ja' beantwortete. Die Sinnhaftigkeit einer erneuten Anwendung der Methode ‚InnoComp' bewertete der Gesellschafter folgerichtig ebenfalls mit einem hohen Wert und zwar dem Maximalwert ‚5'. Die Methode ‚InnoComp' allgemein wurde mit dem Wert ‚4' bewertet.

---

[607] Zum Ergebnis der Auswertung des Teilnehmerfragebogens (Anhang 3) siehe Anhang 4.

Die durchweg positive Bewertung des Gesellschafters zeigt den Nutzen durch die ganzheitliche und systematische Kompetenzidentifikation durch die Methode ‚InnoComp' bei Unternehmen Alpha. Die identifizierten Kompetenzen stellen Unternehmen Alpha wichtige Informationen bei der Entscheidung über die neue Produktidee oder, falls die Entscheidung für die Produktidee bereits getroffen ist, wichtige Informationen, in welchem Bereich Handlungsbedarf besteht, sei es beispielsweise durch Akquise oder Kooperation.

Der Workshop bei Unternehmen Alpha, als Pilotfallstudie, zeigte die Durchführbarkeit und Umsetzbarkeit der Methode ‚InnoComp' in der Praxis. Gleichwohl konnten durch den Workshop Verbesserungspotenziale aufgezeigt werden, die im Anschluss als konkrete Verbesserungen in die Methode ‚InnoComp' einbezogen wurden. Diese Verbesserungen kamen im Workshop bei Unternehmen Beta zum Einsatz. Die zentrale Verbesserung bezog sich auf die Reihenfolge der Vorgehensweise über die Ressourcen i.e.S. Bei Unternehmen Alpha wurden nacheinander die Anforderungen, resultierend aus der Produktidee, für die einzelnen Ressourcen i.e.S. erarbeitet. Erst im Anschluss an die Erarbeitung aller Anforderungen wurden die erforderlichen Kompetenzen für deren Erfüllung identifiziert. Dieses Vorgehen erwies sich für die Praxis als weniger geeignet, da sich während der Kompetenzidentifikation erneut in jede einzelne Ressourcenkategorie ‚hineingedacht' werden musste. Folglich wurde als Verbesserung eine geänderte Vorgehensweise implementiert, bei der für jede einzelne Ressource i.e.S. erst die Anforderungen aus der Produktidee abgeleitet und danach die erforderliche(n) Kompetenz(en) zu deren Erfüllung identifiziert wurden. Ein Vergleich der Vorgehensweise bei Unternehmen Alpha zu der Vorgehensweise bei Unternehmen Beta ist in Abbildung 46 dargestellt:

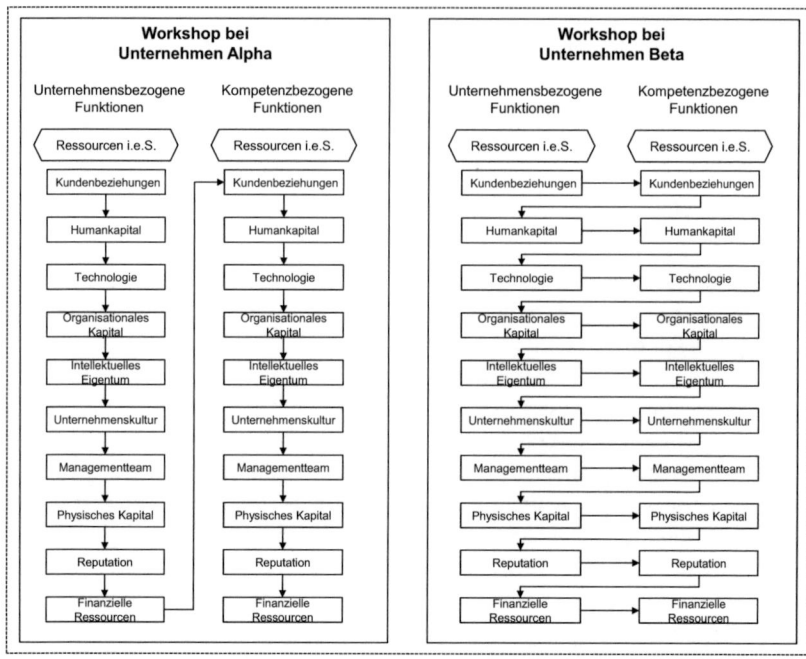

Abbildung 46: Vorgehensweise bei Unternehmen Alpha vs. Vorgehensweise bei Unternehmen Beta

6.3 Anwendungsumfeld in Unternehmen Beta

Unternehmen Beta ist in der Maschinenbau- und Betriebstechnik-Branche tätig. Es ist speziell auf die Reinigung von Gebäuden, Flächen und Transportmitteln sowie von Flüssigkeiten und deren Förderung spezialisiert.

Dienstleistungen stellen aktuell sowohl ein Differenzierungspotenzial gegenüber Wettbewerbern als auch ein Umsatzsteigerungspotenzial für das Unternehmen Beta dar. Das Unternehmen möchte sich mittel- bis langfristig zum Systemanbieter weiterentwickeln.

Strategisch sieht sich Unternehmen Beta als kundenfokussiertes Unternehmen, die aktuelle Strategie ist nach eigenem Ermessen zu sehr sachleistungsorientiert.

Unter einem hybriden Leistungsbündel werden bei Unternehmen Beta die Kombination von Physischem und Nichtphysischem verstanden. Dabei wird die Dienstleistung nicht als Add-on, sondern in einer engen Verzahnung gesehen.

Eine Identifikation erforderlicher Kompetenzen findet in Unternehmen Beta im Zuge der Produktentwicklung (in den frühen Phasen) aktuell nicht statt.[608]

6.3.1 Beschreibung der Anwendung

Die in der Pilotfallstudie mit Unternehmen Alpha gewonnenen Erkenntnisse wurden konkret in die Anwendung bei Unternehmen Beta eingebracht. Um die unidirektionale Sichtweise zu vermeiden, fanden die ‚InnoFunc'-Workshops mit insgesamt 14 Teilnehmern statt. Das Workshopteam für das Modul ‚InnoComp' bestand aus fünf Teilnehmern sowie zwei Moderatoren. Die Teilnehmer waren leitende Angestellte aus den Bereichen ‚Technologie- und Innovationsmanagement', ‚Produktmanagement', ‚Entwicklung', ‚Dienstleistungsmanagement' und ‚Elektronikentwicklung'. Zielsetzung war ein möglichst breit ausgebildetes und hinsichtlich Tätigkeitsfeld und Abteilung in Unternehmen Beta interdisziplinäres Workshopteam, um die Kompetenzidentifikation und Bewertung aus möglichst vielen Perspektiven zu gewährleisten.

Die Teilnehmer hatten zum Zeitpunkt des Workshops eine Unternehmenszugehörigkeit zwischen 1,5 und 23 Jahren (die durchschnittliche Unternehmenszugehörigkeit lag bei 8,5 Jahren). Zielsetzung war die Auswahl von Mitarbeitern mit möglichst langer Unternehmenszugehörigkeit, um möglichst viele Erfahrungswerte in den Workshop einfließen zu lassen.

Die Teilnehmer schätzten ihre individuellen Kompetenzen in einem subjektiven Kompetenzeinschätzungsverfahren in Form eines Fragebogens folgendermaßen ein: Die eigene Fachkompetenz stuften die Teilnehmer mit durchschnittlich vier Punkten (auf einer Skala von eins bis fünf, wobei eins das niedrigste Kompetenzlevel und fünf das höchste widerspiegelt) ein. Ihre Methodenkompetenz schätzten die Teilnehmer von allen Kompetenzkategorien am niedrigsten, mit durchschnittlich 3,4, ein. Die eigene Kommunikationskompetenz, genauso wie die Medienkompetenz, stuften die Teilnehmer mit durchschnittlich 3,8 ein. Die Lernkompetenz sowie die Sozialkompetenz bewerteten die Teilnehmer mit einem Wert von vier.

Der Fokus auf die Kundenorientierung von Unternehmen Beta spiegelt sich auch in der Befragung der Workshop-Teilnehmer wieder, welche die Wich-

---

608 Die Informationen für obiges Kapitel stammen aus einem teilstrukturierten Interview mit einem Mitarbeiter aus dem Bereich Technologie- und Innovationsmanagement, der die ‚InnoFunc' Workshops seitens des Unternehmens Beta betreut hat sowie aus der Auswertung des Unternehmensfragebogens (Anhang 1) und dem Workshop selbst.

tigkeit einer regelmäßigen Identifikation der Kundenbedürfnisse im Fragebogen mit dem Maximalwert von fünf bewerten.

Die Zielsetzung, zukünftig verstärkt auf HLB und weniger auf reine Sachleistungen zu setzen, zeigt sich ebenfalls durch den Teilnehmerfragebogen. So stufen die Teilnehmer ihre Zufriedenheit mit dem aktuellen Angebot kundenindividueller HLB mit 3,6 ein. Die Wichtigkeit kundenindividueller HLB allgemein wird hingegen mit dem Maximalwert von fünf bewertet.

Das Verständnis der Teilnehmer zu HLB zeigt nachfolgende Tabelle, die abbildet, wie die Teilnehmer HLB definierten (bevor der Begriff im Workshop genauer definiert wurde).[609]

Teilnehmer A	Teilnehmer B	Teilnehmer C	Teilnehmer D	Teilnehmer E
physische Produkte + Service zusammen	Die Dienstleistung mit dem Produkt entwickeln; höherer Gewinn am Ende der „value chain"	Mehrfrachtreibende Leistungen zusammenfassen	Info-Sammlung aus verschiedenen Quellen und verdichte	hybride Produkte bzw. Leistungsbündel sind Systeme, die seither gegensätzliche Lösungsansätze zu einer neuen Lösung vereinigen

Tabelle 11: HLB-Definitionen der Workshop-Teilnehmer

Das aus zwei Personen bestehende Moderatorenteam wurde ebenfalls hinsichtlich der Ausbildung (Ingenieurswissenschaften und Wirtschaftswissenschaften) interdisziplinär zusammengestellt. So konnte sichergestellt werden, dass durch die proaktive Moderation des Workshops sowohl kaufmännische als auch ingenieurwissenschaftliche Kompetenzfelder bearbeitet werden.

6.3.2 Phase 1: Vorbereitung bei Unternehmen Beta: Input für die Methode ‚InnoComp'

Input für die Methode ‚InnoComp'[610] war im Fall des Workshops bei Unternehmen Beta eine Produktidee für ein neues Reinigungsgerät. Dieses soll

---

[609] Die Informationen stammen aus der Auswertung der Teilnehmerfragebögen (Anhang 2).

[610] Die Produktidee entstammt dem ‚InnoFunc' Modul ‚InnoCube', dem Modul zur Generierung neuer Produktideen für HLB.

mit zahlreichen Dienstleistungen kombiniert in Form eines verfügbarkeits-orientierten Geschäftsmodells am Markt angeboten werden. Die Verfügbar-keit der Maschine soll technisch durch die Kommunikation via Telemetrie zwischen Maschine und Unternehmen Beta gewährleistet werden. Für Wartung und Reparaturen stellt Unternehmen Beta 24 Stunden, sieben Tage die Woche, Servicemitarbeiter bereit.

Für solch ein Produkt besteht für Unternehmen Beta durchaus Konkurrenz. Die Konkurrenz ist jedoch hinsichtlich ihrer Kernkompetenzen differenziert aufgestellt. Die Marktsituation erlaubt somit ein eindeutiges Alleinstel-lungsmerkmal, durch das der Kunde einen deutlichen Mehrnutzen gegen-über Konkurrenzprodukten hat.[611]

Die zuvor beschriebene Produktidee wurde im Workshop zu allererst disku-tiert und konkretisiert und fand anschließend Einzug in Phase 2: Ableitung der unternehmensbezogenen Funktionen.

6.3.3 Phase 2: Ableitung der unternehmensbezogenen Funktionen

Im Workshop wurden für Phase 2 in einem ersten Schritt die Systematik der Methode ,InnoComp' sowie die in der Methode relevanten Begrifflichkeiten erläutert. Hierbei lag besonderes Augenmerk auf den Begriffen ,hybrides Leistungsbündel' und ,Kompetenzen'.

Im Anschluss wurden für das Angebot der Produktidee in einem ersten Schritt, unstrukturiert und allgemein, resultierende Anforderungen erarbei-tet. Im Anschluss wurden Kompetenzen identifiziert, die für die Erfüllung der Anforderungen notwendig sind. Hierbei wurden den Workshop-Teilnehmern seitens der Moderatoren die Wörter ,Anforderung' und ,Kompetenz' vorge-geben. Beide Wörter wurden von den Moderatoren vertikal auf ein Flipchart geschrieben. Die Workshop-Teilnehmer sollten die Wörter horizontal unter Benutzung der vertikal angeordneten Buchstaben durch Anforderungen und Kompetenzen ergänzen. Das Ergebnis findet sich in Abbildung 47 wieder:

---

[611] Die Informationen stammen aus einem teilstrukturierten Interview mit einem Mit-arbeiter aus dem Bereich Technologie- und Innovationsmanagement, der die ,Inno-Func' Workshops seitens des Unternehmens Beta betreut hat sowie aus der Auswer-tung des Unternehmensfragebogens (Anhang 1) und dem Workshop selbst.

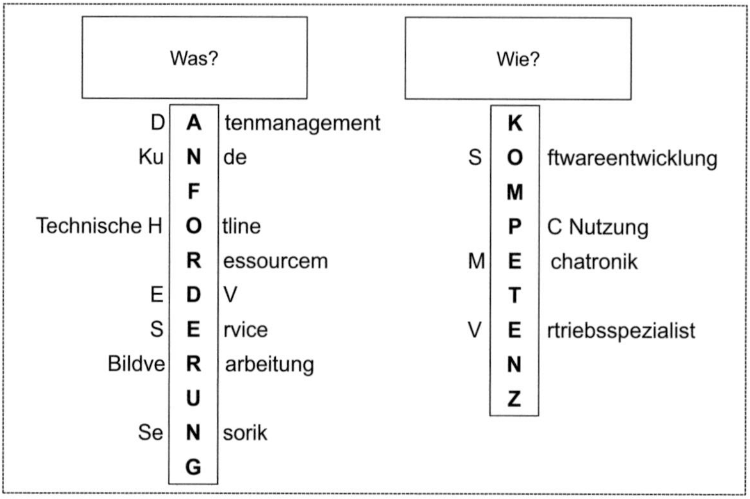

Was?				Wie?	
D	**A**	tenmanagement		**K**	
Ku	**N**	de	S	**O**	ftwareentwicklung
	F			**M**	
Technische H	**O**	tline		**P**	C Nutzung
	R	essourcem	M	**E**	chatronik
E	**D**	V		**T**	
S	**E**	rvice	V	**E**	rtriebsspezialist
Bildve	**R**	arbeitung		**N**	
	U			**Z**	
Se	**N**	sorik			
	G				

Abbildung 47: Unstrukturierte und allgemeine Anforderungen und Kompetenzen, resultierend aus dem potenziellen Angebot der Produktidee

Zielsetzung dieser ersten Aktion war das Heranführen an das Workshop-Konzept. Die Teilnehmer konnten spielerisch die der Methode ‚InnoComp' zu Grunde liegende Denklogik kennenlernen. Darüber hinaus wurde deutlich, dass es für eine ganzheitliche Identifikation der erforderlichen Kompetenzen einer systematischen und strukturierten Herangehensweise bedarf.

Im Anschluss an die unstrukturierte und allgemeine Aufnahme der Anforderungen und Kompetenzen wurde daher die aus den Ressourcen i.e.S. und den charakteristischen Merkmalen von HLB abgeleitete Systematik und Struktur der Methode ‚InnoComp' den Workshop-Teilnehmern detailliert erläutert. Hierbei wurden zuerst die Ressourcen i.e.S. und deren Bedeutung für die vorliegende Produktidee diskutiert und bewertet. Für die Bewertung konnten die fünf Workshop-Teilnehmer jeweils fünf Punkte für die Wichtigkeit der Ressource i.e.S. für die Produktidee verteilen. Die Punkte konnten dabei an mehrere Ressourcen i.e.S. verteilt werden. Pro Ressource i.e.S. konnten maximal drei Punkte vergeben werden. Die Bewertung der Workshop-Teilnehmer ist in Tabelle 12 dargestellt:

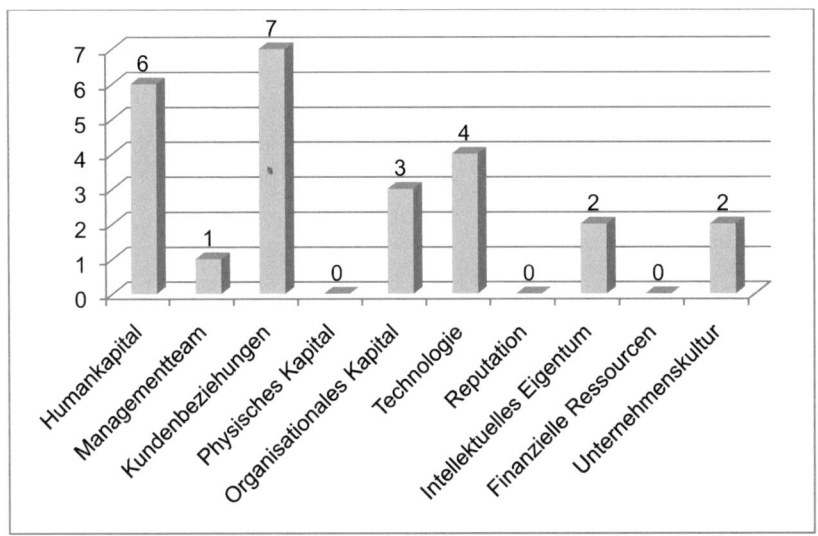

Tabelle 12: Bewertung der Ressourcen i.e.S. hinsichtlich der Bedeutung für die Produktidee

Die Bewertung diente der Festlegung der Reihenfolge der Ressourcen i.e.S. nach der im Workshop weiter vorgegangen wurde sowie der Festlegung für welche Ressourcen i.e.S. erforderliche Kompetenzen identifiziert werden. Aufgrund von Zeitknappheit sowie der Intension von Unternehmen Beta nach der es primär um das Kennenlernen der Methode ‚InnoComp' bzw. die Überprüfung von deren Durchführbarkeit respektive die Überprüfung des Nutzens für das Unternehmen ging, wurde sich darauf geeinigt nur Kompetenzen für drei der zehn Ressourcen i.e.S. zu identifizieren.

Die Bewertung der Ressourcen i.e.S. ist ein Novum gegenüber dem Workshop bei Unternehmen Alpha. Als Konsequenz aus der Analyse des Workshops bei Unternehmen Alpha wurde eine überarbeitete Vorgehensweise abgeleitet. Im Workshop bei Unternehmen Beta durchliefen die einzelnen Ressourcen i.e.S. nacheinander alle Phasen des Workshops, anstelle der Durchführung der einzelnen Phasen hintereinander für alle Ressourcen i.e.S. So wurden für die Ressource i.e.S. ‚Kundenbeziehungen' zuerst die aus der Produktidee resultierenden Anforderungen in Form der unternehmensbezogenen Funktionen erarbeitet. Im Anschluss wurden die kompetenzbezogenen Funktionen (bzw. die Kompetenzen)identifiziert, die abbilden, wie die Anforderungen in Bezug auf die ‚Kundenbeziehungen' erfüllt werden können. Im Anschluss wurden die Ergebnisse (also die Kompetenzen) für die Ressource i.e.S. ‚Kundenbeziehungen' analysiert und bewertet. Danach wurde selbiges Vorgehen für die, in der zuvor festgelegten, Reihenfolge folgenden Ressourcen i.e.S. angewandt.

Das Vorgehen für den Workshop bei Unternehmen Beta folgte deshalb dem im Weiteren aufgezeigten Ablauf (die Ressourcen, für welche die Kompetenzidentifikation stattfand, sind dabei durch das Schriftattribut ‚fett' gekennzeichnet):

1. **Kundenbeziehungen;**

2. **Humankapital;**

3. **Technologie;**

4. Organisationales Kapital;

5. Intellektuelles Eigentum;

6. Unternehmenskultur;

7. Managementteam;

8. Physisches Kapital;

9. Reputation;

10. Finanzielle Ressourcen.

Im Folgenden werden der weitere Workshop-Ablauf sowie dessen Ergebnisse exemplarisch für die,der Bewertung nach wichtigste Ressource i.e.S, ‚Kundenbeziehungen' näher erläutert.

Für die Ressource i.e.S. ‚Kundenbeziehungen' wurden von den Workshop-Teilnehmern insgesamt 27 Anforderungen (bzw. unternehmensbezogene Funktionen) erarbeitet. Dies entspricht durchschnittlich 5,4 Anforderungen (bzw. unternehmensbezogenen Funktionen) pro Workshop-Teilnehmer, wobei der Teilnehmer mit dem höchsten Funktionsoutput sechs Anforderungen abgleitet hat und der Teilnehmer mit den wenigsten vier.

Die Anforderungen wurden durch Kartenabfrage mit anschließender Diskussion festgehalten. Die Moderatoren unterstützten die Diskussion durch gezielte Fragen aus dem vorbereiteten Fragenkatalog[612], der die Ressourcen i.e.S. in Relation zu den charakteristischen Merkmalen der Produktidee setzte.

Im Workshop wurde versucht, weitestgehend in der Funktionensprache der Funktionenanalyse zu bleiben. Attribute und Ergänzungen, die den Work-

---

[612] Der Fragenkatalog war auf die spezielle Produktidee sowie die jeweilige Ressource i.e.S. angepasst. Die Basis für die angepasste Version war ein allgemeiner Fragebogen, welcher als Anhang 5 angefügt ist.

shop-Teilnehmern so wichtig erschienen, dass sie einer Aufnahme bedürfen, wurden in Klammern zu den Funktionen ergänzt.

Für die Ressource i.e.S. ‚Kundenbeziehungen‘ wurden beispielsweise Anforderungen aus der neuen Produktidee abgeleitet, die den Kommunikationsbedarf des potenziell neuen Produktes darstellen. Die klassischen Produkte von Unternehmen Beta sind wenig erklärungsbedürftige Sachleistungen. Der Nutzen der Sachleistung ergibt sich primär aus den technischen Attributen sowie der Qualität. Für die Produktidee mit dem hohen Dienstleistungsanteil ist die Situation anders gelagert. Wenngleich die Sachleistung respektive deren Qualität und technische Leistungsfähigkeit nach wie vor ein wichtiger Bestandteil der Produktidee darstellen, muss speziell der Nutzen der Dienstleistung dem Kunden ersichtlich sein und eine entsprechende Zahlungsbereitschaft auslösen.

Die neue Anforderung, bezogen auf den Kommunikationsbedarf der Produktidee, wurde im Workshop durch die Funktion ‚Benefit (dem Kunden) verdeutlichen‘ aufgenommen. Diese unternehmensbezogene Funktion wurde während des Workshops im Zuge der Diskussion über das charakteristische Merkmal ‚Kundenbeziehungen-Spezieller Kundennutzen/Problemlösungspotenzial‘ für die Produktidee entwickelt.

Weitere Anforderungen die im Zuge dieser Diskussion aufkamen, waren beispielsweise neue Anforderungen für das ‚front-office‘[613]-Personal von Unternehmen Beta. Konkret wurden die Anforderungen im Workshop über die unternehmensbezogene Funktion ‚(gut geschulte) Verkäufer anbieten‘ aufgenommen.

Eng verzahnt mit den Anforderungen, die im Zusammenhang mit dem charakteristischen Merkmal des speziellen Kundennutzens bzw. des Problemlösungspotentials im Workshop erarbeitet wurden, zeigten sich Anforderungen, die auf die Frage nach der Integration des externen Faktors ‚Kunde‘ erarbeitet wurden. Diesbezüglich wurden beispielsweise die unternehmensbezogene Funktion ‚Kundenproblem (vollständig) verstehen‘ aus der Produktidee abgeleitet.

Die Funktionen bzw. Anforderungen wurden im Workshop zuerst in ihrer Ganzheit aufgenommen. Im Anschluss wurden diese thematisch geclustert und gegebenenfalls in Teilfunktionen und Gesamtfunktionen unterteilt und bei Bedarf ergänzt. Dieses Vorgehen ist in Abbildung 48 exemplarisch für die

---

[613] Front-office Aktivitäten, sind Aktivitäten, welche die Einbindung des Kunden benötigen, siehe Kapitel 2.4.5.

Kombination ‚Kundenbeziehungen' und ‚Integration des externen Faktors ‚Kunde' dargestellt:

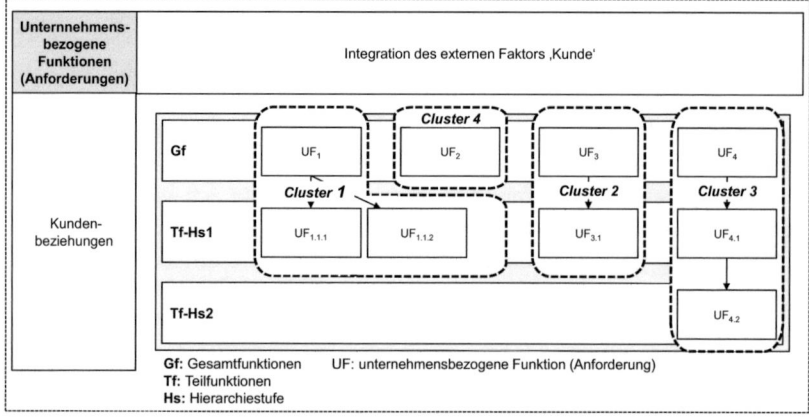

Abbildung 48: Exemplarisches Workshop-Vorgehen

Ergebnis von Phase 2 waren (für die Ressource i.e.S. ‚Kundenbeziehungen') 27 unternehmensbezogene Funktionen bzw. Anforderungen. Diese bildeten die Grundlage für Phase 3 des Workshops, die Identifikation der kompetenzbezogenen Funktionen (respektive der erforderlichen Kompetenzen). Der exemplarische Input dieser Arbeit für Phase 3 in Form von drei unternehmensbezogenen Funktionen ist in Abbildung 49 dargestellt:

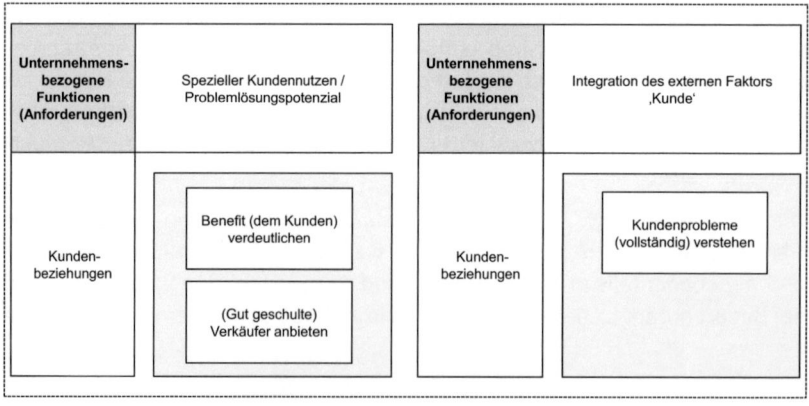

Abbildung 49: Exemplarischer Input für Phase 3

Im Folgenden werden der Ablauf von Phase 3 im Workshopbeschrieben sowie die zuvor exemplarisch herausgestellten unternehmensbezogenen Funktionen mit den im Workshop identifizierten erforderlichen Kompetenzen ergänzt.

6.3.4 Phase 3: Identifikation der kompetenzbezogenen Funktionen

Phase 3 greift die in Phase 2 aus der Produktidee abgeleiteten Anforderungen bzw. unternehmensbezogenen Funktionen auf. Zielsetzung ist die Identifikation von Kompetenzen (ausgedrückt in kompetenzbezogenen Funktionen), die zur Erfüllung der Anforderungen notwendig sind. Die unternehmensbezogenen Funktionen wurden im Workshop, analog zu Phase 2, über Kartenabfrage mit einhergehender Diskussion dokumentiert.

Für die 27 abgeleiteten Anforderungen für die Ressource i.e.S. ‚Kundenbeziehungen' wurden 13 erforderliche Kompetenzen identifiziert. Dies entspricht durchschnittlich fünf Kompetenzen pro Workshop-Teilnehmer. Der Teilnehmer mit dem höchsten Output an kompetenzbezogenen Funktionen identifizierte sechs erforderliche Kompetenzen und der Teilnehmer mit dem geringsten drei.

Die Identifikation der erforderlichen Kompetenzen fand im Workshop für die einzelnen Anforderungen bzw. Anforderungscluster statt. Die Überlegung war, ‚wie' die Anforderungen durch Unternehmen Beta erfüllt werden können. Die Kompetenzen wurden analog zu den Anforderungen in Phase 2, zuerst nicht unterschieden nach Haupt- oder Nebenfunktionen, in ihrer Gesamtheit für die einzelnen Anforderungen bzw. Anforderungscluster aufgenommen. Anschließend wurden die identifizierten Kompetenzen gegebenenfalls geclustert, in Haupt- und Nebenfunktionen eingeteilt und bei Bedarf ergänzt.

Für die in Phase 2 abgeleitete Funktion ‚Benefit (dem Kunden) verdeutlichen' wurde die Kompetenz ‚Argumentations-Leitfadenerstellen' identifiziert. Grundgedanke dahinter war, dass über einen Argumentations-Leitfaden der Benefit dem Kunden explizit dargestellt werden könne.

Für die zweite Anforderung ‚(gut geschulte) Verkäufer anbieten' fokussierte sich die Diskussion nach erforderlichen Kompetenzen primär auf die Frage wie das Verkaufspersonal auf die neuen Leistungsumfänge eingestellt werden können. Die neuen Herausforderungen sind primär dem für Unternehmen Beta bisher neuen Automatisierungsfokus der Produktidee sowie dem hohen Dienstleistungsanteil geschuldet. Als Antwort ‚wie' Unternehmen Beta diesen Anforderungen gerecht werden kann wurde die kompetenzbezogene Funktion ‚Verkäuferschulung anbieten' identifiziert. Darüber hinaus wurde eine zweite Funktion ‚Anreize (für Verkäufer) anpassen‘ identifiziert. Diese Funktion ist speziell auf den hohen Dienstleistungsanteil der Produktidee zugeschnitten. Die Idee hinter dieser Kompetenz ist, Verkaufspersonal, das lange Zeit auf den Absatz von Sachleistungen fokussiert war, durch ein Anreizsystem bzw. durch daraus resultierende intrinsische Motivation an den Verkauf von Produkten mit einem hohen Dienstleistungsanteil heranzuführen.

Die dritte im Rahmen dieser Arbeit diskutierte Anforderung ‚Kundenprobleme (vollständig) verstehen‘ führte zur Kompetenzidentifikation ‚Kundenpartner einbeziehen‘. Hierbei war die Idee, dass durch eine Kooperation mit ausgewählten ‚Lead Usern‘ also mit potenziellen Kunden, die als repräsentativ für einen bestimmten Markt oder ein bestimmtes Marktsegment gelten,wertvolle Aussagen über die Kundenprobleme und -bedürfnisse getroffen werden können.

Die im Zuge der vorliegenden Arbeit dargestellten unternehmensbezogenen Funktionen (Anforderungen) und die daraus abgeleiteten kompetenzbezogenen Funktionen (Kompetenzen) sind in Abbildung 50 dargestellt:

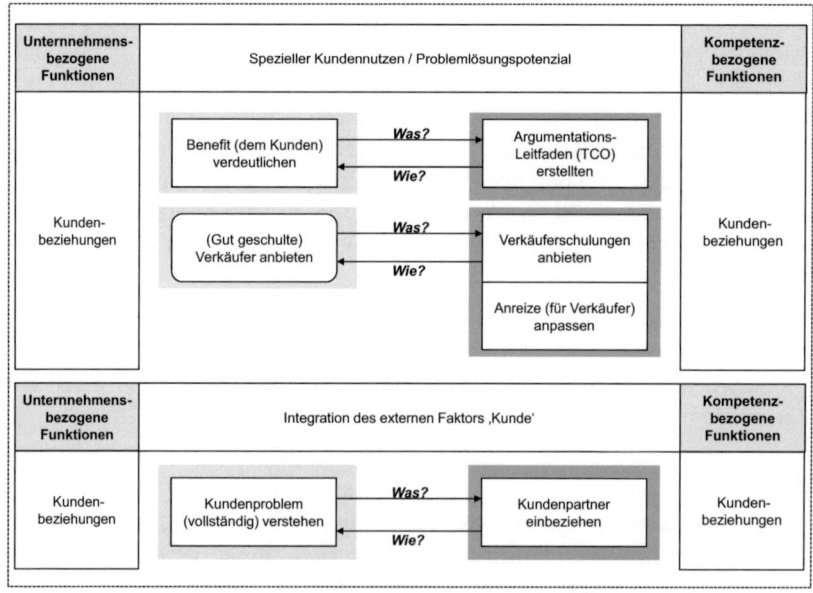

Abbildung 50: Exemplarische Interdependenzen zwischen unternehmens- und kompetenzbezogenen Funktionen

Direkt im Anschluss an die Kompetenzidentifikation fand im Workshop bei Unternehmen Beta eine Bewertung der Kompetenzen statt. Hierbei wurden zuallererst die Kompetenzen hinsichtlich ihrer Bedeutungen für die Produktidee bewertet. Hierzu konnten die Teilnehmer den Kompetenzbedeutungen Werte zwischen ‚1' und ‚5' zuordnen, wobei ‚1' für eine sehr niedrige und ‚5' für eine sehr hohe Kompetenzbedeutung stand.[614]

Die Bewertung hinsichtlich der Kompetenzbedeutung lässt zudem eine Einteilung in Haupt- und Nebenfunktionen zu. Die kompetenzbezogene Funktion ‚Argumentationsleitfaden erstellen' bezeichnet mit einer durchschnittlichen Bewertung von ‚4,8' demnach genauso wie die Funktionen ‚Kundenpartner einbeziehen' (4,6), ‚Verkäuferschulungen anbieten' (4,4) und ‚Anreize für Verkäufer anpassen' (4,2) eine Hauptfunktion.

Neben der Bewertung hinsichtlich der Kompetenzbedeutung wurden die identifizierten Kompetenzen bei Unternehmen Beta durch die Workshop-Teilnehmer hinsichtlich dem aktuellem Ist-Entwicklungsstand der einzelnen Kompetenzen bewertet. Darüber hinaus wurde zudem der für die Produktidee adäquate Soll-Entwicklungsstand der Kompetenz bewertet. Aus der Differenz zwischen Soll- und Ist-Entwicklungszustand kann eine etwaige Kompetenzlücke für das Unternehmen errechnet werden. Anhand der Bewertungen, die im Workshop über ein Bewertungs-Sheet getätigt wurden (Anhang 6), lassen sich somit Aussagen über den Handlungsbedarf bezogen auf die einzelnen Kompetenzen respektive deren Aggregationen treffen. Die Aussagen über den Handlungsbedarf wurden für den Workshop bei Unternehmen Beta retrospektiv in Phase 4 getroffen. Die Ergebnisse der Auswertung wurden Unternehmen Beta während eines gesonderten Termins präsentiert.

6.3.5 Phase 4: Auswertung der Ergebnisse

Zentrale Größen der Auswertung im Zuge von Phase 4 sind die identifizierten Kompetenzen respektive deren Bewertungen durch die Workshop-Teilnehmer. Zielsetzung der Auswertung ist eine Strukturierung der identifizierten Kompetenzen.

Im Folgenden wird exemplarisch die Auswertung der Kompetenz ‚Argumentations-Leitfadenerstellten' diskutiert. Die Auswertungen der Gesamtbewertungen für die Ressourcen i.e.S. ‚Technologie'[615] sowie ‚Humankapital'[616] finden sich in Anhang.

---

[614] Das Kompetenzbewertungs-Sheet liegt der vorliegenden Arbeit als Anhang 6 bei.
[615] Siehe Anhang 8.

Abbildung 51 zeigt, dass für die Kompetenz ‚Argumentations-Leitfaden erstellten' ein hoher Handlungsbedarf besteht, da sowohl die Kompetenzbedeutung (4,8) als auch die Kompetenzlücke (4,6) einen hohen Wert auswei-
sen:

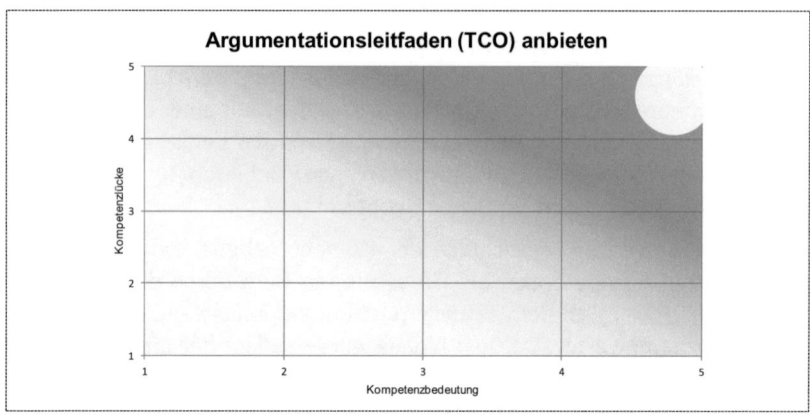

Abbildung 51: Kompetenzbedarf für die kompetenzbezogene Funktion,
Argumentationsleitfaden anbieten'

Die einzelnen Kompetenzen lassen sich zudem in Bezug auf die drei Perspektiven der erforderlichen Kompetenzen (vgl. Abbildung 43 und Abbildung
44) auswerten.[617] Für die exemplarisch diskutierte kompetenzbezogene
Funktion ‚Argumentations-Leitfaden erstellten' ergibt sich folgende Auswertung: Aufgrund der Auslegung der Produktidee als verfügbarkeitsorientiertes Geschäftsmodell ergibt sich aus der Perspektive des Dienstleistungsportfolios entsprechender Weise eine Einteilung in die Kategorie ‚verfügbarkeitsorientierter Kundennutzen'. Aus der Perspektive der funktionalen Bereiche ist die kompetenzbezogene Funktion in den Bereich der ‚Vermarktung' einzuordnen. Als Konsequenz ist die Funktion darüber hinaus eine
Marktkompetenz.

Die Auswertungen der Bewertungen für alle der Ressource ‚Kundenbeziehungen' ist in Abbildung 52 dargestellt:

---

[616] Siehe Anhang 9.
[617] Graphische Auswertung siehe Anhang 10.

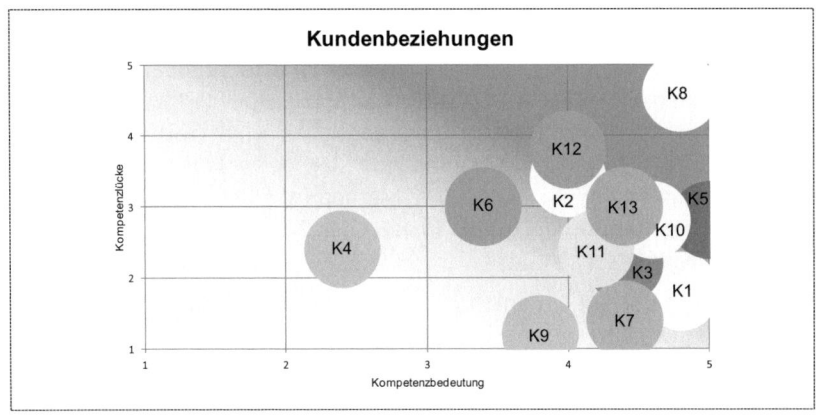

Die einzelnen identifizierten Kompetenzen lassen sich zudem zu einer ‚Durchschnittskompetenz' für die einzelnen Ressourcen i.e.S. zusammenfassen. Die ‚Durchschnittskompetenz' stellt den Durchschnitt der Ergebnisse für die Kompetenzbedeutungen sowie die Kompetenzlücken der einzelnen identifizierten Kompetenzen, gewichtet nach der Höhe der Kompetenzbedeutung, dar. Abbildung 53 zeigt die ‚Durchschnittskompetenz' für die Ressource i.e.S. ‚Kundenbeziehungen'.

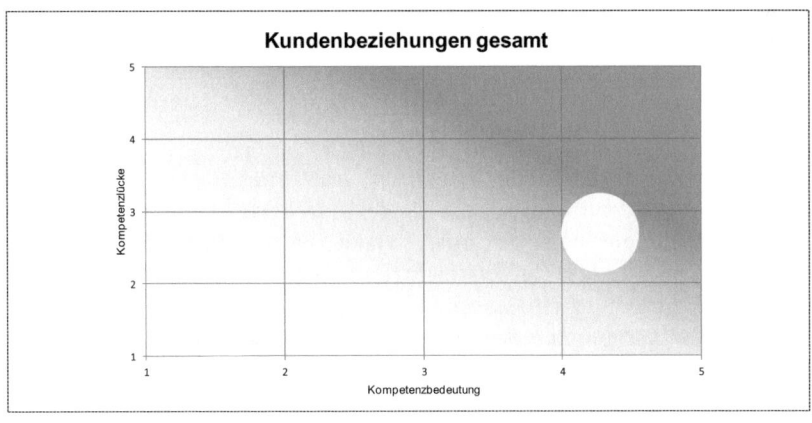

Die Bewertungssystematik wurde von den Workshopteilnehmern durchweg positiv bewertet (Anhang 11).

6.3.6 Nutzen der Methode ‚InnoComp' für Unternehmen Beta

Die Frage ‚Erachten Sie die Identifikation erforderlicher Kompetenzen für ein neu entwickeltes Angebot für Ihr Unternehmen für sinnvoll?' wurde von allen Teilnehmern des Workshops im Fragebogen[618] mit ‚ja' beantwortet. Dies zeigt, dass die Workshop-Teilnehmer mit der dieser Forschungsarbeit zu Grunde liegenden Annahme, dass eine Methode zur Identifikation erforderlicher Kompetenzen in den frühen Phasen der Produktentwicklung sinnvoll ist, konform gehen.

Gleichwohl findet bei Unternehmen Beta aktuell noch keine Kompetenzidentifikation statt.

Zielsetzung der Methode ‚InnoComp' ist die (möglichst ganzheitliche und breite) Kompetenzidentifikation über eine systematische Denklogik und über ein systematisches Vorgehen innerhalb des Workshops. Die Qualität der Systematik der Methode ‚InnoComp' wurden von den Workshop-Teilnehmern mit einem durchschnittlichen Wert von 4,2[619] bewertet. Die Qualität des Workshops insgesamt wurde ebenfalls mit einem Wert von 4,2 bewertet.

Der Nutzen der Methode ‚InnoComp' sowie die Qualität der darin implementierten Systematik und der Qualität allgemein zeigt sich zum einen in der Beantwortung der Frage ‚Können Sie sich vorstellen die heute durchgeführte Methode zur Kompetenzidentifikation häufiger einzusetzen?', die alle Workshop-Teilnehmer mit ja beantworteten. Zum Anderen bewerteten die Workshop-Teilnehmer den Nutzen der Methode ‚InnoComo' explizit mit dem hohen Wert von 4,2. Spezifiziert sahen die Teilnehmer den Nutzen der Methode ‚InnoComp' sowohl in der Produktentwicklung (3,8) als auch in der strategischen Ausrichtung des Unternehmens (4,0).

Die Ergebnisse der Methode ‚InnoComp', also erforderliche Kompetenzen für das Angebot der Produktidee sowie deren Bewertung und Analyse liefern dem Unternehmen einen vielseitigen Nutzen. Die Identifikation der erforderlichen Kompetenzen bietet beispielsweise einen relevanten Input für die Entscheidungsfindung, ob ein HLB für ein Unternehmen eine geeignete strategische Handlungsoption darstellt. Wurde diese Entscheidung bereits be-

---

[618] Siehe Anhang 3, der Fragebogen wurde von den Teilnehmern im Anschluss an den Workshop ausgefüllt.

[619] Bei allen Bewertungen im Zuge der Methode ‚InnoComp' ist 5 der Maximalwert, also die bestmögliche Bewertung und 1 der Minimalwert, also die schlechteste Bewertung. Die Skala beinhaltet die Werte 5, 4, 3, 2, 1 mit entsprechender Bedeutung bzw. Abstufung. Die gesamte Auswertung des Teilnehmerfragebogens zur Methode ‚InnoComp' (Anhang 3) findet sich in Anhang 11: Ergebnisse Teilnehmerfragebogen.

jaht, liefern die Methode ‚InnoComp' respektive deren Ergebnisse Aussagen in welchen Bereichen hinsichtlich Ressourcen- und Kompetenzausstattung Handlungsnotwendigkeit besteht.

Darüber hinaus erweitert die Identifikation der Kompetenzen die Perspektiven der Produktentwicklung. Klassischerweise entstehen Innovationen durch den sogenannten ‚Market Pull' oder ‚Technology Push'.[620] Dem Market Pull-Ansatz zufolge entstehen Innovationen aufgrund von unbefriedigten Marktbedürfnissen, wohingegen der Technology Push-Ansatz die Quelle von Innovationen in der Emergenz von Technologie sowie in der Neukonfiguration bestehender Technologien sieht.[621]

Unabhängig davon, welchem Ansatz die Produktentwicklung, abhängig von der strategischen Ausrichtung des Unternehmens folgt,[622] liefert die Methode ‚InnoComp' eine neue Informationsperspektive und zwar den Einbezug der Kompetenzsituation des Unternehmens in die frühen Phasen der Produktentwicklung.

---

[620] Vgl. Hauschildt (2007), S. 7; Hübner/Jahnes (1998), S. 120 ff.

[621] Vgl. Specht/Möhrle (2002), S. 168 ff.

[622] Neuere Ansätze verfolgen oftmals eine Kombination aus beiden klassischen Ansätzen. Vgl. hierzu beispielsweise Spath u.a. (2001a) oder Spath u.a. (2001).

7. Evaluation und Diskussion der Anwendung von Methode ‚InnoComp'

„Dienstleistungsmanagement ist [...] auch immer Integrations- und Kompetenzmanagement."[623]

Die zweifache praktische Anwendung der Methode ‚InnoComp' in den Workshops bei den Unternehmen Alpha und Beta zeigte deren Umsetzbarkeit im industriellen Umfeld. Der Nutzen der Anwendung sowie die Sinnhaftigkeit wurden aus Sicht der Workshop-Teilnehmer durch die Fragebögen (Anhang 1, 2 und 3) abgebildet und in Kapitel 6.2.6 für Unternehmen Alpha und in Kapitel 6.3.6 für Unternehmen Beta diskutiert. Im Folgenden bezieht sich die Evaluation auf die in Kapitel 4.1 definierten Anforderungen respektive auf deren Erfüllung:

- **Die Ausrichtung an Unternehmen des produzierenden Gewerbes:** Die gezielte Auswahl zweier Unternehmen aus dem Bereich des produzierenden Gewerbes zielte auf die Überprüfung der Anwendbarkeit der Methode ‚InnoComp' in diesem Bereich ab. Die Anwendbarkeit bzw. der Erfolg der Anwendung zeigte sich in der Auswertung der Fragebögen. Alle Teilnehmer können sich vorstellen, die Methode ‚Inno-Comp' erneut durchzuführen. Dies sowie die durchweg positive Bewertung der Methode allgemein zeigt, dass die Struktur und die Systematik der Methode ‚InnoComp' speziell für die Ressourcen- und Kompetenzausstattung von Unternehmen des produzierenden Gewerbes funktioniert.

- **Die Darstellung einer adäquaten Entscheidungshilfe:** Um eine adäquate Entscheidungshilfe für die durchführenden Unternehmen darzustellen, müssen sich aus den Ergebnissen der Methode ‚InnoComp' konkrete Handlungsempfehlungen ableiten lassen. Zur Ableitung von Handlungsempfehlungen wurde in den Workshops eine Bewertungssystematik durchgeführt, welche den Handlungsbedarf bezogen auf die einzelnen Kompetenzen identifiziert. Aus den ermittelten Handlungsbedarfen lassen sich sowohl Handlungsempfehlungen für den Fall ableiten, dass das durchführende Unternehmen bereits die Entscheidung zur Transformation hin zum Lösungsanbieter getroffen hat als auch für Unternehmen, die diesbezüglich in der Phase der Entscheidungsfindung sind. Unternehmen, die sich für die Transformation entschieden haben können durch die ermittelten Handlungsbedarfe ableiten, für welche Kompetenzen Konsequenzen gezogen werden

---

[623] Vgl. Zahn u.a. (2004), S. 220.

müssen, sei es durch Kooperationen oder durch Kompetenzakquise. Unternehmen, die eine Transformation in Erwägung ziehen, können durch die Bewertung der Handlungsbedarfe ableiten, ob ihre aktuelle Ressourcen- und Kompetenzsituation für eine bevorstehende Transformation passend ist.

- **Die breite Implementierbarkeit aufgrund einer modularen Konzeption:** Die erfolgreiche Anwendung der Methode ‚InnoComp' innerhalb des interdisziplinären Forschungsprojektes ‚InnoFunc' hat gezeigt, dass die Methode aufgrund ihrer Modularität in bestehende Entwicklungsverfahren und Vorgehensweisen integrierbar ist. ‚InnoComp' kann folglich sowohl alleine als auch integrativ mit bestehenden Prozessen und Verfahren eingesetzt werden.

- **Die Implementierung einer praxisnahen Operationalisierung:** Kompetenzen lassen sich nur schwer operationalisieren. Durch die strukturierte Vorgehensweise in der Methode ‚InnoComp' wurden in den Workshops 99 erforderliche Kompetenzen identifiziert. 68 davon bei Unternehmen Alpha und 31 bei Unternehmen Beta, wenngleich bei Unternehmen Beta nur Kompetenzen von drei der zehn Ressourcen i.e.S. (Kundenbeziehungen, Technologie und Humankapital) bestimmt wurden. Die Quantität der Kompetenzidentifikation sowie die Bewertungen der Workshop-Teilnehmer in den Fragebögen zeigt die erfolgreiche Operationalisierung von Kompetenzen.

  Darüber hinaus sind die Themen der Unverbindlichkeit und Vagheit sowie der zu hohen Interpretationsfähigkeit Problemstellungen für Methoden der Kompetenzidentifikation. Hierfür liefert die Methode ‚InnoComp' Bewertungsverfahren, die erfolgreich bei Unternehmen Beta getestet wurden und durch die Teilnehmer durchweg positiv im Fragebogen bewertet wurden.

- **Die aufwandsarme Durchführbarkeit:** In der industriellen Praxis sind die Themen der Effizienz und der Effektivität von zentraler Bedeutung. Für die Durchführung der Methode ‚InnoComp' wird ein Arbeitstag benötigt. Aufgrund zeitlicher Engpässe bei Unternehmen Alpha und Beta mussten die Workshops jedoch an einem halben Tag durchgeführt werden (Workshop-Dauer jeweils vier Stunden). Folglich musste die Workshop-Vorgehensweise beschnitten werden. Bei Unternehmen Alpha wurde zu Gunsten der Zeit auf die Bewertung der Kompetenzen verzichtet. Bei Unternehmen Beta wurde die Anzahl der Ressourcen i.e.S., für welche die erforderlichen Kompetenzen identifiziert wurden, auf drei beschnitten. Die drei Ressourcen i.e.S. wurden dafür einschließlich der Kompetenzbewertung durchgeführt.

Die Halbtagsworkshops zeigten gleichwohl, dass die Methode ‚Inno-Comp' sowohl effektiv (Nutzen für Unternehmen Alpha und Beta) als auch effizient ist. Die Quantität der Ergebnisse aus den Workshops bei Unternehmen Alpha und Beta zeigt, dass die Durchführbarkeit an einem Arbeitstag realistisch ist.

- **Die hinsichtlich der Branche universelle Einsetzbarkeit:** Unternehmen Alpha und Beta wurden bewusst so ausgewählt, dass sie in unterschiedlichen Branchen angesiedelt sind. Die dokumentierte und erfolgreiche Anwendung der Methode ‚InnoComp' bei beiden Unternehmen zeigt, dass unterschiedliche Branchen keine Anwendungseinschränkungen für die Methode ‚InnoComp' darstellen.

- **Die Darstellung eines ganzheitlichen und integrativen Ansatzes:** Das Gerüst des Vorgehens von Methode ‚InnoComp' stellen die Ressourcen i.e.S. dar. Dies gewährleistete in den Workshops bei Unternehmen Alpha und Beta eine ganzheitliche und integrative Kompetenzidentifikation. Die Ressourcen i.e.S. zeigen im Zuge der Kompetenzidentifikation gleichwohl Interdependenzen auf. So kann die gleiche Kompetenz unter Umständen für unterschiedliche Ressourcen i.e.S. identifiziert werden. Ein Beispiel aus den Workshops: Bei Unternehmen Beta wurden für die Produktidee neue Anforderungen im Bereich der Kundenberatung abgeleitet. Hierfür wurde als eine der erforderlichen Kompetenzen die Kompetenz ‚Beraterprofil definieren' identifiziert. Diese Kompetenz entstand für die Ressource i.e.S. ‚Kundenbeziehungen'. Sie hätte jedoch auch in den Bereich der Ressource i.e.S. Humankapital gepasst. Diese möglichen Doppelnennungen werden jedoch für die Gewährleistung der Ganzheitlichkeit als ‚notwendiges Übel' in Kauf genommen.

Die Integration der charakteristischen Merkmale von hybriden Leistungsbündeln wurde in den Workshops über einen Fragebogen, der in allgemeiner Form als Anhang 5 der Arbeit angefügt ist, umgesetzt. Die Fragen auf die einzelnen Ressourcen i.e.S. sowie die Produktidee spezifiziert.

Die expliziten Stellungnahmen der Evaluation zu den einzelnen zuvor definierten Anforderungen zeigt den Erfolg der Anwendung der Methode ‚Inno-Comp' im industriellen Umfeld. Gleichwohl bestehen im Zusammenhang mit dem Aktionsforschungsansatz kontinuierliche Verbesserungs- sowie Ausbaumöglichkeiten. Folglich werden im Anschluss die Ergebnisse kritisch diskutiert.

8. Schlussfolgerung für das Management und weiterer Forschungsbedarf

Im Folgenden wird die Arbeit diskutiert und ein Ausblick über weiteren Forschungsbedarf sowie weitere Anwendungsmöglichkeiten der Methode ‚InnoComp' gegeben.

8.1 Diskussion und Schlussfolgerung

Die Workshops bei den Unternehmen Alpha und Beta erwiesen die Tauglichkeit der der Methode ‚InnoComp' zu Grunde liegenden Denklogik. Die aus der Denklogik abgeleitete Struktur, nach der zuerst aus der Produktidee resultierende Anforderungen erarbeitet und im Anschluss zu deren Erfüllung erforderliche Kompetenzen identifiziert werden, funktionierte in der praktischen Anwendung (Auswertung der Fragebögen, Anhang 11). Das Vorgehen mit dem Gerüst der Ressourcen i.e.S. gewährleistete dabei eine ganzheitliche Identifikation der Kompetenzen. Gleichwohl ist zu erwähnen, dass die Qualität der Ergebnisse bei der Methode ‚InnoComp' stark von der Zusammensetzung des Workshop-Teams abhängig ist. Dies stellt eines der systemimmanenten Merkmale subjektiver Kompetenzeinschätzungs- und beschreibungsverfahren dar. Darüber hinaus ist die Tiefe der Identifikation, also die Frage inwieweit eine Gesamtfunktion in etwaige Teilfunktionen unterteilt wird, stark zeitabhängig. In den Workshops bei den Unternehmen Alpha und Beta wurden die Funktionen in ihre Gesamtheit aufgenommen. Anschließend wurden diese thematischkategorisiert und gegebenenfalls in Gesamt- und Teilfunktionen unterteilt bzw. bei Bedarf konkretisiert und ergänzt. Dieses Vorgehen war für die beiden Workshops zielorientiert, da die Workshop-Teilnehmer keine Erfahrung mit der Methode ‚InnoComp' hatten sowie die Workshop-Dauer zeitlich stark begrenzt war. Für eine erneute Anwendung bei den Unternehmen Alpha oder Beta wäre jedoch, aufgrund der erlangten Kenntnisse über das Vorgehen und die Denklogik der Methode ‚InnoComp' eine konsequentere Ableitung von Teilfunktionen aus den jeweiligen Gesamtfunktionen zielführend. So könnte eine weitere Konkretisierung der Ergebnisse herbeigeführt werden. Hierfür wäre gleichwohl mehr Zeit als für die ursprünglichen Workshops von Nöten.

Grundsätzlich sind die Ergebnisse der Methode ‚InnoComp', also erforderliche Kompetenzen sowie deren Auswertung, für Unternehmen ein hilfreicher Input. Die Kompetenzen dürfen dabei jedoch nicht als statische Größen verstanden werden. Die frühen Phasen der Produktentwicklung bedingen Änderungen der Produktidee bei deren Entwicklung in die Serienreife. Die Änderungen können dabei auch zu Änderungen hinsichtlich der erforderlichen

Kompetenzen führen. Gleichwohl ist eine frühzeitige Identifikation und Evaluation der erforderlichen Kompetenzen hilfreich, da sie für die ganzheitliche und breite Evaluation neuer Produktideen benötigt wird.

Die Bewertungssystematik der Kompetenzen erwies sich in der praktischen Anwendung für die Unternehmen ebenfalls als hilfreich. Suboptimal war dabei die zeitliche Verzögerung zwischen der Bewertung der Kompetenzen und der Präsentation der Ergebnisse. Die Auswertung der Kompetenzbewertungen mit aktuellen Hilfsmitteln ist vergleichsweise zeitintensiv und nicht in Echtzeit möglich. Die Präsentation der Ergebnisse musste daher bei Unternehmen Beta (bei Unternehmen Alpha fand keine Bewertung der Kompetenzen statt) während eines gesonderten, nachgelagerten Termins präsentiert werden. Für zukünftige Anwendungen wären der Einsatz respektive die Entwicklung einer Software hilfreich, über die eine Echtzeitauswertung innerhalb der Workshops möglich ist. Denkbar wäre hierbei eine Aufnahme der Bewertungen über Tablet PCs und die Auswertung dieser über entsprechende Software. Könnten die Ergebnisse noch während der Workshops präsentiert werden, wäre ein größerer Bezug für die Workshop-Teilnehmer zu den Ergebnissen gegeben, da die Teilnehmer noch in der Denklogik der Methode ‚InnoComp' sind und die Erarbeitung der Bewertungen nur kurz zurückliegt. Darüber hinaus würde eine Echtzeitauswertung die Effizienz der Methode ‚InnoComp' merklich verbessern.

Zusammenfassend bleibt zu sagen, dass die praktische Anwendung der Methode ‚InnoComp' deren Umsetzbarkeit in der industriellen Praxis und den Nutzen für die anwendenden Unternehmen gezeigt hat.

8.2 Ausblick

Die Methode ‚InnoComp' ermöglicht Unternehmen (speziell des produzierenden Gewerbes) eine Identifikation der erforderlichen Kompetenzen für das potenzielle Angebot eines neuen hybriden Leistungsbündels, das sich in den frühen Phasen der Produktentwicklung befindet. Über die Methode ‚InnoComp' können darüber hinaus Aussagen über den Handlungsbedarf für die einzelnen identifizierten Kompetenzen getroffen werden.

Im Folgenden werden Themenfelder eröffnet, die durch vorliegende Arbeit in den Fokus zukünftiger Forschungsvorhaben rücken sollten.

Keine Aussagen werden im Zuge der Methode ‚InnoComp' darüber getroffen, wie schwer der Kompetenzaufbau für die einzelnen identifizierten Kompetenzen ist oder alternativ wie die Kompetenzen z.B. über Akquise oder Kooperation erlangt werden können. Des Weiteren können mit der Methode ‚InnoComp' keine Aussagen darüber getroffen werden, für welche Kompetenz sich welche Art des Kompetenzaufbaus (Entwicklung, Akquise oder Kooperation) anbietet. Folglich bieten sich diese Themenfelder als Ergänzung zur Methode ‚InnoComp' für weitere Forschung an.

Die Methode ‚InnoComp' ist auf die frühen Phasen der Produktentwicklung fokussiert. Bis zur Überführung in die Serienreife konkretisiert und verändert sich die Produktidee folgerichtig. Gleiches gilt für die identifizierten Kompetenzen. Daher bietet sich die Weiterentwicklung und Anpassung der Methode ‚InnoComp' für die später gelagerten Phasen der Produktenwicklung für weitere Forschungsvorhaben an. Gleichwohl die Methode ‚InnoComp' mit ihrer ganzheitlichen und stringenten Systematik auch für spätere Entwicklungsphasen geeignet scheint, bleibt dies zu testen und gegebenenfalls erforderliche Anpassungen vorzunehmen.

Die Methode ‚InnoComp' ist aufgrund des modularen Aufbaus vielseitig einsetzbar. Zukünftige Forschungsvorhaben können daher auch auf andersgelagerte Anwendungen der Denklogik als in vorliegender Arbeit abzielen.

Die Frage nach den Kompetenzen im Zuge von hybriden Leistungsbündeln ist ein Themenbereich von zunehmender Bedeutung. Gleichwohl besteht nach wie vor großer Forschungsbedarf.

Anhang 1: Unternehmensfragebogen (vorab, zentral ausgefüllt durch die jeweiligen Ansprechpartner im Unternehmen für die Methode ‚InnoFunc'):

Unternehmen
Fragebogen InnoFunc@„*Name des Unternehmens"*

Die Auswertung des Fragebogens wird anonymisiert durchgeführt.
Wir danken Ihnen für Ihre Kooperation!

Informationen allgemein

1. Wie viele Mitarbeiter hat ihr Unternehmen momentan?

2. Wie viele Mitarbeiter arbeiten im FuE-Bereich?

3. Wie hoch war der Umsatz im vergangenen Geschäftsjahr?

4. Wie hoch waren die FuE-Ausgaben im vergangenen Geschäftsjahr?

5. Wie hoch war der Anteil externer FuE an den FuE-Ausgaben im vergangenen Geschäftsjahr?

6. Wie hoch ist der Anteil von Dienstleistungen am Umsatz?

7. Wie viele Mitarbeiter beschäftigen Sie im Dienstleistungsbereich?

8. Warum bieten Sie Dienstleistungen an?

    O   O   O

Differenzierung gegenüber   Umsatzsteige-   Sonstiges:
    Wettbewerber   rung

9. Nennen Sie kurz die strategischen Ziele Ihres Unternehmens:

Entwicklungsprozess

10. Was verstehen Sie unter hybriden Leistungsbündeln bzw. hybriden Produkten?

11. Beschreiben Sie kurz den normalen Produktentwicklungsprozess Ihres Unternehmens:

12. Welche Methoden setzen Sie normalerweise in den frühen Phasen der Produktentwicklung ein?

13. Ist eine Identifikation erforderlicher Kompetenzen für ein neu entwickeltes Produkt Bestandteil Ihres Produktentwicklungsprozesses?

O   O

ja   nein

14. (Falls 13 mit „ja" beantwortet wurde:) Wie werden die erforderlichen Kompetenzen identifiziert?

15. Bitte benennen Sie die Kernkompetenzen Ihres Unternehmens:

16. Was sind Ihrer Meinung nach Restriktionen bei der Produktentwicklung Ihres Unternehmens?

Fokus für den InnoFunc-Workshop

17. Welches Produkt/welcher Produktbereich soll im InnoFunc Workshop im Fokus stehen?

18. Wieso denken Sie eignet sich das gewählte Produkte/der gewählte Produktbereich besonders für den InnoFunc-Workshop?

19. Wie ist die Wettbewerbssituation für das ausgewählte Produkte/den ausgewählten Produktbereich?

DANKE!

Anhang 2: Teilnehmerfragebogen 1 (ausgefüllt durch die Teilnehmer des Workshops vor dem Modul ‚InnoComp'):

Teilnehmer

Feedback-Fragebogen 1

InnoFunc@„*Name des Unternehmens*"

Informationen allgemein

1. Wie lange sind Sie bereits im Unternehmen?

[Angabe in Jahren]

2. In welcher Funktion bzw. in welchem Bereich sind Sie aktuell im Unternehmen tätig?

3. Bitte beschreiben Sie kurz Ihren Ausbildungsweg:

4. Wie schätzen Sie Ihre individuellen Kompetenzen ein?

Fachkompetenz:	O sehr hoch	O eher hoch	O mittel	O eher niedrig	O sehr niedrig

Methodenkompetenz:	O sehr hoch	O eher hoch	O mittel	O eher niedrig	O sehr niedrig

Kommunikations- kompetenz:	O sehr hoch	O eher hoch	O mittel	O eher niedrig	O sehr niedrig

Medienkompetenz:	O sehr hoch	O eher hoch	O mittel	O eher niedrig	O sehr niedrig

Lernkompetenz:	O	O	O	O	O
	sehr hoch	eher hoch	mittel	eher niedrig	sehr niedrig

Sozialkompetenz:	O	O	O	O	O
	sehr hoch	eher hoch	mittel	eher niedrig	sehr niedrig

5. Was sind Ihre Hobbys? Womit beschäftigen Sie sich außerberuflich besonders gerne? Wo denken Sie liegen Ihre außerberuflichen Kompetenzen?

6. Was verstehen Sie unter hybriden Leistungsbündeln bzw. hybriden Produkten?

7. Für wie wichtig halten Sie es, regelmäßig Kundenbedürfnisse zu identifizieren?

O	O	O	O	O
sehr wichtig	wichtig	mittel	eher unwichtig	unwichtig

8. Wie zufrieden sind Sie mit Ihrem Angebot an kundenindividuellen Produkt-Dienstleistungs-Kombinationen?

O	O	O	O	O
sehr zufrieden	eher zufrieden	mittelmäßig zu-frieden	eher unzufrieden	unzufrieden

9. Für wie wichtig halten Sie kundenindividuelle Produkt-Dienstleistungs-Kombinationen für den Erfolg Ihres Unternehmens?

O	O	O	O	O
sehr wichtig	wichtig	mittel	eher unwichtig	unwichtig

Workshopmodul – InnoCube

10. Wie schätzen Sie die Leistungsfähigkeit der heute durchgeführten Methode im Vergleich zu den von Ihnen normalerweise eingesetzten Methoden ein?

O	O	O	O	O
viel besser	eher besser	gleich	eher schlechter	viel schlechter

11. Bitte bewerten Sie den Grad der Systematik der heute durchgeführten Methode?

O	O	O	O	O
sehr hoch	eher hoch	mittel	eher niedrig	sehr niedrig

12. Wie hilfreich war die Einteilung in die Abstraktionslevel?

O	O	O	O	O
sehr hilfreich	eher hilfreich	mittel	eher nicht hilfreich	nicht hilfreich

13. Wie hoch schätzen Sie den Neuheitsgrad der heute generierten (Produkt) Ideen ein?

O	O	O	O	O
sehr hoch	eher hoch	mittel	eher niedrig	sehr niedrig

14. Wie hoch schätzen Sie die Umsetzbarkeit der generierten Produktideen ein?

O	O	O	O	O
sehr hoch	eher hoch	mittel	eher niedrig	sehr niedrig

15. Können Sie sich vorstellen die eingesetzte Methode erneut durchzuführen?

O	O
Ja	Nein

Bitte bewerten Sie die heute durchgeführte Methode:

16. Hinsichtlich des Nutzens für Ihr Unternehmen:

O	O	O	O	O
sehr hoch	hoch	mittel	niedrig	sehr niedrig

17. Hinsichtlich des Nutzens für den Produktentwicklungsprozess in Ihrem Unternehmen:

O	O	O	O	O
sehr hoch	hoch	mittel	niedrig	sehr niedrig

18. Hinsichtlich der Sinnhaftigkeit einer erneuten Anwendung in Ihrem Unternehmen:

O	O	O	O	O
sehr hoch	hoch	mittel	niedrig	sehr niedrig

19. Hinsichtlich der Eignung der Methode den Strategieprozess in Ihrem Unternehmen zu unterstützen?

O	O	O	O	O
sehr hoch	hoch	mittel	niedrig	sehr niedrig

20. Alles in allem – wie bewerten Sie die heute durchgeführte Methode allgemein?

O	O	O	O	O
sehr gut	gut	mittel	schlecht	sehr schlecht

DANKE!

Teilnehmer

Feedback-Fragebogen 2

InnoFunc@„*Name des Unternehmens*"

InnoFunc-Methode allgemein

1. Was waren Ihre Erwartungen an die InnoFunc Workshops?

2. Wurden Ihre Erwartungen erfüllt?

O	O	O	O	O
sehr gut	eher gut	mittel	eher schlecht	sehr schlecht

3. Wie hoch schätzen Sie die Produktkomplexität des Produktes ein (nicht nur technisch)?

O	O	O	O	O
sehr hoch	eher hoch	mittel	eher niedrig	sehr niedrig

4. Bitte bewerten Sie den Grad der Systematik von InnoFunc?

O	O	O	O	O
sehr hoch	eher hoch	mittel	eher niedrig	sehr niedrig

5. Bitte bewerten Sie die Nachvollziehbarkeit der einzelnen Schritte von Inno-Func:

O	O	O	O	O
sehr verständlich	eher verständlich	mittel	eher nicht verständlich	nicht verständlich

6. Bitte beschreiben Sie in aller Kürze das Vorgehen, das normalerweise in dieser Phase der Produktentwicklung in Ihrem Unternehmen eingesetzt wird:

7. Wie bewerten Sie InnoFunc im Vergleich zu dem von Ihnen normalerweise eingesetzten Methoden oder Vorgehen?

O	O	O	O	O
viel besser	eher besser	gleich	eher schlechter	viel schlechter

8. Verbesserungsvorschläge

9. Möchten Sie uns sonst noch was sagen?

Bitte bewerten Sie die Methode InnoFunc:

10. Hinsichtlich des Nutzens für Ihr Unternehmen:

O	O	O	O	O
sehr hoch	eher hoch	mittel	eher niedrig	sehr niedrig

11. Hinsichtlich des Nutzens für den Produktentwicklungsprozess in Ihrem Unternehmen:

O	O	O	O	O
sehr hoch	eher hoch	mittel	eher niedrig	sehr niedrig

12. Hinsichtlich des Nutzens der strategischen Ausrichtung Ihres Unternehmens:

O	O	O	O	O
sehr hoch	eher hoch	mittel	eher niedrig	sehr niedrig

13. Hinsichtlich der Sinnhaftigkeit einer erneuten Anwendung in Ihrem Unternehmen:

O	O	O	O	O
sehr hoch	eher hoch	mittel	eher niedrig	sehr niedrig

14. Alles in allem – wie bewerten Sie die InnoFunc Methode allgemein?

O	O	O	O	O
Sehr gut	eher gut	mittel	eher schlecht	Sehr schlecht

Workshopmodul – InnoComp

15. Erachten Sie die Identifikation erforderlicher Kompetenzen für ein neu entwickeltes Angebot für Ihr Unternehmen für sinnvoll?

O	O
Ja	Nein

16. Bitte bewerten Sie den Grad der Systematik der Kompetenzidentifikation?

O	O	O	O	O
Sehr hoch	eher hoch	mittel	eher niedrig	Sehr niedrig

17. Können Sie sich vorstellen die heute durchgeführte Methode zur Kompetenzidentifikation häufiger einzusetzen?

O	O
Ja	Nein

18. Bitte bewerten Sie die heute durchgeführte Methode zur Kompetenzidentifikation allgemein:

○	○	○	○	○
Sehr gut	eher gut	mittel	eher schlecht	Sehr schlecht

19. Bitte bewerten Sie die heute durchgeführte Methode zur Kompetenzidentifikation hinsichtlich des Nutzens für Ihr Unternehmen:

○	○	○	○	○
Sehr hoch	eher hoch	mittel	eher niedrig	Sehr niedrig

20. Bitte bewerten Sie die heute durchgeführte Methode zur Kompetenzidentifikation hinsichtlich des Nutzens für den Produktentwicklungsprozess in Ihrem Unternehmen:

○	○	○	○	○
Sehr hoch	eher hoch	mittel	eher niedrig	Sehr niedrig

21. Bitte bewerten Sie die heute durchgeführte Methode zur Kompetenzidentifikation hinsichtlich des Nutzens der strategischen Ausrichtung Ihres Unternehmens:

○	○	○	○	○
Sehr hoch	eher hoch	mittel	eher niedrig	Sehr niedrig

22. Bewerten Sie die heute durchgeführte Methode zur Kompetenzidentifikation hinsichtlich der Sinnhaftigkeit einer erneuten Anwendung in Ihrem Unternehmen:

○	○	○	○	○
Sehr hoch	eher hoch	mittel	eher niedrig	Sehr niedrig

23. Halten Sie die heute durchgeführte Bewertung der erforderlichen Kompetenzen hinsichtlich deren Bedeutung für Ihr Unternehmen für sinnvoll?

○	○	○	○	○
Sehr sinnvoll	eher sinnvoll	mittel	eher nicht sinnvoll	nicht sinnvoll

24. Halten Sie die heute durchgeführte Bewertung der erforderlichen Kompetenzen hinsichtlich des Ist- und Soll-Zustandes der Kompetenzen für Ihr Unternehmen für sinnvoll?

O	O	O	O	O
Sehr sinnvoll	eher sinnvoll	mittel	eher nicht sinn-voll	nicht sinnvoll

DANKE!

Anhang 4: Ergebnisse Teilnehmerfragebogen 2 bei Unternehmen Alpha (ausgefüllt durch den Teilnehmer des Workshops im Anschluss an das Modul ‚InnoComp'. Die Nummern im Schaubild beziehen sich auf die Nummerierung des Teilnehmerfragebogens (Anhang 3). Die Fragen 23 und 24 wurden nicht beantwortet, da keine Bewertung der Kompetenzen durchgeführt wurde:

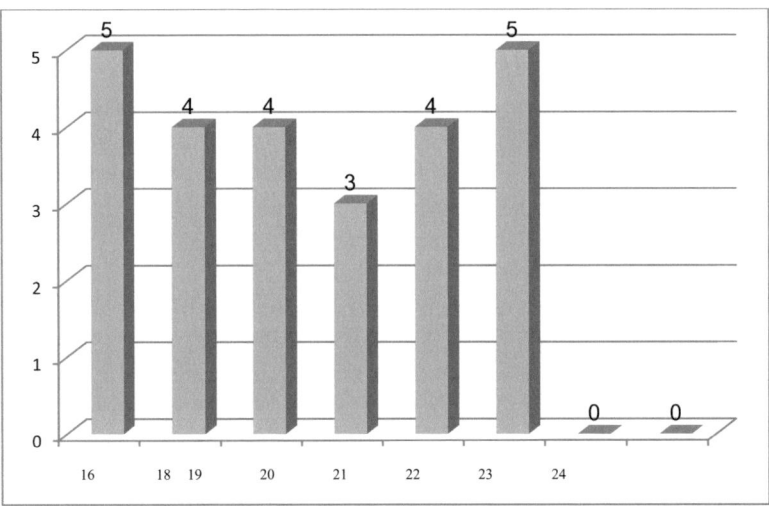

Anhang 5: Allgemeine Version des Fragenkatalogs zur Unterstützung der Diskussion über Anforderungen resultierend aus dem potenziellen Angebot einer Produktidee für ein HLB. In den ‚InnoComp' Workshops kam dieser Fragebogen angepasst an die jeweiligen Ressourcen i.e.S. und an die entsprechende Produktidee zum Einsatz.

- Welche Anforderungen ergeben sich aus der Systemkomplexität des HLB für die Ressource i.e.S.?

- Welche Anforderungen ergeben sich aus dem speziellen Kundennutzen bzw. dem Problemlösungspotenzial des HLB für die Ressource i.e.S.?

- Welche Anforderungen ergeben sich durch die Integration des externen Faktors ‚Kunde' in Bezug auf das HLB für die Ressource i.e.S.?

- Welche Anforderungen ergeben sich aus den heterogenen Teilleistungen des HLB für die Ressource i.e.S.?

- Welche Anforderungen ergeben sich aus der speziellen Kundenindividualität des HLB die Ressource i.e.S.?

- Welche Anforderungen ergeben sich aus der Ausdehnung der Leistungserbringung im Falle des HLB für die Ressource i.e.S.?

- Welche Anforderungen ergeben sich aus den sich gegenseitig determinierenden Teilleistungen des HLB für die Ressource i.e.S.?

Anhang 6: Kompetenzbewertungssheet:

Anhang 7: Auswertung für die kompetenzbezogene Funktion ‚Verkäufer-schulungen anbieten':

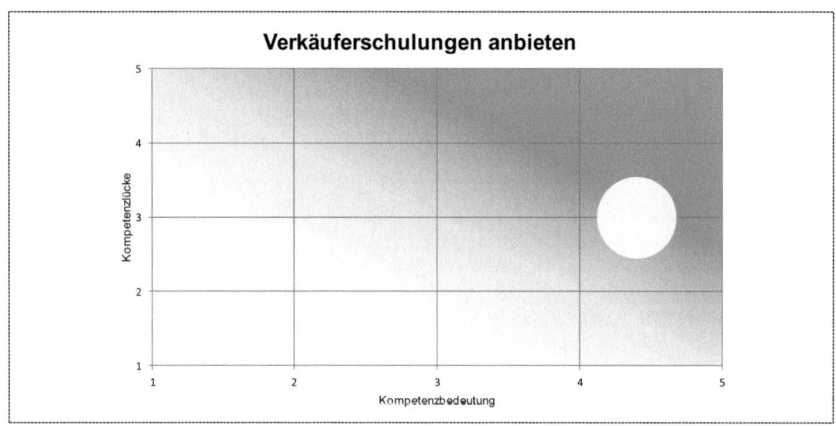

Anhang 8: Auswertung der Kompetenzen für die Ressource i.e.S. ‚Technologie':

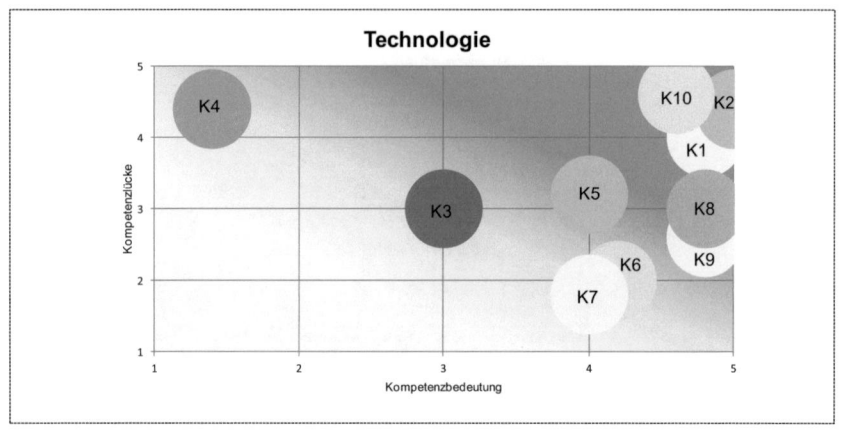

Anhang 9: Auswertung der Kompetenzen für die Ressource i.e.S. ‚Humankapital':

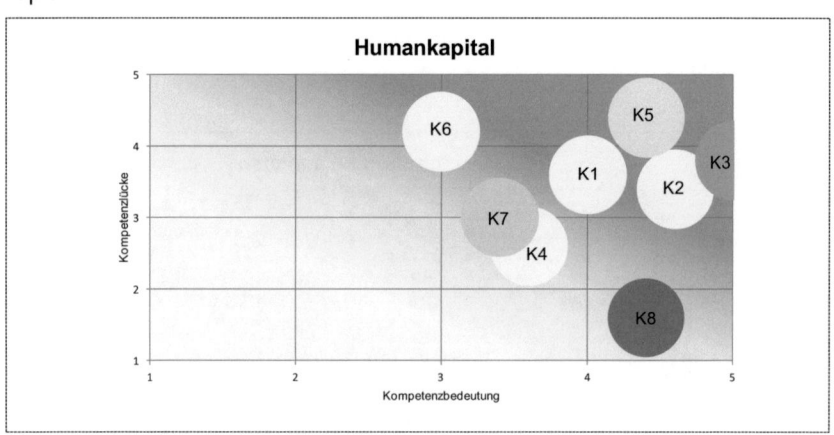

Anhang 10: Detailauswertung kompetenzbezogene Funktion ‚Argumentationsleitfaden anbieten':

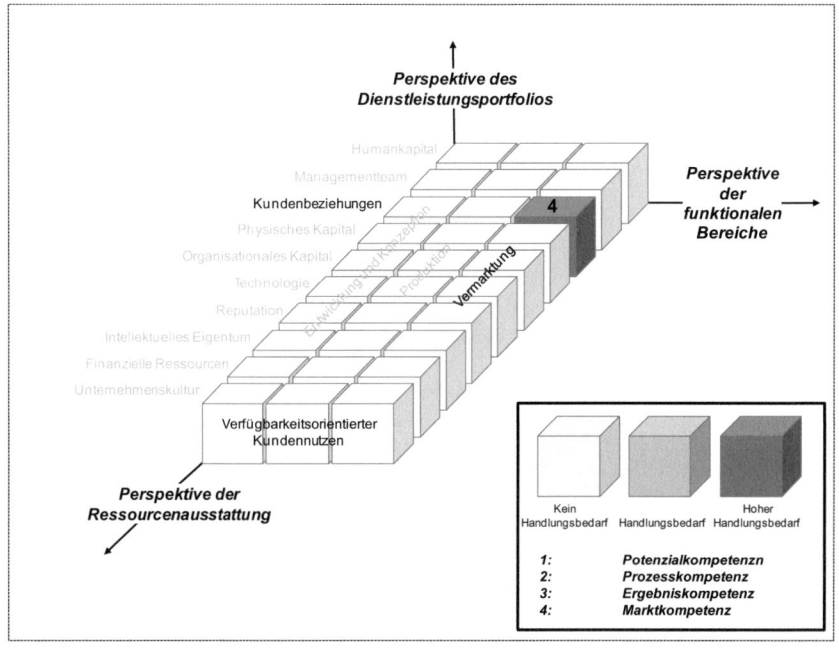

Anhang 11: Ergebnisse Teilnehmerfragebogen 2 bei Unternehmen Beta (ausgefüllt durch die Teilnehmer des Workshops im Anschluss an das Modul ‚InnoComp'. Die Nummern im Schaubild beziehen sich auf die Nummerierung des Teilnehmerfragebogens (Anhang 3):

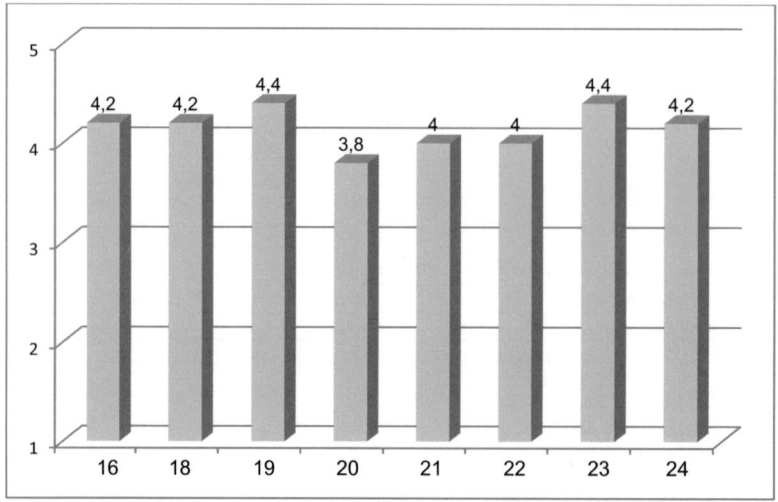

Literaturverzeichnis

Abramovici, M., Michele, J. und Neubach, M. (2008), Erweiterung des PLM-Ansatzes für hybride Leistungsbündel, in: ZWF Zeitschrift für wirtschaftlichen Fabrikbetrieb, 103, Nr. 9, S. 619–622.

Academy of Management Review (1985), 10, Nr. 4

Action Research (2003), 1, Nr. 1

Albers, S., Klapper, D. und Konradt, U. (Hrsg., 2007), Methodik der empirischen Forschung, Wiesbaden 2007.

Altrichter, H., Kemmis, S., McTaggart, R. und Zuber-Skerrit, O. (2002), The concept of action research, in: The Learning Organization, 9, Nr. 3, S. 125–131.

Arbeitsgemeinschaft Betriebliche Weiterbildungsforschung e.V. (2003), Rahmenbedingungen für die Entwicklung Organisationaler Kompetenzen, Berlin 2003.

Aurich, J.C., Fuchs, C. und Wagenknecht, C. (2006), Life cycle oriented design of technical Product-Service Systems, in: Journal of Cleaner Production, 14, Nr. 17, S. 1480–1494.

Aurich, J.C., Mannweiler, C. und Schweitzer, E. (2010), How to design and offer services successfully, in: CIRP Journal of Manufacturing Science and Technology, 2, Nr. 3, S. 136–143.

Aurich, J.C. und Clement, M.H. (Hrsg., 2010), Produkt-Service Systeme, Heidelberg, London, New York 2010.

Backhaus, K., Frohs, M. und Weddeling, M.(2007), Produktbegleitende Dienstleistungen zwischen Anspruch und Wirklichkeit, Ein Beitrag zum Forschungsprojekt „ServPay – Zahlungsbereitschaften für Geschäftsmodelle produktbegleitender Dienstleistungen", SERVPAY Arbeitspapier, Münster 2007.

Baines, T. S., Lightfoot, H.W., Evans, S., Neely, A., Greenough, R., Peppard, J., Roy, R., Shehab, E., Braganza, A., Tiwari, A., Alcock, J.R., Angus, J.P., Bastl, M., Cousens, A., Irving, P., Johnson, M., Kingston, J., Lockett, H., Martinez, V., Michele, P., Tranfield, D., Walton, I.M. und Wilson, H. (2007), State-of-the-art in product-service systems, in: Proceedings of the Institution of Mechanical Engineers Part B Journal of Engineering Manufacture, 221, Nr. 10, S. 1543–1552.

Barney, J. B. (1991), Firm Ressources and Sustained Competitive Advantage, in: Journal of Marketing, 17, Nr. 1, S. 99–120.

Barney, J. B. (2007), Gaining and sustaining competitive advantage, Upper Saddle River 2007.

Baureis, D., Neumann, D. und Minguez, J. (2010), From a Product to a Product-Service System Supply Chain: A strategic Roadmap2010), in: Proceedings of the 12th International MITIP Conference S. 148–156.

Baureis, D., Wagner, L. und Warschat, J. (2011), Describing product-service systems with functional analysis, in: Spath, Illg und Krause (Hrsg., 2011), S. 135.

Becker, J., Beverungen, D., Knackstedt, R. und Müller, O. (2010), Preisfindung für hybride Leistungsbündel – Modellbasierte Integration von Ansaetzen zur Entscheidungsunterstuetzung, in: Thomas und Nüttgens (Hrsg., 2010), S. 144–166.

Becker, J., Knackstedt, R., Matzner, M. und Kröger, T. (2008), Leistungsbündel aus Produkten und Dienstleistungen, in: Industrie Managment, 24, Nr. 5, S. 69–73.

Bellmann, K., Freiling, J. und Hammann, P. (Hrsg., 2002), Aktionsfelder des Kompetenz-Managements, Wiesbaden 2002.

Benbasat, I., Goldstein, D.K. und Mead, M. (1987), The Case Research Strategy in Studies of Information Systems, in: MIS Quarterly, 11, Nr. 3, S. 369–386.

Beyer, M. und Stephan, M. (2008), Schutzstrategien für produktbegleitende Dienstleistungsinnovationen, in: Eisenkopf, Opitz und Proff (Hrsg., 2008), S. 197–219.

Bienzeisler, B. und Ganz, W. (2010), Management hybrider Wertschöpfung: Einführung in die Problemstellung, in: Ganz und Bienzeisler (Hrsg., 2010), S. 7–16.

Black, J. und Boal, K. (1994), Strategic Ressources: Traits, Configurations and Paths to Suistainable Competitive Advantage, in: Strategic Management Journal, 15, S. 131–148.

Blecker, T. und Gemünden, H. G. (Hrsg., 2006), Wertschöpfgungsnetzwerke, Berlin 2006.

Bleicher, K. (2011), Das Konzept Integriertes Management, Frankfurt am Main 2011.

Blinn, N., Nüttgens, M., Schlicker, M., Thomas, O. und Walter, P. (2010), Lebenszyklusmodelle hybrider Wertschöpfung: Modellimplikationen und Fallstudie, in: Thomas und Nüttgens (Hrsg., 2010), S. 130–143.

Böhmann, T. und Krcmar, H. (2007), Hybride Produkte: Merkmale und Herausforderungen, in: Bruhn und Strauss (Hrsg., 2007), S. 239–255.

British Journal of Management (1996), 7, Nr. 1

Bruhn, M. und Meffert, H. (Hrsg., 2001), Handbuch Dienstleistungsmanagement, Wiesbaden 2001.

Bruhn, M. und Strauss, B. (Hrsg., 2007), Wertschöpfungsprozesse bei Dienstleistungen, Wiesbaden 2007.

Brydon-Miller, M., Greenwood, D. und Maguire, P. (2003), Why Action Research?, in: Action Research, 1, Nr. 1, S. 9–28.

Bullinger, H. und Hermann, S. (Hrsg., 2000), Wettbewerbsfaktor Kreativität, Wiesbaden 2000.

Bullinger, H.-J. (Hrsg., 1999), Dienstleistungen-Innovation für Wachstum und Beschäftigung, Wiesbaden 1999.

Bullinger, H.-J. und Bscheid, W. (Hrsg., 2002), Vom Kunden zur Dienstleistung, Stuttgart 2002.

Bullinger, H.-J. und Scheer, A.-W. (Hrsg., 2006), Service engineering, Berlin, Heidelberg, New York 2006.

Bundesministerium für Bildung und Forschung (BMBF) Referat Öffentlichkeitsarbeit (2006), Innovationen mit Dienstleistungen, Bonn, Berlin 2006.

Bürgel, H. D. und Zeller, A. (1997): Controlling kritischer Erfolgsfaktoren in Forschung und Entwicklung. In: Controlling Heft, 4, S.218–224.

Burianek, F., Ihl, C., Bonnemeier, S. und Reichwald, R. (2007), Typologisierung hybrider Produkte, in: Reichwald (Hrsg., 2007), S. 1–30.

Burmann, C., Freiling, J. und Hülsmann, M. (Hrsg., 2006), Neue Perspektiven des Strategischen Kompetenz-Managements, Wiesbaden 2006.

Burr, W. (2002), Service Engineering bei technischen Dienstleistungen, Wiesbaden 2002.

Burr, W. (2008), Zur Anwendung des resource based view of the firm auf Dienstleistungsunternehmen, in: Eisenkopf, Opitz und Proff (Hrsg., 2008), S. 184–194.

Burr, W. (2009), Zur Anwendung des Resource Based View of the Firm auf Dienstleistungsunternehmen - Versuch einer Präzisierung des Resource Based View, in: Proff, Burmann und Freiling (Hrsg., 2009), S. 158–189.

Burr, W., Musil, A., Stephan, M. und Werkmeister, C. (2005), Unternehmensführung, München 2005.

b-wise GmbH, Business Wissen Information Service (2012), Forschungs- und Entwicklungsprojekt Servicepartner – Industrie, http://www.servicepartner-industrie.de/, Zugriff am 07.02.2012.

Chesbrough, H. W. (2010), Business Model Innovation: Opportunities and Barriers, in: Long Range Planning, 43, Nr. 2/3, 2010, S. 354-363.

CIRP Annals - Manufacturing Technology (2010), 59, Nr. 2

CIRP Journal of Manufacturing Science and Technology (2009), 1, Nr. 4

CIRP Journal of Manufacturing Science and Technology (2010), 2, Nr. 3

CIRP Journal of Manufacturing Science and Technology (2010), 3, Nr. 2

Computers & Industrial Engineering (2009), 56, Nr. 1

Conrad, K.-J. (2010), Grundlagen der Konstruktionslehre, München 2010.

Controlling (2009), 21, Nr. 3

Controlling Heft, 4

Corporate Communications (2001), 6, Nr. 1

Corsten, H. (Hrsg., 2005), Schriften zum Produktionsmanagement, Kaiserslautern 2005.

Corsten, H. und Gössinger, R. (2005), Integratives Dienstleistungsmanagement: Grundlagen – Beschaffung – Produktion - Marketing – Qualität, in: Corsten (Hrsg., 2005).

Corsten, H. und Gössinger, R. (2007), Dienstleistungsmanagement, München 2007.

Corsten, H. und Gössinger, R. (2009), Produktionswirtschaft, München 2009.

Corsten, H. und Reiss, M. (Hrsg., 1999), Betriebswirtschaftslehre, München 1999.

Corsten, H. und Reiss, M. (Hrsg., 1995), Handbuch Unternehmungsführung, Wiesbaden 1995.

Corsten, H. und Schneider, H. (Hrsg., 1999), Wettbewerbsfaktor Dienstleistung, München 1999.

Cron, D., Dierig, S., Rietiker, S. und Wagner, R. (2010), Organisationale Kompetenz – Eine neue Perspektive für die Organisationale Kompetenz – Eine neue Perspektive für die Projektarbeit Eine neue Per Projektarbeit, in: projekt MANAGEMENT aktuell, Nr. 2, S. 15–23.

Design Issues (2002), 18, Nr. 3

Deutsches Zentrum für Luft- und Raumfahrt Projektträger im DLR, Projektträger für das BMBF „Arbeitsgestaltung und Dienstleistungen" (2012),Förderschwerpunkt ‚Integration von Produktion und Dienstleistung', http://pt-ad.pt-dlr.de/de/713.php, Zugriff am 07.02.2012.

DIN Deutsches Institut für Normung e.V. (1996), Value Management, Wertanalyse, Funktionenanalyse-Wörterbuch Teil 1 : Wertanalyse und Funktionenanalyse, EN 1325-1, Berlin 1996.

DIN Deutsches Institut für Normung e.V. (2002), Value Management, EN 1293, Berlin 2002.

DIN Deutsches Institut für Normung e.V.(2009), Hybride Wertschöpfung-Integration von Sach- und Dienstleistung, PAS 1094, Berlin 2009.

Dosi, G., Giannetti, R. und Toninelli, P.M. (1992), Technology and enterprise in a historical perspective, Oxford, New York 1992.

Drumm, H. J. (2005), Personalwirtschaft, Berlin, Heidelberg, New York 2005.

EBSCO Information Services (2012), http://www.ebsco.de, Zugriff am 07.02.2012.

Ecological Economics (2009), 68, Nr. 12

Eden, C. und Huxham, C. (1996), Action Research for Management Research, in: British Journal of Management, 7, Nr. 1, S. 75–86.

Ehrlenspiel, K. (2003), Integrierte Produktentwicklung, München 2003.

Eisenkopf, A., Opitz, C. und Proff, H. (Hrsg., 2008), Strategisches Kompetenz-Management in der Betriebswirtschaftslehre, Wiesbaden 2008.

Ellebracht, H., Lenz, G. und Osterhold, G. (2009), Systemische Organisations- und Unternehmensberatung, Wiesbaden 2009.

Erceg, P. J. (2005), Personalqualifizierungsstrategien für produktbegleitende Dienstleistungen – Ein Überblick, in: Lay und Nippa (Hrsg., 2005), S. 155–175.

Erpenbeck, J. und von Rosenstiel, L. (2007), Einführung, in: Erpenbeck und von Rosenstiel (Hrsg., 2007), S. XVII–XLVI.

Erpenbeck, J. und von Rosenstiel, L. (Hrsg., 2007), Handbuch Kompetenzmessung, Stuttgart 2007.

Europäische Kommission (2006), Die neue KMU-Definition, Benutzerhandbuch und Mustererklärung, Brüssel 2006

European Journal of Marketing (1982), 16, Nr. 1

European Research Center for Information Systems, Westfälische Wilhelms-Universität Münster (2012), FlexNet – Flexible Informationssystem-Architekturen für hybride Wertschöpfungsnetzwerke, http://www.ercis.org/de/forschung/forschungsprojekte/flexnet, Zugriff am 07.02.2012.

Evans, S., Partidario, P. und Lambert, J. (2007), Industrialization as a key element of sustainable product-service solutions, in: International Journal of Production Research, 45, Nr. 18, S. 4225–4246.

Fichtner, H., Unternehmenskultur im Strategischen Kompetenzmanagement (2008), Wiesbaden, Bremen 2008.

Fiol, M. und Lyles, M.A. (1985), Organizational Learning, in: Academy of Management Review, 10, Nr. 4, S. 803–813.

Fischer, H. (2008), Ökonomie und Unternehmenskultur: Unternehmenskultur ein wichtiger Baustein für den Erfolg?, in: Sackmann (Hrsg., 2008), S. 294–302.

Fokusgruppe Verfahren und Instrumente (2012), http://fokusgruppe-vui.de/, Zugriff am 07.02.2012.

Forschungsbericht des Instituts für Wirtschaftsinformatik im deutschen Forschungszentrum für künstliche Intelligenz (2003), Nr. 175

Forschungsinstitut für Rationalisierung e.V. an der RWTH Aachen (2012), HyProDesign – Integrierte Entwicklung hybrider Produkte, http://data.fir.de/projektseiten/hypro/, Zugriff am 07.02.2012.

Fraunhofer-Institut für Arbeitswirtschaft und Organisation IAO (2012), Serv.biz – Business Transformation für hybride Wertschöpfungsnetzwerke, http://www.servbiz.de/, Zugriff am 07.02.2012.

Fraunhofer-Institut für Produktionstechnologie IPT (2012), HyPro – Ganzheitliche strategische Veränderung zum hybriden Produzenten, http://www.hypro.info/, Zugriff am 07.02.2012.

Fraunhofer-Publica, Publikationsdatenbank der Fraunhofer-Gesellschaft (2012), http://publica.fraunhofer.de,Zugriff am 07.02.2012.

Freiling, J. (2001), Resource based view und ökonomische Theorie, Wiesbaden, Wiesbaden 2001.

Freiling, J. (2002), Terminologische Grundlagen des Resource-Based View, in: Bellmann, Freiling und Hammann (Hrsg., 2002), S. 3–27.

Freiling, J. und Gersch, M. (2007), Kompetenztheoretische Fundierung dienstleistungsbezogener Wertschöpfungsprozesse, in: Bruhn und Strauss (Hrsg., 2007), S. 71–94.

Freiling, J., Gersch, M. und Goeke, C. (2008), Die kompetenzbasierte Erklärung von Unternehmen anhand des Organisationalen Ambientes, in: Eisenkopf, Opitz und Proff (Hrsg., 2008), S. 5–12.

Freiling, J., Gersch, M. und Goeke, C. (2009), Das organisatorische Ambiente als Kern einer kompetenztheoretischen Erklärung der Existenz von Unternehmen, in: Proff, Burmann und Freiling (Hrsg., 2009), S. 13–39.

Frombach, R., Bienzeisler, B., Musold, E., Kawohl, J., Lorenz, U. und Kordowich, P. (2008), Fokusgruppe „Veränderungsprozesse/Organisation", in: Zukünftige Technologien Consulting der VDI Technologiezentrum GmbH (Hrsg., 2008), S. 59–76.

Ganz, W. und Bienzeisler, B. (Hrsg., 2010), Management hybrider Wertschöpfung, Stuttgart 2010.

Gerpott, T. J. (2005), Strategisches Technologie- und Innovationsmanagement, 2., überarb. und erw, Stuttgart 2005.

Geschka, H. (2006), Kreativitätstechniken und Methoden der Ideenbewertung, in: Sommerlatte, Beyer und Seidel (Hrsg., 2006), S. 217–249.

Geum, Y. und Park, Y. (2011), Designing the sustainable product-service integration: a product-service blueprint approach, in: Journal of Cleaner Production, 19, S. 1601–1614.

Goedkoop, M.J., van Halen, C.J.G., te Riele, H.R.M. und Rommers, P. J. M. (1999), Product Service systems, Ecological and Economic Basics, Report for Dutch Ministries of Environment (VROM) and Economic Affairs, 1999.

Google Scholar, http://scholar.google.de, Zugriff am 07.02.2012.

Google, http://www.google.de, Zugriff am 07.02.2012.

Gotsi, M. und Wilson, A.M. (2001), Corporate reputation: seeking a definition, in: Corporate Communications, 6, Nr. 1, S. 24–30.

Graduate School of Excellence advanced Manufacturing Engineering, Universität Stuttgart, www.gsame.uni-stuttgart.de, Zugriff am 07.02.2012.

Gouthier, M. und Rhein, M. (2010), Produzentenstolz im Dienstleistungsumfeld zur Unterstützung betrieblicher Transformationsprozesse, in: Ganz und Bienzeisler (Hrsg., 2010), S. 67–78.

Gräßle, M., Thomas, O. und Dollmann, T. (2010), Vorgehensmodelle des Product-Service Systems Engineering, in: Thomas, Loos und Nüttgems (Hrsg., 2010), S. 82–129.

Grob, H.L. (1999), Investition und Finanzierung, in: Corsten und Reiß (Hrsg., 1999), S. 891–984.

Hardt, P. (1996), Organisation dienstleistungsorientierter Unternehmen, Wiesbaden 1996.

Harvard Business Review (1990), 68, Nr. 3

Hauschildt, J. und Salomo, S. (2007) Innovationsmanagement, München 2007

Hertweck, A. (2002), Strategische Erneuerung durch integriertes Management industrieller Dienstleistungen, Frankfurt am Main 2002.

Heubach, D. (2009), Eine funktionsbasierte Analyse der Technologierelevanz von Nanotechnologie in der Produktplanung, Heimsheim 2009.

Hilke, W. (Hrsg., 1989), Dienstleistungs-Marketing, Wiesbaden 1989.

Hilke, W. (1989), Grundprobleme und Entwicklungstendenzen des Dienstleistungsmarketing, in: Hilke (Hrsg., 1989), S. 5–44.

Hilke, W. (1999), Grundprobleme und Entwicklungstendenzen des Dienstleistungsmarketing, in: Corsten und Schneider (Hrsg., 1999), S. 207–256.

Hoffmann, D. B. (2008), Management produktbegleitender Dienstleistungen, Saarbrücken 2008.

Horváth, P. (Hrsg., 2010), Vom Produkt- zum Lösungsanbieter, Bonn 2010.

Hübner, H. und Jahnes, S. (1998), Management-Technologie als strategischer Erfolgsfaktor, Berlin 1998

Ilinger, H.-J. (1999), Entwicklung innovativer Dienstleistungen, in: Bullinger (Hrsg., 1999), S. 49–65.

Industrie Management (2006), 22, Nr. 1

Industrie Management (2006), 22, Nr. 4

Industrie Management (2008), 24, Nr. 5

Information Systems Engineering ISE, Universität Frankfurt a.M. (2012), Mind-Bau – Management der Integration von Dienstleistungen und Produktion im Baugewerbe, http://www.ise.wiwi.uni-frankfurt.de/www/index.php?id=746, Zugriff am 07.02.2012.

Institut Arbeitswissenschaft und Technologiemanagement, Universität Stuttgart (2012) ,Fit2Solve,http://www.servicepartner-industrie.de/projekte/fit2solve.html, Zugriff am 07.02.2012.

Institut für Fertigungstechnik und Werkzeugmaschinen, Leibniz Universität Hanover (2012), InDiCAP – Innovatives Dienstleistungsmodell für die CAM-basierte Produktionsplanung, http://www.indicap.info/, Zugriff am 07.02.2012.

Institut für Technologie und Arbeit e.V., Technische Universität Kaiserslautern (2012), InnoWa-KMU – Innovative Wachstumsstrategien für KMU durch produktionsnahe hybride Dienstleistungen, http://www.innowa-kmu.de/, http://www.innowa-kmu.de/

Institut für Technologie und Arbeit e.V., Technische Universität Kaiserslautern (2012), InnoWa-KMU – Innovative Wachstumsstrategien für KMU durch produktionsnahe hybride Dienstleistungen, Kompetenz-Entwicklungs-Konzept, Online-Tool, http://www.ita.pagimo.de/innowa/kompetenz/scripts/komp_auswahl.php, Zugriff am 07.02.2012.

Institut für Wirtschaftsinformatik IWi im Deutschen Forschungszentrum für Künstliche Intelligenz DFKI (2012), PIPE – Hybride Wertschöpfung im Maschinen- und Anlagenbau, http://www.pipe-projekt.de/, Zugriff am 07.02.2012.

International Journal of Operations & Production Management (1995), 15, Nr. 12

International Journal of Production Research (2007), 45, Nr. 18

International Journal of Service Industry Management (2003), 14, Nr. 2

Interview mit VDMA-Vizepräsident Manfred Wittenstein (2006), in: Industrie Management, 22, Nr. 1, S. 9–10.

IPRI International Performance Research Institute gemeinnützige GmbH (2012), KorServ - Kundennutzenorientierte Entwicklung, Bewertung und Vermarktung von Leistungsbündeln, http://www.korserv.de/, Zugriff am 07.02.2012.

Jetter, A. (2005), Produktplanung im „Fuzzy Front End". Handlungsunterstützungssystem auf der Basis von Fuzzy Cognitive Maps., Wiesbaden 2005.

Journal of Cleaner Production (2002), 10, Nr. 3

Journal of Cleaner Production (2003), 11, Nr. 8

Journal of Cleaner Production (2006), 14, Nr. 17

Journal of Cleaner Production (2006), 14, Nr. 2

Journal of Cleaner Production (2008), 16, Nr. 11

Journal of Cleaner Production (2011), 19, Nr. 14

Journal of Marketing (1991), 17, Nr. 1

Journal of Operations Management (2000), 18, Nr. 6

Journal of Service Management (2009), 20, Nr. 2

Journal of Social Issues (1946), 2, Nr. 4

Kampker, A., Schuh, G. und Schittny, B. (2011), Unternehmensstruktur, in: Schuh und Kampker (Hrsg., 2011), S. 133–229.

Kang, M. und Wimmer, R. (2008), Product service systems as systemic cures for obese consumption and production, in: Journal of Cleaner Production, 16, Nr. 11, S. 1147–1152.

Kern, W., Schröder, H. H., Weber, J. (1996), Handwörterbuch der Produktionswirtschaft, Stuttgart 1996

Kersten, W., Zink, T. und Kern, E.-M. (2006), Wertschöpfungsnetzwerke zur Entwicklung und Produktion hybrider Produkte: Ansatzpunkte und Forschungsbedarf, in: Blecker und Gemünden (Hrsg., 2006), S. 189–202.

Killinger, S. (1999), Kernproduktbegleitende Dienstleistungen, in: Corsten und Schneider (Hrsg., 1999), S. 131–149.

Kimura, F., Mitsuishi, M. und Ueda, K. (Hrsg.,2008), Proceedings of the 41st CIRP Conference on Manufacturing systems and technologies for the new frontier, London 2008.

Kindström, D. und Kowalkowski, C. (2009), Development of industrial service offerings: a process framework, in: Journal of Service Management, 20, Nr. 2, S. 156–172.

Kleinaltenkamp, M. (2001), Begriffsabgrenzung und Erscheinungsformen von Dienstleistungen, in: Bruhn und Meffert (Hrsg., 2001), S. 27–50.

Klodt, H., Maurer, R. und Schimmelpfennig, A. (1997), Tertiarisierung in der deutschen Wirtschaft, Tübingen 1997.

Klose, M. (1999), Dienstleistungsproduktion, in: Corsten und Schneider (Hrsg., 1999), S. 5–18.

Knackstedt, R., Pöppelbuß, J. und Winkelmann, A. (2008a), Integration von Sach- und Dienstleistungen – Ausgewählte Internetquellen zur hybriden Wertschöpfung, in: Wirtsch. Inform, 50, Nr. 3, S. 235–247.

Knackstedt, R., Walter, P. und Rosenkranz, C. (2008), Fokusgruppe „Verfahren und Instrumente", in: Zukünftige Technologien Consulting der VDI Technologiezentrum GmbH (Hrsg., 2008), S. 15–34.

Korell, M. und Ganz, W. (2000), Design hybrider Produkte - Der Weg vom Produkthersteller zum Problemlöser, in: Bullinger und Hermann (Hrsg., 2000), S. 153–159.

Korell, M. und Spindler, H. (2000), Praxisbeispiel Universal Maschinenfabrik - Kreative Leistungspakete für weltweit verteilte Handelsvertreter, in: Bullinger und Hermann (Hrsg., 2000), S. 179–188.

Körfgen, R. (1999), Prozessoptimierung in Dienstleistungsunternehmen, Wiesbaden 1999.

Krucken, L. und Meroni, A. (2006), Building stakeholder networks to develop and deliver product-service-systems: practical experiences on elaborating pro-active materials for communication, in: Journal of Cleaner Production, 14, Nr. 17, S. 1502–1508.

Kumar, R. (2011), Research methodology, London, Thousand Oaks, New Delhi, Singapore 2011.

Kutschker, M. und Schmid, S. (2006), Internationales Management, München, Wien 2006.

Langeard, E. (1981), Grundlagen des Dienstleistungsmarketing, in: Merketing - Zeitschrift für Forschung und Praxis, Nr. 1, S. 233–240.

Langer, S., Kreimeyer, M., Müller, P., Lindemann, U. und Blessing, L. (2010), Entwicklungsprozesse hybrider Leistungsbündel – Evaluierung von Modellierungsmethoden unter Berücksichtigung zyklischer Einflussfaktoren, in: Thomas und Nüttgens (Hrsg., 2010), S. 71–87.

Laske, M. (2010), Veränderung in der Personalentwicklung um Zuge hybrider Wertschöpfung, in: Ganz und Bienzeisler (Hrsg., 2010), S. 79–82.

Lay, G. (2002), Serviceprovider Industry: Industrial Migration From Manufacturing To Selling Products And Services, Fraunhofer Institut für System- und Innovationsforschung, Karlsruhe 2002.

Lay, G. und Nippa, M. (Hrsg., 2005), Management produktbegleitender Dienstleistungen, Heidelberg 2005.

Lay, G., Kirner, E. und Jäger, A. (2007), Service-Innovationen in der Industrie: Innovatorenquote, Umsatzrelevanz und Wachstumspotenziale, Fraunhofer Institut für System- und Innovationsforschung, ISI PI-Mitteilung Nr. 43., Karlsruhe 2007.

Lay, G., Rainfurth, C., Schneider, R. und Wallmeier, W. (2000), Beschäftigungschancen durch Integration von Produkt und Dienstleistung: Kurzfassung des Berichts zum RKW-Vorhaben JAP 99 A 08.03.02., Karlsruhe 2000.

Lay, G., Servicestrategien der Investitionsgüterindustrie in Auslandsmärkten: Bestandsaufnahme der empirischen Evidenz alternativer Markteintrittsformen, Fraunhofer Institut für System- und Innovationsforschung, ISI-Arbeitspapier A-7-07, Karlsruhe 2007.

Leedy, P.D. und Ormrod, J. E. (2005), Practical Research - Planning and Design, Upper Saddle River 2009.

Lehrstuhl für Fertigungstechnik und Betriebsorganisation (FBK), Technische Universität Kaiserslautern (2012), GRiPPS, http://www.servicepartner-industrie.de/projekte/gripps.html, Zugriff am 07.02.2012.

Lehrstuhl für Information, Organisation und Management, Technische Universität München, (2012), Fokusgruppe „Preis- und Erlösmodelle für hybride Produkte", http://www.perhyp.de/, Zugriff am 07.02.2012.

Lehrstuhl für Information, Organisation und Management, Technische Universität München, (2012), HyPrico – Implementierung hybrider Produkte durch Preis- und Vertragsgestaltung, http://www.hyprico.de/, Zugriff am 07.02.2012.

Lehrstuhl für Produktionssysteme, Ruhr-Universität Bochum (2012), OGEMO.NET, http://www.lps.rub.de/arbeitsgruppen/dienstleistung/ogemonet/index.htm, Zugriff am 07.02.2012.

Lehrstuhl für Produktionssysteme, Ruhr-Universität Bochum (2012), Sonderforschungsbereich Transregio 29 „Engineering hybrider Leistungsbündel – Dynamische Wechselwirkungen von Sach- und Dienstleistungen in der Produktion", http://www.lps.ruhr-uni-bochum.de/tr29/, Zugriff am 07.02.2012.

Lehrstuhl für Produktionssysteme, Ruhr-Universität Bochum (2012), Sonderforschungsbereich Transregio 29 „Engineering hybrider Leistungsbündel – Dynamische Wechselwirkungen von Sach- und Dienstleistungen in der Produktion", Projektbereich A: HLB-Planung und -Entwicklung, http://www.lps.ruhr-uni-bochum.de/tr29/projektbereiche/a/index.htm, Zugriff am 07.02.2012.

Lehrstuhl für Produktionssysteme, Ruhr-Universität Bochum (2012), Sonderforschungsbereich Transregio 29 „Engineering hybrider Leistungsbündel – Dynamische Wechselwirkungen von Sach- und Dienstleistungen in der Produktion", Projektbereich B: HLB-Erbringung und -Nutzung, http://www.lps.ruhr-uni-bochum.de/tr29/projektbereiche/b/index.htm, Zugriff am 07.02.2012.

Lehrstuhl für Produktionssysteme, Ruhr-Universität Bochum (2012), Sonderforschungsbereich Transregio 29 „Engineering hybrider Leistungsbündel – Dynamische Wechselwirkungen von Sach- und Dienstleistungen in der Produktion", Projektbereich C: HLB-Lifecycle, http://www.lps.ruhr-uni-bochum.de/tr29/projektbereiche/c/index.htm, Zugriff am 07.02.2012.

Lehrstuhl für Produktionssysteme, Ruhr-Universität Bochum (2012), Sonderforschungsbereich Transregio 29 „Engineering hybrider Leistungsbündel – Dynamische Wechselwirkungen von Sach- und Dienstleistungen in der Produktion", Projektbereich D: Demonstrator, http://www.lps.ruhr-uni-bochum.de/tr29/projektbereiche/d/index.htm, Zugriff am 07.02.2012.

Lehrstuhl für Produktionssysteme, Ruhr-Universität Bochum (2012), Sonderforschungsbereich Transregio 29 „Engineering hybrider Leistungsbündel – Dynamische Wechselwirkungen von Sach- und Dienstleistungen in der Produktion", Projektbereich C: HLB-Lifecycle, Teilprojekt C5: Kompetenzen zur Integration von Heterogenität in HLBs, http://www.lps.ruhr-uni-bochum.de/tr29/projektbereiche/c/C5/, Zugriff am 07.02.2012.

Lehrstuhl für Wirtschaftsinformatik, Technische Universität München (2012), SPRINT – Systematisches Design zur Integration von Produkt und Dienstleistung, http://fokusgruppe-vui.de/projekte/sprint--systematisches-design-zur-integration-von-produkt-und-dienstleistung/3/index.html, Zugriff am 07.02.2012.

Lehrstuhl Wirtschaftsinformatik I, Institut für Betriebswirtschaftslehre, Universität Hohenheim (2012), SInProD – Strategien der Integration von Produkten und Dienstleistungen in der Bauindustrie, http://www.sinprod.de/, http://www.innowa-kmu.de/, Zugriff am 07.02.2012.

Leimeister, J.M. und Glauner, C. (2008), Hybride Produkte – Einordnung und Herausforderungen für die Wirtschaftsinformatik, in: Wirtschaftsinformatik, 50, Nr. 3, S. 248–251.

Lewin, K. (1946), Action Research and Minority Problems, in: Journal of Social Issues, 2, Nr. 4, S. 34–36.

Li, X., Gu, X.J. und Liu, Z.G. (2009), A strategic performance measurement system for firms across supply and demand chains on the analogy of ecological succession, in: Ecological Economics, 68, Nr. 12, S. 2918–2929.

Lienhard, P. (2003), Kundenorientierte Dienstleistungen als nachhaltiger Wettbewerbsfaktor, in: Spath und Zahn (Hrsg., 2003), S. 3–13.

Lienhard, P., Meyer, S. und Stanik, M. (2002), Entwicklung von Telematik-Diensten in der Automobilindustrie, in: Bullinger und Bscheid (Hrsg., 2002), S. 52–57.

Lindahl, M., Sakao, T., Sundin, E. und Shimomura, Y. (2009), Product/Service Systems Experiences – an International Survey of Swedish, Japanese, Italian and German Manufacturing Companies, in: Proceedings of the 1st CIRP Industrial Product-Service Systems (IPS2) Conference

Long Range Planning, 43, Nr. 2/3, 2010, S. 354-363.

Løwendahl, B. (1997), Strategic management of professional service firms, Copenhagen, Hendon 1997.

Luczak, H. (Hrsg., 2004), Betriebliche Tertiarisierung, Wiesbaden 2004.

Luczak, H., Keith, H. und Gill, C. (2004), Kompetenzentwicklung für das Service Engineering, in: Luczak (Hrsg., 2004), S. 97–123.

Maleri, R. (2001), Grundlagen der Dienstleistungsproduktion, in: Bruhn und Meffert (Hrsg., 2001), S. 125–148.

Maleri, R. und Frietzsche, U. (2008), Grundlagen der Dienstleistungsproduktion, 5., vollst. überarb, Berlin ;, Heidelberg 2008.

Mannweiler, C. (2010), Einleitung, in: Aurich und Clement (Hrsg., 2010), S. 1–6.

Manzini, E. und Vezzoli, C. (2003), A strategic design approach to develop sustainable product service systems: examples taken from the 'environmentally friendly innovation' Italian prize, in: Journal of Cleaner Production, 11, Nr. 8, S. 851–857.

Marketing - Zeitschrift für Forschung und Praxis (1981), 3, Nr. 1

Marketing Centrum Münster (MCM), Westfälische Wilhelms-Universität Münster, Lehrstuhl für Betriebswirtschaftslehre, insbes. Distribution und Handel (2012), TRANSOLVE – Die Transformation von Produzent und Händler zum Solution-Anbieter, http://www.transolve.de/transolve/de/index.htm, Zugriff am 07.02.2012.

Mattes, T. (2010), Organisationale Kompetenz: Eine experimentelle Untersuchung der Wechselwirkung von organisationalen Rahmenbedingungen auf erfolgreiche organisatorische Handlungen im Rahmen eines online Rollenspiels, Frankfurt am Main 2010.

Maxwell, D. und van der Vorst, R. (2003), Developing sustainable products and services, in: Journal of Cleaner Production, 11, Nr. 8, S. 883–895.

Maxwell, D., Sheate, W. und Vandervorst, R. (2006), Functional and systems aspects of the sustainable product and service development approach for industry, in: Journal of Cleaner Production, 14, Nr. 17, S. 1467–1479.

Mayer, D. und Reichwald, R. (2010), Entwicklung kundennutzenorientierter Erlösmodelle für hybride Leistungsangebote, in: Ganz und Bienzeisler (Hrsg., 2010), S. 53–66.

Meerkamm, H. (Hrsg., 2008), Design for X, Erlangen 2008.

Meffert, H. und Bruhn, M. (2008), Dienstleistungsmarketing, Wiesbaden 2008.

Meier, H. und Kortmann, D. (2006), Automatisierte Dienstleistungsprozesse hybrider Leistungsbündel, in: ZWF Zeitschrift für wirtschaftlichen Fabrikbetrieb, 101, Nr. 10, S. 557–559.

Meier, H. und Krug, C.M. (2006), Anlaufverhalten hybrider Leistungsbündel, in: ZWF Zeitschrift für wirtschaftlichen Fabrikbetrieb, 101, Nr. 12., S. 690-693

Meier, H. und Völker, O. (2009), Organizational Requirements by Offering Industrial Product-Service Systems2009, in: Proceedings of 42nd CIRP Conference 2009, S. 1–6.

Meier, H., Kortmann, D. und Golembiewski, M. (2006), hybride Leistungsbündel in kooperativen Anbieter-Netzwerken, in: Industrie Managment, Nr. 22, S. 25–28.

Meier, H., Kortmann, D. und Völker, O. (2007), Gestaltung und Erbringung hybrider Leistungsbündel, in: wt Werkstattstechnik online, Nr. 97, S. 510–515.

Meier, H., Krug, C.M., Völker, O., Uhlmann, E., Geisert, C. und Stelzer, C. (2009), Dynamische HLB-Netzwerke und die Erbringung hybrider Leistungsbündel auf Basis von Softwareagenten, in: ZWF Zeitschrift für wirtschaftlichen Fabrikbetrieb, 104, Nr. 9, S. 730–738.

Meier, H., Roy, R. und Seliger, G. (2010), Industrial Product-Service Systems—IPS2, in: CIRP Annals - Manufacturing Technology, 59, Nr. 2, S. 607–627.

Meier, H., Uhlmann, E. und Kortmann, D. (2005), Hybride Leistungsbündel, in: wt Werkstattstechnik online, Nr. 95, S. 528–532.

Metters, R. und Vargas, V. (2000), A typology of decoupling strategies in mixed services, in: Journal of Operations Management, 18, S. 663–682.

Mieke, C. und Beherens, S. (Hrsg., 2009), Entwicklungen in der Produktionswissenschaft und Technologieforschung, Berlin 2009.

MIS Quarterly (1987), 11, Nr. 3

Mont, O. und Tukker, A. (2006), Product-Service Systems: reviewing achievements and refining the research agenda, in: Journal of Cleaner Production, 14, Nr. 17, S. 1452–1454.

Mont, O. K. (2002), Clarifying the concept of product–service system, in: Journal of Cleaner Production, 10, S. 237–245.

Moog, T. (2009), Strategisches Ressourcen- und Kompetenzmanagement industrieller Dienstleistungsunternehmen, Wiesbaden 2009.

Morelli, N. (2002), Designing Product/Service Systems: A Methodological Exploration, in: Design Issues, 18, Nr. 3, S. 3–17.

Morelli, N. (2006), Developing new product service systems (PSS): methodologies and operational tools, in: Journal of Cleaner Production, 14, Nr. 17, S. 1495–1501.

Müller, P. und Schmidt-Kretscher, M. (2008), Challenges in PSS development processes, in: seminar proceedings of the TR29 2008, S. 1–6.

Müller, P. und Stark, R. (2008), Detecting and Structuring Requirements for the Development of Product-Service Systems, in: Meerkamm (Hrsg., 2008), S. 1–10.

Müller, P., Stelzer, C., Geisert, C., Uhlmann, E. und Knothe, T. (2008a), Kernprozesse hybrider Leistungsbündel, in: wt Werkstattstechnik online, 98, Nr. 7/8, S. 581–586.

Olemotz, T. (1995), Strategische Wettbewerbsvorteile durch industrielle Dienstleistungen, Frankfurt am Main, New York 1995.

Oliva, R. und Kallenberg, R. (2003), Managing the transition from products to services, in: International Journal of Service Industry Management, 14, Nr. 2, S. 160–172.

Opitz, M. (2009), Organisation integrierter Dienstleistungsinnovationssysteme, Wiesbaden 2009.

Padberg, E. (2010), Management by Excellence, Wiesbaden 2010.

Pahl, G., Beitz, W., Feldhusen, J. und Grote, K.-H. (2007), Konstruktionslehre, Berlin, Heidelberg 2007.

Penrose, E. T. (1959), The Theory of the Growth of the Firm, Oxford 1959.

Pepels, W. (1996), Qualitätscontrolling bei Dienstleistungen, München 1996.

Peschl, T. (2010), Strategisches Management hybrider Leistungsbündel, Frankfurt, Berlin 2010.

Pihlanto, P. (1994), The action-oriented approach and case study method in management studies, in: Scandinavian Journal of Management, 10, Nr. 4, S. 369–382.

Plötner, O. und Spekman, R. (Hrsg.,2007), Bringing technology to market, Weinheim 2007.

Porter, M. E. (1980), Competitive Strategy – Techniques for analyzing industries and competitors, New York 1980.

Porter, M. E. (1985), Competitive Advantage – Creating and Sustaining Superior Performance, New York 1985.

Prahalad, C.K. und Hamel, G. (1990), The Core Competence of the Corporation, in: Harvard Business Review, 68, Nr. 3, S. 79–91.

Proceedings of 42nd CIRP Conference on Manufacturing Systems (2009), Grenoble 2009.

Proceedings of the 12th International MITIP Conference (2010), Aalborg 2010.

Proceedings of the 1st CIRP Industrial Product-Service Systems (IPS2) Conference (2009), Cranfield 2009.

Proceedings of the Institution of Mechanical Engineers Part B Journal of Engineering Manufacture (2007), 221, Nr. 10

Proff, H., Burmann, C. und Freiling, J. (Hrsg., 2009), Jahrbuch Strategisches Kompetenz-Management, München, Mering 2009.

Progress-Werk Oberkirch AG, PH - Institut für Integrierte Produktion Hannover (2012) , IDproBlech, http://www.servicepartner-industrie.de/projekte/idproblech.html, Zugriff am 07.02.2012.

projekt MANAGEMENT aktuell (2010), Nr. 2

Raap, R. (1993), Umsetzungsorientiertes Marketing für industrielle Dienstleistungen, in: Simon (Hrsg., 1993), S. 135–160.

Raffée, H. und Abel, B. (Hrsg., 1979), Wissenschaftstheoretische Grundfragen der Wirtschaftswissenschaften, München 1979.

Rau, J., Lienhard, P. und Opitz, M. (2002), Vom Kunden zur Dienstleistung, in: Bullinger und Bscheid (Hrsg., 2002), S. 43–48.

R&D Management, 27, Nr. 4

Reckenfelderbäumer, M. und Wille, T. (2008), Wettbewerbsvorteile durch Kundenintegration und hybride Leistungsbündel, in: Industrie Managment, Nr. 24, S. 29–32.

Reichwald, R. (2007), Arbeitsbericht Nr. 01 / 2007 des Lehrstuhls für Betriebswirtschaftslehre – Arbeitsbericht des Lehrstuhls für Betriebswirtschaftslehre - Information, Organisation und Management der Technischen Universität München, München 2007.

Reiss, M. (1999), Führung, in: Corsten und Reiß (Hrsg., 1999), S. 209–303.

Reiss, M. (2006), Konstruktion hybrider Produktangebote nstruktion hybrid Produktangebote, in: Industrie Managment, 22, Nr. 4, S. 49–52.

Rese, M. (2007), Cost Decisions and Pricing Decisions in Times of Value-Based Management, in: Plötner und Spekman (Hrsg., 2007), S. 61–76.

Rese, M., Karger, M. und Strotmann, W.-C. (2007), Welche hybride Leistungsbündel für welchen Kunden?, in: wt Werkstattstechnik online, Nr. 97, S. 533–537.

Rese, M., Strotmann, W. und Karger, M. (2008), Revealing Customers' Willingness to Pay – Interaction and Interdependency of Advantage, Knowledge and Options, in: seminar proceedings of the TR29 2008, S. 47–52.

Rese, M., Strotmann, W. und Karger, M. (2009), The dynamics of Industrial Product Service Systems (IPS²) – using the Net Present Value Approach and Real Option Approach to improve life cycle management, in: CIRP Journal of Manufacturing Science and Technology, 1, Nr. 4, S. 279–286.

Richter, A. und Steven, M. (2009), Controlling-Aspekte industrieller Produkt-Service Systeme, in: wt Werkstattstechnik online, 99, Nr. 7/8, S. 558–563.

Riesenhuber, F. (2007), Großzahlige empirische Forschung, in: Albers, Klapper und Konradt (Hrsg., 2007), S. 2–16.

Rohleder, C. (2008), Globalisierung, Tertiarisierung und multinationale Unternehmen, Saarbrücken 2008.

Rosada, M. (1990), Kundendienststrategien im Automobilsektor, Berlin 1990.

Rösner, J. (1998), Service, ein strategischer Erfolgsfaktor von Industrieunternehmen?, Hamburg 1998.

Sackmann, S. A. (Hrsg., 2008), Mensch und Ökonomie, Wiesbaden 2008.

Sadek, T. (2009), Ein modellorientierter Ansatz zur Konzeptentwicklung industrieller Produkt-Service Systeme, Aachen 2009

Sadek, T., Müller, P., Welp, E. und Blessing, L. (2007), Integrierte Modellierung von Produkten und Dienstleistungen – Die Konzeptphase im Entwicklungsprozess hybrider Leistungsbündel, in: Meerkamm (Hrsg., 2008), S. 171–182.

Sanchez, R., Heene, A. und Thomas, H. (1996), Dynamics of competence-based competition, Oxford; New York 1996.

Scandinavian Journal of Management (1994), 10, Nr. 4

Scheer, A.-W., Grieble, O. und Klein, R. (2006), Modellbasiertes Dienstleistungsmanagement, in: Bullinger und Scheer (Hrsg., 2006), S. 19–51.

Schenk, M., Ryll, F. und Schady, R. (2006), Anforderungen an den Produktentwicklungsprozess für hybride Produkte im Anlagenbau, in: Industrie Management, Nr. 22, S. 55–58.

Schneider, D. (1997), Betriebswirtschaftslehre Band 3, München 1997.

Schneider, K. und Scheer, A.-W. (2003), Konzept zur systematischen und kundenorientierten Entwicklung von Dienstleistungen, in: Forschungsbericht des Instituts für Wirtschaftsinformatik im deutschen Forschungszentrum für künstliche Intelligenz, Nr. 175, S. 1–40.

Schreiner, P. (2003), Die Integration mit dem Nachfrager: Service Engineering für kundenorientierte Prozesse, in: Spath und Zahn (Hrsg., 2003), S. 119–135.

Schreyögg, G. und Kliesch, M. (2003), Projekt „Lernen im Prozess der Arbeit" – Rahmenbedingungen für die Entwicklung Organisationaler Kompetenzen, in: Arbeitsgemeinschaft Betriebliche Weiterbildungsforschung e.V. (Hrsg.,2003), S. 1–87.

Schuh, G. und Kampker, A. (Hrsg., 2011), Strategie und Management produzierender Unternehmen, Berlin, Heidelberg 2011.

Schuh, G. und Klappert, S. (2011), Technologiemanagement, Berlin, Heidelberg 2011.

Schuh, G., Klappert, S., Schubert, J. und Nollau, S. (2011), Grundlagen zum Technologiemanagement, in: Schuh und Klappert (Hrsg., 2011), S. 33–54.

Schulze, W.S. (1994), The two schools of thought in resource-based theory: Definitions and implications for research., in: Shrivastava, Huff und Dutton (Hrsg., 1994), S. 127–152.

Schweitzer, E. (2010), Lebenszyklusmanagement intensiver Produkt-Service Systeme, in: Aurich und Clement (Hrsg., 2010), S. 7–13.

Schweitzer, E., Fieckers, C. und Möhrer, J. (2010), Realisierung investiver Produkt-Service Systeme, in: Aurich und Clement (Hrsg., 2010), S. 95-116.

Schwengels, C. (2003), Systematische Entwicklung von Dienstleistungen, in: Spath und Zahn (Hrsg., 2003), S. 37–50.

ScienceDirect, http://www.sciencedirect.com/, Zugriff am 07.02.2012.

Seliger, G., Gegusch, R., Müller, P. und Blessing, L. (2008), Knowledge Generation as a Means to Improve Development Processes of Industrial Product-Service Systems, in: Kimura, Mitsuishi und Ueda (Hrsg., 2008), S. 519–524.

Selznick, P. (1957), Leadership in Administration: A Sociological Interpretation, Berkeley 1957.

Seminar proceedings of the TR29 Seminar on PSS (2008), Dynamic interdependency of products and services in the production area, Aachen 2008

SFB/Transregio 29 (2010), TR29-News Gesamtausgabe 2. Förderperiode, Bochum 2010

Shostack, G. (1982), How to design a Service, in: European Journal of Marketing, 16, Nr. 1, S. 49–63.

Shrivastava, P., Huff, A.S. und Dutton, J.E. (Hrsg.,1994), Advances in strategic management, Greenwich, Conn 1994.

Simon, H. (Hrsg., 1993), Industrielle Dienstleistungen, Stuttgart 1993.

SITEC Industrietechnologie GmbH (2012), NANUSO – Wachstumsfördernde Dienstleistungen zur nachhaltigen Nutzung von hochwertigen Sondermaschinen, http://mciron.mw.tu-dresden.de/cimtt/Nanuso/index.html, Zugriff am 07.02.2012.

Sommerlatte, T., Beyer, G. und Seidel, G. (Hrsg., 2006), Innovationskultur und Ideenmanagement, Düsseldorf 2006.

Spath, D. und Demuß, L. (2006), Entwicklung hybrider Produkte, in: Bullinger und Scheer (Hrsg., 2006), S. 463–502.

Spath, D., Dill, C. und Scharer, M. (2001), Mit dem Methodenbaukasten Produkte treffsicher und schnell entwickeln, in: Spath (Hrsg., 2001), S. 7–24.

Spath, D., Dill, C. und Scharer, M. (Hrsg., 2001a), Vom Markt zum Markt, Stuttgart 2001a.

Spath, D., Ganz, W. und Tombeil, A.-S. (2010), Zukunftsräume für Dienstleistungen, in: Horváth (Hrsg., 2010), S. 13-23

Spath, D., Illg, R. und Krause, T. (Hrsg., 2011), Innovation in product and production, Stuttgart 2011.

Specht, D. und Möhrle, M.G. (2002), Gabler-Lexikon Technologie-Management, Wiesbaden 2002.

Spath, D. und Zahn, E. (Hrsg., 2003), Kundenorientierte Dienstleistungsentwicklung in deutschen Unternehmen, Berlin, Heidelberg, New York 2003.

Spath, D. (2001), Vom Markt zum Produkt, Stuttgart 2001.

Spielberg, D.E. (2002), Methodik zur Konzeptfindung basierend auf technischen Kompetenzen, Aachen 2002.

Stanik, M. (2007), Kooperative Full-Service Strategien, Frankfurt am Main 2007.

Steven, M. und Wasmuth, K. (2006), Controlling für hybride Leistungsbündel, in: wt Werkstattstechnik online, 96, Nr. 7, S. 472–476.

Steven, M. und Wasmuth, K. (2009), Phasenspezifisches Controlling zur kostenorientierten Entwicklung hybrider Leistungsbündel, in: Controlling, 21, Nr. 3, S. 176–182.

Steven, M., Soth, T. und Wasmuth, K. (2009), Kostenmanagement für hybride Leistungsbündel im Maschinen- und Anlagenbau, in: Mieke und Beherens (Hrsg., 2009), S. 277–299.

Steven, M., Wasmuth, K. und Soth, T. (2008), Cost Management for PSS2008), S. 53–58.

Strategic Management Journal (1994), 15, Nr. 2

Strategic Management Journal (1997), 18, Nr. 7

Sturm, F. und Bading, A. (2008), Investitionsgüterhersteller als Anbieter industrieller Lösungen – Bestandsaufnahme des Wandels anhand einer Umfrage, in: Wirtschaftsonformatik, 50, Nr. 3, S. 174–186.

Sturm, F., Mütze-Niewöhner, S., Gärtner, T., Schreiber, S., Gregorius, C. und Werkle, M. (2009), Wachstum durch Wandel zum Lösungsanbieter, in: wt Werkstattstechnik online, 99, Nr. 7/8, S. 518–525.

Suhr, U. (2002), Gestaltungsempfehlungen für interne Dienstleistungs-Anbieter, Frankfurt am Main u.a. 2002.

Tan, A.R., Matzen, D., McAloone, T.C. und Evans, S. (2010), Strategies for designing and developing services for manufacturing firms, in: CIRP Journal of Manufacturing Science and Technology, 3, Nr. 2, S. 90–97.

Teece, D., Pisano, G. und Shuen, A. (1997), Dynamic Capabilities and Strategic Management, in: Strategic Management Journal, 18, S. 509–533.

The Learning Organization (2002), 9, Nr. 3

Thomas, O. und Nüttgens, M. (Hrsg., 2010), Dienstleistungsmodellierung 2010, Berlin, Heidelberg 2010.

Thomas, O., Loos, P. und Nüttgems, M. (Hrsg., 2010), Hybride Wertschöpfung, Berlin 2010.

Thomas, O., Walter, P., Loos, P., Schlicker, M. und Nüttgens, M. (2010), PIPE – Hybride Wertschöpfung im Maschinen und Anlagenbau, in: Thomas, Loos und Nüttgems (Hrsg., 2010), S. 3–23.

Träger, S. (2006), Der Beitrag des strategischen Kompetenzmanagements zur Erklarung von Wettbewerbsvorteilen, in: Burmann, Freiling und Hülsmann (Hrsg., 2006), S. 36–66.

Tukker, A. und Tischner, U. (2006), Product-services as a research field: past, present and future. Reflections from a decade of research, in: Journal of Cleaner Production, 14, Nr. 17, S. 1553–1556.

Ulrich, K.T. und Eppinger, S.D. (2008), Product design and development, Boston 2008.

Ulrich, P. und Hill, W. (1979), Wissenschaftstheoretische Grundlage der Betriebswirtschaftslehre, in: Raffée und Abel (Hrsg., 1979), S. 161–189.

United Nations (2008), International Standard industrial classification of all economic activities (ISIC), Rev. 4, New York 2008.

Vahs, D. und Burmester, R. (2005), Innovationsmanagement. Von der Produktidee zur erfolgreichen Vermarktung, Stuttgart 2005

Verein deutscher Ingenieure VDI (1996),Funktionenanalyse - Grundlagen und Methode, VDI-Richtlinie 2803, Berlin 1996

Verganti, R. (1997), Leveraging on systemic learning to manage the early phases of product innovation projects.in: R&D Management, 27,Nr. 4, S.377–392.

Verworn, B. (2005), Die frühen Phasen der Produktentwicklung / Die früheren Phasen der Produktentwicklung. Eine empirische Analyse in der Mess-, Steuer- und Regelungstechnik, Wiesbaden 2005.

Wassermann, R. (2010), Internationalisierung mit produktbegleitenden Dienstleistungen und hybriden Produkten, Wiesbaden 2010.

Weber, W. und Kabst, R. (2006), Einführung in die Betriebswirtschaftslehre, Wiesbaden 2006.

Weddeling, M. (2009), Performance contracting für hybride Produkte, Hamburg 2009.

Werkzeugmaschinenlabor – WZL der Rheinisch-Westfälischen Technischen Hochschule Aachen (2012), SmartWert – Integrierter Preisfindungsprozess im Maschinen- und Anlagenbau,http://www.smartwert.de/, Zugriff am 07.02.2012.

Westbrook, R. (1995), Action research: a new paradigm for research in production and operations management, in: International Journal of Operations & Production Management, 15, Nr. 12, S. 6–20.

Wiliams, A. (2006), Product-service systems in the automotive industry: the case of micro-factory retailing, in: Journal of Cleaner Production, 14, Nr. 2, S. 172–184.

Wirtschaftsinformatik (2008), 50, Nr. 3

Wirtschaftsinformatik (2008), 50, Nr. 3

Wirtschaftsinformatik (2008), 50, Nr. 3

WISO – Die Datenbank für Hochschulen, http://www.wiso-net.de/,Zugriff am 07.02.2012.

Wirtz, B. (2010), Business Modell Management – Design-Instrumente-Erfolgsfaktoren von Geschäftsmodellen, Wiesbaden 2010.

Wojda, F. (2004), Beschreibung des Wandels vom Produktionsbetrieb zum "dienstleistenden Problemlöser an Hand eines ganzheitlichen Modells zur Unternehmensgestaltung, in: Luczak (Hrsg., 2004), S. 3–21.

Wolf, N., Siener, M., Clement, M.H., Jenne, F. und Fuchs, C. (2010), Konfiguration investiver Produkt-Service Systeme, in: Aurich und Clement (Hrsg., 2010), S. 67–94.

Wolfrum, B. (1991), Strategisches Technologiemanagement1991.

Wolfsteiner, W.D. (1995), Das Management der Kernfähigkeiten: ein ressourcenorientierter Strategie- und Strukturansatz, St. Gallen 1995.

wt Werkstattstechnik online (2006), 96, Nr. 7/8

wt Werkstattstechnik online (2007), 97, Nr. 7/8

wt Werkstattstechnik online (2008), 98, Nr. 7/8

wt Werkstattstechnik online (2009), 99, Nr. 7/8

wt Werkstattstechnik online, (2005) 95, Nr. 7/8

Wunderer, R. und Bruch, H. (2000), Umsetzungskompetenz, München 2000.

Yang, X., Moore, P., Pu, J.-S.und Wong, C.-B. (2009), A practical methodology for realizing product service systems for consumer products, in: Computers & Industrial Engineering, 56, Nr. 1, S. 225–235.

Yin, R.K. (2009), Case study research, London, Thousand Oaks u.a. 2009.

Zahn, E. (Hrsg., 1992), Erfolg durch Kompetenz, Stuttgart 1992

Zahn, E., Foschiani, S., Lienhard, P. und Meyer, S. (2004), Kundenorientierte Servicestrategien für hybride Produkte, in: Luczak (Hrsg., 2004), S. 203–230.

Zahn, E. (1996), Kernkompetenzen, in: Kern, Schröder und Weber (Hrsg., 1996), S. 883-894

Zahn, E. (1995), Kompetenzbasierte Strategien, in: Corsten und Reiss (Hrsg., 1995), S. 355–369.

Zahn, E. (1992), Konzentration auf Kompetenz-ein Paradigmawechsel im Strategischen Management?, in Zahn (Hrsg., 1992), S. 1-38

Zahn, E. (2006), Integrierte Entwicklung von Dienstleistungen und Netzwerken, in: Bullinger und Scheer (Hrsg., 2006), S. 299–319.

Zahn, E. (2010), Strategieoptionen auf dem Weg zum Lösungsanbieter, in: Horváth (Hrsg., 2010), S. 27–46.

Zahn, E. und Foschiani (Hrsg., 2001): Geschäftsstrategien im dynamischen Wettbewerb, Aachen 2001.

Zahn, E. (2001), Wertorientierung mit dynamischen Strategien, in: Zahn und Foschiani (Hrsg., 2001),S. 1–24.

Zangemeister, C. (1973), Nutzwertanalyse in der Systemtechnik. Eine Methodik zur multidimensionalen Bewertung und Auswahl von Projektalternativen, Berlin 1973.

Zellner, G. (2008), Gestaltung hybrider Wertschöpfung mittels Architekturen – Analyse am Beispiel des Business Engineering, in: Wirtschaftsinformatik, 50, Nr. 3, S. 187–195.

Zobolski, A. (2009), Kooperationskompetenz im dynamischen Wettbewerb, Wiesbaden 2009.

Zott, C., Amit, R. (2010): Business Model Design: An Activity System Perspective, In: Long Range Planning, 43, Nr. 2/3, S. 216-226.

Zukünftige Technologien Consulting der VDI Technologiezentrum GmbH (2008), Hybride Wertschöpfung, Düsseldorf 2008.

ZWF Zeitschrift für wirtschaftlichen Fabrikbetrieb (2006), 101, Nr. 10

ZWF Zeitschrift für wirtschaftlichen Fabrikbetrieb (2006), 101, Nr. 12

ZWF Zeitschrift für wirtschaftlichen Fabrikbetrieb (2008), 103, Nr. 9

ZWF Zeitschrift für wirtschaftlichen Fabrikbetrieb (2009), 104, Nr. 9